Deutsch

독일어의 새로운 이해

송경안 지음

신아사

초판 추천의 글

우리나라에서 독일어 교육이 시작된 지 반세기가 넘었다. 그 동안 복잡한 어형변화 위주의 독일어 교육은 학습자들에게 독일어가 어렵다는 인상을 심어 주었고, 어떻게 하면 독일어에 쉽게 접근할 수 있을까 하는 문제는 독일어에 관계하는 모든 이들의 관심사였다. 이 책은 조심스럽게 그 한 가지 가능성을 제시한다.

독일어는 암기해야 할 문법사항이 많다는 것은 사실이다. 그러나 무조건 외우는 것보다는 그 바탕에 깔린 원리를 이해하는 것이 중요하다. 어려운 문법현상을 이야기하듯이 쉽게 풀어 설명하고 있는 점이 이 책의 특징인데, 그 중에서도 특별히 격변화 체계에 대한 설명은 독창적이라고 할 수 있다. 기존의 문법서들이 정관사, 부정관사, 소유대명사를 별개의 변화체계로 기술하는데 반해, 이 책은 이들이 한 가지 변화체계라고 주장한다. 뿐만 아니라 이 책은 인칭대명사, 지시대명사, 관계대명사, 형용사 변화 등 독일어의 모든 격변화가 바로 이 한 가지 변화체계에 근간을 두고 있음을 설득력 있게 설명하고 있다. 이 책을 읽고 나면 이렇게 간단한 것을 왜 그렇게 복잡하게 가르쳤던가 하는 생각이 들 것이다.

이밖에 동사변화에 대한 간단명료한 설명이나 전치사 현상에 대한 기술 방법도 눈에 띄며, 영어의 문장 5형식에 비견할 수 있는 독일어의 10가지 기본문형의 설정도 설득력 있게 다가온다. 한마디로 우리는 350여 쪽에 달하는 이 책의 전체에 걸쳐 저자의 통찰력과 독특한 기술방법을 접할 수 있고, 그 중 어느 것도 버릴 것이 없다는 것을 깨닫게 될 것이다.

독일어의 현상을 영어 및 우리말과 비교하면서 기술하고 있는 것도 이 책의 특징이다. 저자는 독일어 학습에서 영어의 지식은 꼭 긍정적인 요인으로만 작용하는 것이 아니며 자칫 방해 요소가 될 수 있다는 점을 지적하고 있다. 독일어는 구조적으로 우리말과 유사한 점이 많다는 주장도 우리에게 흥미있는 부분이며 독일어 학습에 많은 도움이 될 것이다. 예를 들면, 독일어의 어순이 영어보다는 우리말에 가깝다든지 독일어의 분사구문이 우리말의 관형구와 비슷하다는 지적은 지금까지 독일어에 대한 우리의 인식의 틀을 깨고 있다.

이 책은 전문적인 대학입시용 참고서는 아니다. 그러나 입시를 지도하는 독일어 선생님들께는 꼭 한번 권하고 싶은 책이며, 대학에서 독일어를 전공하는 학생들에게도 졸업하기 전까지는 한번쯤 읽어보라고 권하고 싶다. 그밖에 이 책은 독일어가 어렵다고 느끼는 모든 분들에게 큰 도움이 되리라 믿는다. 만일 대학 입시생이 이 책을 읽는다면 관사, 형용사 변화, 인칭대명사, 관계대명사, 수동태, 동사변화의 원리 부분이 특히 참고가 될 것이다.

끝으로 이 책이 널리 읽혀져서 우리나라 독일어 교육에 기여할 수 있기를 바라고 이 귀한 책이 나오기까지 수고하신 여러분들과 한마당 출판사에 저자를 대신해서 감사드린다.

1994. 9. 10.

전 서울대학교 명예교수 독어학 박사 이 병 찬

* 이병찬 교수님은 필자의 은사님으로 2006년 작고하셨다. 개정판을 내면서 선생님께 이 책을 보여드리지 못한 것이 못내 아쉽다. 삼가 옷깃을 여미며 선생님을 추모한다.

개정판을 내면서

1970년 고등학교 1학년 때 독일어를 처음 대한 지 40년이 넘었다. 그 동안 세월도 많이 변했다. 내가 다니던 고등학교에서는 한 학년 10개 반에서 4개 반이 제2외국어 필수로 프랑스어를 택하고 6개 반이 독일어를 택했다. 세계화의 바람을 타고 영어가 세계어가 되면서 제2외국어가 위축되고, 특히 동아시아 지역에서는 중국어, 일본어를 선호하면서 독일어의 위상은 약화의 일로를 걷고 있다. 이러한 상황에서 이 책의 개정판을 내는 것이 의미가 있을 것인가?

두 가지 점에서 의미를 찾고 싶다. 첫째는 공부하는 사람으로서 개인적인 문제이다. 초판을 냈던 1995년 당시에는 전치사의 격지배에 대해 정리가 잘 되지 않은 상태였다. 무엇인가 있을 것 같은데 독자들에게 그냥 외우라고 할 수밖에 없는 상황이었다. 배열 순서도 숫자를 따라 3격 > 4격 > 3 · 4격지배 전치사로 되어 있었다. 그러나 공부를 좀 더 하면서 필자의 이 시각이 교정되었다. 전치사의 격지배에는 의미적 원리가 있고, 장소를 나타내는 3 · 4격지배 전치사가 기본이라는 것이다. 그래서 배열순서를 3 · 4격 > 3격 > 4격으로 바꾸었다. 이밖에 언어에 대해 조금 더 폭넓게 공부하면서 시야가 넓어졌고 이러한 시각에서 군데군데 손질을 하기도 했다.

개정판의 두 번째 의미는 아직도 이 나라에 100여 개에 가까운 대학에 독문과가 설치되어 있고 그곳에서 독일어를 공부하는 학생들이 있다는 점이다. 특히 과거에는 고등학교 때 어느 정도 독일어를 공부하고 대학에 들어 온 일이 많았는데 최근 들어서는 독일어를 전혀 배워보지 않은 학생들이 독문과에 진학하는 일이 많아서 이들을 위한 적당한 지침서가 있는 것도 좋겠다는 생각이 든다. 이 책이 부분적으로라도 그 역할을 할 수 있기를 희망해 본다.

상황이 녹녹치 않은데도 "독문법" 책의 개정판을 내주시겠다고 결정하신 신아사 정현걸 대표님께 진심으로 감사한다. 신아사의 무궁한 발전을 기원한다.

2011. 8.

저자 송 경 안

목 차

제2부 문법편

부 록

제 I 부

총론편

1

유럽의 언어상황

오늘날 유럽에는 크게 세 가지 부류의 언어들이 사용되고 있다. 이태리어, 프랑스어, 스페인어, 포루투칼어, 루마니아어의 로만스어 계통이 그 한 부류이고 독일, 네덜란드, 덴마크, 스웨덴, 오스트리아, 스위스 등지에서 사용되고 있는 언어들이 또 한 가지 부류인데 이를 게르만어라 부른다. 유럽의 또 한 가지 중요한 언어부류는 슬라브족들이 사용하고 있는 슬라브어로서 이는 주로 러시아를 비롯한 동유럽에서 사용되고 있다.

로만스어는 고대 로마제국의 언어인 라틴어에서 발전한 언어들이다. 로마제국은 본래 이태리 반도 중부에 있던 라티움(Latium)이라는 조그만 나라에서 출발했으며 여기에서 쓰였던 언어가 곧 라틴어이다. 당시 이태리 반도에는 여러 언어들이 사용되고 있었는데 라티움이 로마제국으로 성장하면서 이태리 반도를 통일하게 되자 이들 언어들은 소멸되고 이태리 반도에는 라틴어가 널리 쓰이게 되었다. 그 후 로마제국이 전 유럽을 정복하면서 정복된 지역의 언어들을 라틴어화 하는데 오늘날의 프랑스어, 스페인어, 포르투갈어, 루마니아어 등이 바로 이렇게 해서 발달한 언어들이다. 이에 비해 본래 유럽 북쪽 발트 해 연안에 살았던 게르만족들은 언어적으로 로마인들의 영향을 많이 받지 않았으며 오늘날까지 독특한 게르만어의 특징들을 보존하고 있다.

영국의 식민지 개척과 특히 20세기 들어 미국의 영향으로 영어는 거의 세계어가 되다시피 되었지만 유럽에서 영어를 쓰는 나라는 영국밖에 없다. 전통적인 역사언어학은 영어를 게르만어에 포함시키고 있는데 사실 현대영어의 생성은 이원적인 경로를 밟는다. 즉 유럽 서북부의 조그만 섬나라인 영국에 먼저 게르만의 일파인 앵글로색슨족들이 침입하여 언어적으로 영향을 미쳤으며 고대 영어는 고대 독일어와 거의 차이가 없다. 그러나 나중에 다시 프랑스로부터 노르만족이 침입하여 영국을 200~300년 동안 지배하면서 언어적으로 영향을 미치게 된다. 이것이 영국 역사에 유명한 노르만 정복이다. 그후 이 섬나라에 중세영어가 발달하는데 이것이 곧 현대영어의 모체인 것이다. 현대 영어는 따라서 로만스어적인 요소와 게르만어적인 요소가 혼합되어 있는 언어이다. 쉽게 이야기하면 영어는 독일어와 프랑스어가 혼합된 언어이며, 전체적으로 보면 독일어보다는 프랑스어에 더 가깝다.

중학교 때부터 영어를 배우고 나중에야 독일어를 배우는 우리나라 사람들에게 이 사실은 매우 중요한 것 같다. 우리는 독일어를 배우면서 막연히 이 언어가 영어와 비슷하리라고 기대하면서, 영어의 구조를 생각하고 그로부터 유추해서 독일어를 이해하려는 경향이 있다. 많은 경우에 있어서 이 기대와 유추는 맞아 들어가지만 그렇지 않은 경우도 많다. 영어에는 비게르만적인 요소가 많다는 점과 따라서 독일어와 영어는 구조적으로 차이가 있다는 점에 유념할 필요가 있다.

한 언어의 문법 현상을 소개하거나 배우면서 그와 비슷한 다른 언어의 현상을 비교하거나 생각하는 것은 많은 도움이 될 것이다. 예를 들면 독일어의 조동사를 배우거나 가르치면서 영어의 조동사와 비교하면 이 현상이 빨리 이해되고 학습에 소요되는 시간과 노력을 절약할 수 있을 것이다. 특히 영어나 독일어와 같이 특수한 부류의 조동사가 발달해 있지 않는 우리말을 모국어로 쓰는 사람들에게는 그 효과가 클 것이다.

그러나 한편 이렇게 외국어를 배우면서 다른 외국어의 현상을 비교하는 것이 꼭 좋은 영향만 미치는 것은 아니다. 필자의 경험으로 미루어 보면 초급 단계에서는 다른 외국어의 현상과 비교하는 것이 도움이 되지만 일정한 단계가 지나면 이는 오히려 부정적인 영향을 미치는 것 같다. 즉 하나의 외국어를 배울 때 먼저 배웠던 외국어는 자칫 하나의 굴레가 되여 학습자는 이 굴레를 벗어나지 못하고 계속 그 외국어의 관점에서 다른 외국어를 바라보고 있는 경우가 많다.

같은 이름의 문법 현상이라 하더라도 언어에 따라 아주 다른 경우가 많기 때문에 한 언어의 현상을 제대로 파악하려면 그 언어 안에 들어와서 현상을 보아야 하는데 계속 다른 외국어의 굴레에서 벗어나지 못하고 있으면 이는 외국어 학습에 아주 좋지 않는 영향을 미칠 것이다.

예를 들면 조동사 현상이 있다. 독일어와 영어의 조동사 현상은 아주 다른 점이 많기 때문에 영어의 관점에서 독일어의 조동사를 파악하려고 하면 많은 것을 놓치게 되고 이해되지 않는 부분이 많을 것이다. 이는 곧 학습자가 머리 속에서 독일어의 조동사 현상을 영어의 현상 정도로 축소시켜 버리기 때문이다. 독일어를 효과적으로 배우기 위해서는 먼저 영어문법의 굴레를 과감히 벗어나서 독일어에서는 어떤 현상들이 영어와 다른가를 파악하고 익혀야 한다.

이와 함께 한 가지 덧붙이고 싶은 말은 독일어가 우리말과 유사한 데가 많다는 것이다. 차차 이야기가 되겠지만 독일어를 배우면서 영어를 생각하면 잘 안 풀리는 사항들이 우리말을 생각하면 쉽게 풀리는 경우가 흔히 있다.

2

현대 표준 독일어의 발달

독일어의 역사는 보통 8세기에 시작된 것으로 본다. 그 이전에 독일어 지역에서 사용되었던 언어는 게르만어의 방언들로서 이를 독일어의 전단계(Vordeutsch)라 부른다. 8세기 이후 현대 표준 독일어에 이르는 동안 독일어권에서는 끊임없이 두 가지 층위의 언어가 대립과 융화의 과정을 밟아 왔다고 볼 수 있는데, 그 하나는 상류층의 문화어(Kultursprache)이자 문어(geschriebenes Deutsch)로서 상당히 넓은 지역에 걸쳐 사용된 독일어이며, 다른 하나의 언어층은 하류층의 언어로서 이는 곧 각 지방의 독특한 방언들이다. 독일어의 문어(Schriftsprache)를 위한 노력은 A.D. 750년경에 최초로 있었는데 이를 곧 상류층 독일어의 시작으로 보며 동시에 독일어 역사의 시작으로 본다. 그 후 카알 대제(Karl der Große)의 즉위와 함께 이 노력은 한층 더해졌고, 그 결과 고고지 독일어의 문어(Althochdeutsche Schriftsprache)가 정립된다. 이 상류층의 언어는 주로 성직자들 사이에 사용되었으며 라틴어로 된 기독교 문헌들을 번역하는데 이용되었다. 물론 이 상류층의 언어의 저류에는 하류층의 각 지방 방언들이 계속 흐르고 있었다. 그러나 이에 대한 기록이 없기 때문에 고고지 독일어(Althochdeutsch) 시대의 하류층의 언어가 어떠했는지는 현재로서 알 길이 없다.

중세독일어(Mittelhochdeutsch)는 고대독일어의 문어를 바탕으로 발달한 상류층의 문화어로서 성직자들뿐만 아니라 귀족들 및 궁중문학인들 사이에 널리 쓰인 언어이며, 이를 통해 중세 독문학이 꽃을 피웠다. 고대독일의 문화어와는 달리 중세독일의 문화어는 그 사용 층이 넓어졌다고 볼 수 있다. 13세기경 Staufen 왕가의 몰락으로 전 유럽이 혼란에 빠질 때 독일어권에는 수많은 영주들(Fürsten)이 나타나 독립적인 지배권을 형성함에 따라 당시 상류층들 사이에 면면히 흐르고 있던 문화어는 각 지방의 방언들과 결합하여 그 영토의 새로운 방언을 형성한다. 이로써 독일 지역에는 상류층에서 널리 통용되었던 문화어가 사라지고 수많은 방언들이 난립하게 된 것이다.

독일 상류층의 문화어에 대한 노력은 그 후 14세기 중반에 다시 시작된다. 10세기부터 시작되었던 게르만족의 동쪽 이주(Ostsiedlung)로 14세기경에는 오늘날 동유럽 지역에 Brandenburg, Schlesien, Mecklenburg 등의 국가들이 형성되고 이 지역에서 쓰인 언어들이 중요한 방언들로 등장한다. 사회적, 경제적으로 볼 때 이 시기는 농촌 자연경제 시대에서 도시 화폐경쟁 시대로 가는 전환기로 도시와 시민계급이 역사무대에 등장할 때이며, 이들은 상호 교류할 수 있는 언어에 대한 필요성을 느끼게 되었다. 14세기 중엽 카알 4세가 Böhmen의 왕으로 즉위할 즈음에는 이미 이 지역에 비교적 통일된 문어가 발달되어 있었는데, 이 문어는 Böhmen의 수도인 프라하(Prag)의 언어를 모범으로 삼고 있었다. 이렇게 해서 독일어권에는 다시 상류층의 문화어가 형성되었다.

Meißen은 이 당시 프라하와 함께 Böhmen의 중요한 도시였으며 Martin Luther는 바로 이 Meißen 지방의 독일어를 기초로 성서를 번역했던 것이다. Luther는 성서번역을 하면서 당시 Böhmen의 문화어에 기초하면서도 시장 사람들에 이르기까지 모든 독일 사람들이 이해할 수 있는 독일어라야 한다는 점을 항상 의식하고 있었다. 단어 하나를 생각해 내기 위해 몇 날이 걸렸다는 Luther의 이야기는 잘 알려진 일화이다. Luther는 결국 고대로부터 면면히 흘러 내려온 독일의 두 가지 언어 층, 즉 상류층 문화어와 하류층 방언을 융합시키는 노력을 했다고 볼 수 있으며 여기에 곧 그의 중요한 언어사적 의미가 있다고 하겠다.

1641년 I.G. Schottel에 의해 최초의 독일어 문법책이 쓰여 지는데 이 책은 Luther의 독일어를 모범으로 삼았다. 그 후 Leipzig, Halle 등지에 세워진 프로테스탄트계의 대학들은 이 Luther 독일어를 다듬고 보급하는데 중추적인 역할을 하였다. 이 대학들에서 교육을 받고 활동한 Klopstock, Wieland, Herder, Goethe, Schiller 등의 문인 및 학자들에 의해 Luther 독일어는 더 한층 발전을 보았고, 그 결과 18~19세기 독일 고전주의, 낭만주의와 함께 독일문학 및 독일문화의 황금기를 맞이하게 된다.

3

문자와 발음

3.1. 독일어의 문자

독일어의 문자를 알파벳(Alphabet)이라고 하는데 이는 그리스 문자의 첫 자인 Alpha(α)와 두번째 글자인 Beta(ß)를 합해 놓은 말이다. 지구상에 5000여 개의 언어가 있다고 하는데 그 중에 자기 고유의 문자를 가지고 있는 언어는 몇 되지 않는다. 오늘날 대부분의 유럽 국가들이 쓰고 있는 문자도 사실은 자기 문자가 아니고 로마 사람들에게서 빌려 쓴 것으로 이를 로마문자, 혹은 라틴문자라고 한다. 독일어도 고대부터 로마문자를 빌려 쓰고 있는데 ä, ö, ü는 로마문자를 약간 변형한 것이고 그밖에 그리스 문자에서 ß라는 문자를 빌려 쓰고 있다.

a	b	c	d	e	f	g	h	i	j	k
(a:)	(be:)	(tse:)	(de:)	(e:)	(ef)	(ge:)	(ha:)	(i:)	(jot)	(ka)
l	m	n	o	p	q	r	s	t	u	v
(el)	(em)	(en)	(o:)	(pe:)	(ku:)	(ɛr)	(ɛs)	(te)	(u:)	(fau)
w	x	y	z	ß	ä		ö		ü	
(ve:)	(iks)	(ypsilon)	(tsɛt)	(ɛstsɛt)	(a-umlaut)		(o-umlaut)		(u-umlaut)	

이 가운데 c는 Cafe와 같은 외래어를 제외하면 홀로 쓰이는 일이 없고 ch 및 ck와 같이 다른 글자와 결합해서 나타난다. ch는 독일어의 특유의 발음을 표기하기 위해 사용되고((3.3.) 참조), ck는 k자를 겹쳐 써야 할 곳에서 사용한다. 같은 글자를 겹쳐 쓰는 것은 앞서는 모음이 단모음이라는 것을 표시하기 위한 것인데(z.B. immer, wollen, Mutter), 이는 모음 다음에 자음이 겹치면 그 모음은 짧게 소리 난다는 독일어의 발음 및 표기상의 원칙과 연관이 있다.

z자를 겹쳐서 써야 할 경우 독일어에서는 tz를 쓰는데 sitzen, setzen, Platz

등이 그 예이다.

ß는 그 발음이 ss와 같으나 쓰이는 환경이 다르다. ss는 앞서는 모음이 단모음일 때 쓰며 ß는 앞서는 모음이 장모음일 때 쓰인다. 이때 이중모음은 장모음으로 본다. ss와 같이 한 가지 글자를 겹쳐 쓰는 것은 자음 문자를 겹쳐서 앞서는 모음이 짧다는 것을 표시해 주는 독일어 표기법의 일반 원칙을 따른 것이다.

예) müssen - muss - musst
Fluss - Flüsse - Flüsschen
Fuß - Füße
wissen - weiß

위의 예에서 Fluss는 모음이 짧기 때문에 ss를 썼고 Fuß는 모음이 길기 때문에 ß를 썼다. 여기서 왜 Fluss의 모음은 짧고 Fuß의 모음은 긴가는 달리 설명할 길이 없고 그때그때 외우는 수밖에 없다. Vater는 "t"자를 하나만 쓰고 Mutter는 "t"자를 겹쳐 쓴다는 것을 외워야 하는 것과 마찬가지이다.

한편 우리는 독일어 표기법에서 ß라는 글자가 꼭 필요한 것인가 하는 의문을 제기할 수 있다. 즉 앞서는 모음의 장단에 따라 "s"자를 하나만 쓰거나 겹쳐 쓰면 되지 왜 굳이 ß라는 글자가 따로 필요하느냐는 것이다. 그 이유는 독일어에서 "s"자를 다른 용도로 쓰기 때문이다. 즉 독일어에서 "s"자는 기본적으로 영어의 "is"에서와 같은 [z]소리를 나타내기 위해 사용한다. sagen, lesen 등에서 s는 [z]로 발음한다.

변모음(Umlaut)이라고 부르는 ä, ö, ü 는 각각 a, o, u에 e를 결합한 음가를 갖는데((3.3.) 참조), 과거에는 이 모음들 위에 e자를 써서 사용하기도 하고 ae, oe, ue 와 같이 두 글자를 나란히 표기하기도 했다.

독일어의 표기법에서 h자의 쓰임은 흥미롭다. 현대 독일어 발음의 특징 가운데 하나는 [h]라는 소리가 어두에서만 나타난다는 점이다. 예를 들면 Haus, Hals, Hand 등이 있으며 Geheim, Inhalt 등의 h도 전철(Vorsilbe)을 제외하면 어두에 나타났다고 볼 수 있다. 특정한 소리에 대한 분포상의 제약은 언어에 따라 다르다. 우리말의 경우 예를 들면 "ㄹ"소리가 어두에 나타나지 않는다.

[h]라는 소리가 어두에만 나타난다는 제약을 이용해서 독일 사람들은 이 글자가 그 이외의 장소에 나타나면 장모음을 표시하는 것으로 약속했다. 즉, gehen, stehen, nehmen, fehlen 등에서와 같이 h 자가 어두가 아닌 단어 중간에 나타나면 이는 [h]라는 음가를 나타내는 것이 아니라, 앞서는 모음을 길게 발음하라는 표시이다.

장모음 표시 h는 특히 동사의 어간에 많이 나타나는데 이는 언뜻 보기에 필요없는 것 같기도 하다. 가령 위에서 예로 든 gehen, stehen, nehmen, fehlen 등에서 h자를 빼버려도 어간의 모음은 장모음이 된다. 그러나 자세히 관찰하면 이것은 불필요한 것이 아님을 알 수 있다. 현재인칭변화인 du gehst, stehst, ihr nehmt, fehlt 등의 구조에서 h자는 장모음 표시 기능을 잘 수행하고 있기 때문이다. 역사적으로 이 h라는 글자의 유래는 이와는 다른 것도 있는데 zehn, Zahn 등이 그 예일 것이다.

3.2. 말소리 생성의 원리

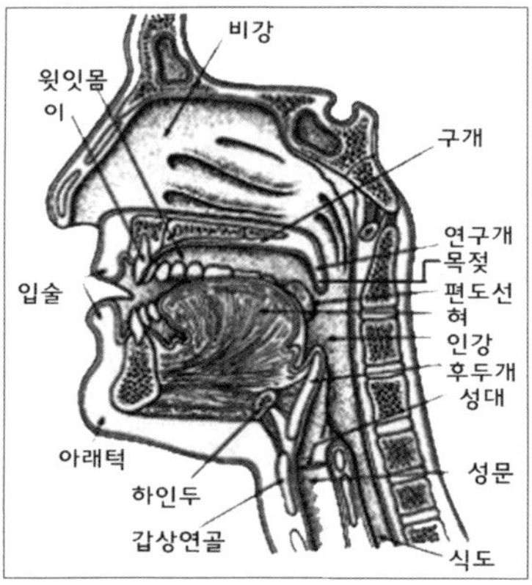

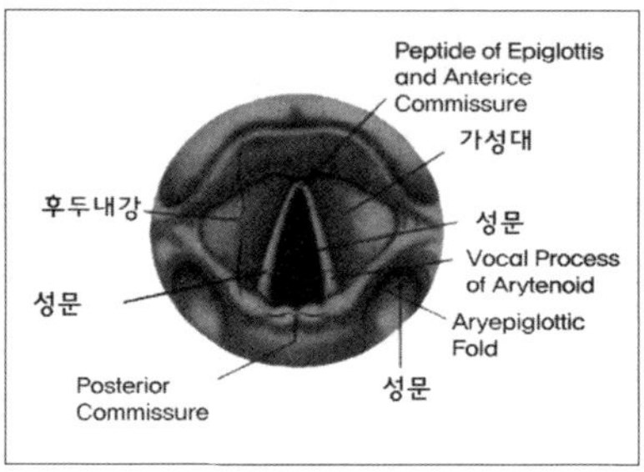

정상성대 구조

말소리는 우리의 입과 코를 통해 허파에 들어간 공기가 다시 밖으로 나오는 동안 성대, 혀, 입술 등의 발음기관이 움직이면서 생성된다. 허파에 들어간 공기는 성대(성문)를 지나 코나 입으로 나오는데, 공기가 성대를 지나는 동안 성문이 열려 있으면 소리는 생성되지 않고 호흡만 진행된다. 그러나 공기가 닫혀 있는 성문을 통과해서 나오면 소리가 생성된다. 이 때 성문이 떨면서 소리가 나면 유성음(stimmhaft)이라 하고 성문이 떨지 않으면 무성음(stimmlos)이라 한다. 무성음의 대표적인 소리는 속삭이는 소리이다. 보통 정상적으로 말을 할 때에는 모든 모음과 [m, n, ŋ, b, d, g, z, v, r, l] 등의 발음기호로 표시되는 자음들이 유성음에 속한다.

우리나라 사람들의 경우 보통 유성음과 무성음을 구별하는데 애를 먹는다. 그 이유는 우리나라 사람들이 특별히 소리 감각이 없어서가 아니고 우리말의 특징 및 우리의 언어 습관 때문이다. 즉 우리말에서는 유성음과 무성음의 구별이 중요하지 않기 때문에 전문가가 아닌 일반인들은 그 차이를 의식하기가 힘들다. 가령 "감기" 할 때 두 개의 "ㄱ"이 앞의 것은 무성음이고 뒤의 것은 유성음인데 우리는 보통 이 차이를 의식하지 못하고 언어생활을 하고 있는 것이다. 그러나 서양 사람들은 이 두 가지 "ㄱ"의 차이를 쉽게 인식하고 자기네의 문자로 옮겨 보라고 하면 [kamgi]로 적을 것이다. 서양 사람들이 이 차이를 쉽게 느끼는 것은 그들의 언어에서 이 차이가 중요하기 때문에 이에 대해 잘 훈련된 결과라고 할 수 있다. 그런가 하면 서양 사람들은 우리말의 "ㄱ - ㄲ - ㅋ"의 차이를 전혀 인식하지 못한다. "갈 - 깔 - 칼"이 그들에게는 모두 같은 소리로 들리며 "달 - 딸 - 탈"이나 "불 - 뿔 - 풀"도 마찬가지이다. 이것도 역시 언어습관의 차이로부터 기인한다.

허파를 출발해서 성대를 지난 기류는 입이나 코로 나오는데 입으로 나오면 구강음이라 하고 코로 나오면 비음이라 한다. 공기가 코로 나오는 데는 연구개가 중요한 역할을 한다. 연구개는 목젖 바로 앞에 있는 입천장의 연한 부분이며, 위아래로 움직일 수 있는 것인데 이것이 올라가서 비강(콧구멍)을 막으면 공기는 입으로만 나오게 되고, 내려와서 비강을 터놓으면 공기가 코로 나갈 수 있다. [m, n, ŋ] 같은 비음을 낼 때는 공기가 모두 코로 나온다.

성대를 지난 기류가 입안에서 방해를 받느냐 받지 않느냐에 따라 모음과 자음이 구별된다. 우리말의 모음이라는 말은 어른처럼 독립적인, 즉 독립적으로 소리 날 수 있는 어미소리(母音)이라는 뜻이고 자음이라는 말은 독립적으로 소리 나지 못하고 어미(母音)와 함께 쓰여야 하는 아이 소리(子音)이라는 뜻이다. 독일어에서는 모음을 Vokal이라고 하고 자음을

Konsonant라고 하는데, Vokal이라는 말은 원래 소리라는 뜻이고 Konsonant라는 말은 함께(Kon-) 쓰이는 소리(sonant)라는 뜻이다.

모음은 기류가 입안에서 방해를 받지 않고 나오는 소리인데, 그 소리값은 입술의 모양과 입안에서의 혀의 위치(앞뒤 및 높낮이)에 따라 결정된다. 우리가 입을 벌리면 그 안에 조그만 공간이 생기는데 이 안에서 혀가 어디에 놓이느냐에 따라 모음의 소리값이 달라진다. 혀는 우선 앞뒤로 움직일 수가 있는데, 예를 들면 [i]라는 모음을 발음할 때에는 혀가 앞에 와 있고 [u]라는 모음을 발음할 때는 혀가 뒤로 물러나 있다. 이 두 모음을 이어서 발음해 보면 우리는 그 차이를 쉽게 느낄 수 있다.

혀는 또 위아래로 움직일 수가 있는데, 이 경우 아래턱이 함께 따라 움직인다. 우리가 음식을 먹는다든가 말을 할 때에는 턱을 움직여야 하는데 이 때 움직이는 쪽은 항상 아래턱이고 위턱은 척추와 연결되어 고정되어 있다. 따라서 아래턱에 있는 음성기관 (아랫니, 혀 등)을 능동부, 위턱에 있는 음성기관(윗니, 입천장 등)을 수동부라 부르기도 한다. 혀는 아래턱과 연결되어 있어서 혀를 움직이려면 아래턱을 움직여야 한다. 예를 들면 [i]모음을 발음할 때에는 혀(아래턱)가 위로 올라가며 [a]모음을 발음할 때에는 혀가 아래로 내려오는데, 이 두 모음을 이어서 발음해 보면 역시 그 차이를 쉽게 느낄 수 있다. 모음 a, e, i, o, u를 발음할 때 혀의 상대적인 위치는 별표 그림과 같다.

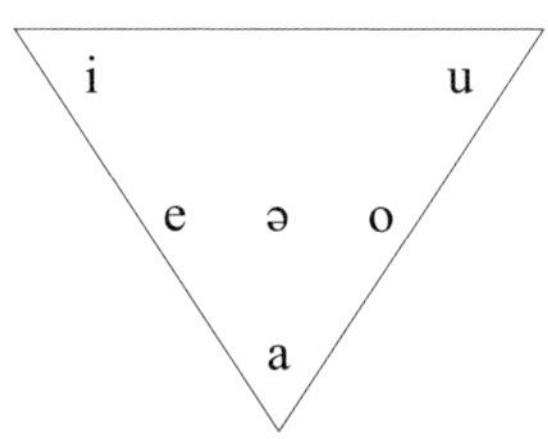

〈모음 3각도〉

모음의 소리값은 또 입술의 모양과도 관계가 있다. 입술은 둥글게 할 수도 있고(원순) 평평하게 할 수도 있는데(평순), 모음 3각도에서 [a, e, i]는 평순이고 [o, u]는 원순이다. [i]와 [u]를 이어서 발음해 보면 역시 입술의 변화를 쉽게 느낄 수 있다. 또 [i]소리를 내다가 혀는 그 위치에 고정시키고 입술을 둥글게 해 보면 [ü]와 같은 소리로 변한다.

모음 가운데 중앙모음이라고 부르는 [ə]가 있다. 이 모음은 특히 영어의 무강세 모음에 많이 나타나며 독일어에서도 자주 나타나는데, 이는 입안의 모든 근육을 완전히 이완시키고 자연스럽게 내는 소리이다. 우리말의 "어"와는 전혀 다른 소리이며, 술에 취해 혀가 잘 안 돌아가는 상태에서 내는 모음이 이 [ə]소리에 가깝다.

자음은 기류가 입안에서 방해를 받고 나오는 소리인데 그 소리값은 방해를 받는 지점(조음점)과 방해를 받는 정도 및 방법(조음방법)에 따라 결정된다(조음기관 그림 참조). 방해를 받는 지점으로는 먼저 두 입술(양순)이 있는데 [p, b, m] 등이 이 지점에서 소리난다. [f, v]는 윗니와 아랫입술의 방해를 받고 나오는 소리이고, [θ, ð]는 혀끝이 윗니와 아랫니 사이에 끼어서 방해를 받고 나오는 소리이다. 또 혀가 입천장에 접근하여 기류를 방해하는 경우가 있는데, [t, d, s, z, n] 등은 혀가 잇몸에 접근하여 기류를 방해하고 [ç]는 혀가 경구개에 접근해서 나는 소리이다. 혀가 연구개에 접근하여 기류를 방해하면 [k, g, x] 같은 소리가 나온다. 기류가 목젖에서 방해를 받는 수도 있는데 프랑스어나 독일어의 목젖떨림소리 [R]가 그 예이다. [h]는 성대의 성문에서 기류가 방해를 받는 소리이다.

기류가 방해를 받는 방법도 다양하다. 기류를 완전히 차단했다가 순간적으로 터뜨리면서 나오는 소리를 폐쇄음(Verschlusslaut) 또는 파열음(Plosiv)이라고 하는데, [p, b, t, d, k, g] 등이 이에 속한다. 기류를 완전히 차단하지 않고 좁은 틈으로 서서히 밀어내면서 내는 소리를 마찰음(Frikativ, Reibellaut)이라 하며 [f, v, ç, s, z,] 등이 그 예이다. 기류를 완전히 차단했다가 순간적으로 터뜨리지 않고 서서히 좁은 틈으로 밀어내는 경우가 있는데, 이것은 파열음과 마찰음의 혼합형으로 파찰음(Affrikativ)이라 하며 영어의 [ʧ]나 우리말의 [ㅈ, ㅊ]이 그 예이고 독일어에서는 z자로 표기되는 [ts]소리가 그 예이다(z.B. Zeit, zehn).

기류가 입안에서 차단되고 코로 나오는 경우가 있는데 이를 콧소리(비음; Nasal)이라 한다. [m, n, ŋ]이 그 예로써 [m]은 두 입술에서, [n]은 혀가 잇몸에 접근해서, [ŋ]은 혀가 연구개에 접근해서 각각 기류를 차단한다.

[l] 소리를 낼 때는 혀가 입안의 가운데를 막아서 기류가 옆으로 새어 나오는데 이를 설측음(Lateral)이라 한다. "을"하고 길게 발음해 보면 이것을 쉽게 관찰할 수 있다. 모든 자음이 마찬가지이지만 특히 [l]소리는 언어에 따라 조금씩 다르게 소리 난다. 영어의 [l]은 혀를 많이 구부려서 내는 소리로서 이를 "어두운 [l]"이라 한다. 독일어나 우리말의 경우 혀를 많이 구부리지 않는 "밝은 [l]"이다.

혀가 떨면서 기류를 방해하는 경우가 있는데 이를 떨림소리(전음; Intermitterend)라 하며 독일어의 혀끝떨림소리 [r]가 그 예이다. 우리말의 경우 "부르릉", "따르릉", "푸르르", "바르르" 등의 의성어나 의태어를 가볍게 빨리 발음할 때 이 혀끝떨림소리를 관찰할 수 있다.

[r]로 표기되는 소리라고 해서 모두 떨림소리인 것은 아니다. 예를 들면 영어의 right에서 [r]은 떨림소리가 아니며 혀를 구부려 입천장에 달듯 말듯한 상태에서 내는 소리이다. 또 영어의 better나 water에서 t도 [r]로 소리 나는데 이 역시 떨림소리가 아니며 혀가 입천장을 가볍게 한 번 두들겨서 나는 소리이다. 독일어에서는 bitte의 t 소리 등이 두들김 소리로 날 수 있다. 우리말 "다리", "가라" 등에서 "ㄹ"도 두들김 소리 [r]이다.

오늘날 독일의 일상어(Umgangssprache)에서 [r] 소리는 혀끝 떨림소리로는 잘 나지 않으며 대개 목젖을 떨어서 내는 소리이고, 두들김 소리로 나는 경우도 있다. 목젖 떨림소리는 [R]로 표시하기도 하는데 프랑스어의 /r/이 보통 이렇게 소리 난다. [R]는 물을 입에 넣고 목을 헹군다는 기분으로 발음하면 된다. 누워서 코를 골다가 공기를 입으로 내쉴 때도 흔히 이 소리를 들을 수 있다.

우리나라 사람들은 보통 [r]와 [l]을 구별하는 데 애를 먹는 경우가 많다. 앞에서도 이야기한 것처럼 이것은 언어습관의 차이에서 온 것이다. 즉 유럽 언어에서는 이 두 소리의 차이가 중요하기 때문에 유럽 사람들은 이들을 구별할 필요가 있지만 우리말에서는 이 두 소리의 차이가 중요하지 않으므로 우리는 이들을 같은 소리로 보는 것이다. 앞에서 지적한 바와 같이 서양 사람들이 우리말의 "달", "딸", "탈"을 구별하지 못한 것도 같은 이치이다.

독일어의 독특한 발음 가운데 하나가 성문파열음 [ʔ]이다. 우리가 보통

힘을 쓸 때 목구멍이 막혔다가 터지는 것을 느낄 수 있는데, 이 때 막혔다가 터지는 부분이 곧 성대의 성문이며, 이 때 나는 소리를 성문파열음이라 한다. [ʔ] 소리는 대개 모음과 함께 발음되는데 뒷간에서 힘쓸 때 나오는 "으" 소리나 깜짝 놀랄 때 나오는 "아악" 소리 앞에서 이 소리가 나온다. 독일어의 경우 모음으로 시작하는 말은 그 앞에 보통 [ʔ]를 동반한다.

기류가 방해를 받는 지점(조음점)과 방해를 받는 방법(조음방법)에 따른 자음의 분류는 다음과 같이 표로 나타낼 수 있다(표1 참조).

조음점 / 조음방법	두 입 술	윗니입술	잇 몸	경 구 개	연 구 개	목젖성문
	유성/무성	유성/무성	유성/무성	유성/무성	유성/무성	
파 열 음	b p		d t		g k	ʔ
마 찰 음		v f	z s	ʒ ç	x	h
파 찰 음			ʤ ts	ʧ		
비 음	m		n		ŋ	
설 측 음			l			
떨 림 음			r			R

[표 1: 자음 분류표]

말소리는 보통 자음과 모음으로 구분되는데 그 중간 단계로 반자음 혹은 반모음이라는 것이 있다. 자음과 모음을 구분하는 기준은 입안에서 기류가 방해를 받느냐의 여부에 있는데, 반자음(반모음)은 기류의 방해를 받는 정도가 모음으로 보아야 할지 자음으로 보아야 할 지 애매한 경우로, 예를 들면 [j], [w] 소리가 있다. 반자음 [j]는 모음 [i]보다 입이 더 닫힌 상태에서 또 마찰음인 자음 [ʒ]보다는 입이 더 열린 상태에서 발음된다. 성경에 나오는 사도 요한을 독일어로는 Johann, 프랑스어로는 Jean, 러시아어로는 Iwan이라 하는데 독일어 Johann의 첫 자는 반자음 [j]로, 프랑스어 Jean의 첫 자는 자음 [ʒ]로 각각 소리 난다. 한편 이에 대응되는 영어의 John의 첫 자는 [ʤ]로 발음되는데 이 소리는 파열음 [d]와 마찰음 [ʒ]가 결합된 파찰음으로서 마찰음 [ʒ]보다 기류의 방해를 더 많이 받고 나온다. 위의 네 가지 소리를 기류의 방해를 받는 정도에 따라 나열하면 다음과 같다.

[i] – **모 음** – *Iwan*
[j] – **반자음** – *Johann*
[ʒ] – **마찰음** – *Jean*
[ʤ] – **파찰음** – *John*

반자음 [w]은 모음 [u]와 양순마찰음 [ß]의 중간 소리이다. [ß]는 중세 국어의 순경음 "ㅸ" 소리이며, 이를 다시 기류의 방해받는 정도에 따라 나열하면 다음과 같다.

[u] – **모 음**
[w] – **반자음**
[ß] – **마찰음**
[b] – **파열음**

3.3. 독일어의 발음

독일어의 발음은 문자의 이름과 연관이 있으며 몇 가지 경우를 제외하면 문자를 발음기호 삼아 읽으면 된다. 예를 들면 man은 [man]으로 발음되고 oft는 [oft]로 소리 난다. 주의해야 할 발음은 다음과 같다.

3.3.1. 모음

e : 낱말의 끝이나 어미에 나타나면 약화되어 [ə]로 발음된다.
예 : *Name, haben.*

ie : 장모음 [i:]로 발음한다.
예 : *sieben, Dieb.*
다만 Familie, Ferien, Asien 등 몇 가지 경우에서는 두 글자가 모두 소리값을 가져서 [iə]와 같이 두 개의 소리로 발음된다.

ei : [ai]로 발음한다.

예 : *drei, Eis.*

eu, äu : [oi]로 발음한다.

예 : *heute, Leute, Häuser.*

y : [ü]와 같이 발음한다.

예 : *System.*

변모음(Umlaut) ä, ö, ü는 a, o, u에 e의 음색을 첨가한 소리라고 할 수 있는데 입술의 모양을 a, o, u 와 같이 하면서 혀를 e의 위치(전설)에 놓고 발음하면 된다. 즉 a, o, u를 발음하면서 입술의 모양은 그대로 둔 채 뒤로 물러나 있는 혀를 약간 앞으로 당기면 된다. 우리말의 경우 "아지랑이 - 아지랭이", "고기 - 괴기"와 같은 현상에서 볼 수 있는 "아 - 애", "오 - 외"의 변화가 일종의 변모음 현상이라 할 수 있다. 독일어 ä, ö, ü의 음가도 [아], [오], [우]에 모음 "이"를 첨가한 우리말의 [애], [외], [위]의 음가와 비슷하다. 다만 우리말은 [위]가 이중모음인데 반해 독일어의 변모음은 모두 단모음으로, 발음하는 동안 입술이 움직여서는 안 된다. 독일어의 변모음을 우리말과 비교해서 다음과 같이 요약할 수 있다.

a + e = ä	아 + 이 = 애
o + e = ö	오 + 이 = 외
u + e = ü	우 + 이 = 위

변모음은 전설모음이 아닌 a, o, u가 전설모음화한 것이다. 독일어에서 Buch → Bücher, Hand → Hände, hoch → höher와 같은 모음변화가 바로 이 변모음 현상이다. 즉 중설 및 후설모음 a, o, u가 어미의 전설모음 e를 닮아서 ä, ö, ü로 변한 것이다. 문자대로만 해석하면 변모음이란 모음이 변한다는 말인데, 모든 모음변화를 변모음이라고 부르지는 않는다. 독일어에 나타난 위의 모음변화 현상을 독일 사람들이 자기 나라말의 모음변화 현상이라는 뜻으로 변모음이라고 불렀는데, 이 용어가 다른 나라 말에도 적용되어 이와 비슷한 현상인 우리말의 "ㅣ 모음역행동화"도 변모음이라고 부

르기도 한다. 변모음은 결국 전설모음화라고 할 수 있는데 다섯 개의 기본 모음 a, e, i, o, u 가운데 전설모음인 i, e는 따라서 변모음과 관계없는 모음이라고 할 수 있다.

3.3.2. 자음

모음과 마찬가지로 독일어의 자음도 문자를 발음기호 삼아 읽으면 되는데, 몇 가지 주의해야 할 발음을 보면 다음과 같다.

b, d, g, s : 유성음 [b, d, g, z]로 발음되기도 하고 무성음 [p, t, k, s]로 발음되기도 하는데, 유성음과 유성음 사이 그리고 어두에서 유성음으로 소리 난다.

예 : 유성음 *Brief, geben, sagen, Reise, Dieb, Hunde*
무성음 *halb, Hand, das, Tag*

h : 어두에서만 소리 나며 낱말 중간에서는 앞서는 모음을 길게 발음하라는 표시이다. Inhalt, Geheim 등에서 In-, Ge-는 전철(접두사)이므로 h는 묵음이 아니다.

예 : *Haus, Heimat, halb; gehen, sehr, zehn, Fehler*

j : 영어와는 달리 독일어에서는 반모음 [j]로 발음하며, 독일어의 /ja/는 는 우리말의 "야"를 조금 되게 발음한 것과 비슷하다.

l : 우리말의 "ㄹ" 소리와 비슷하며 혀를 심하게 구부리는 영어의 [l] 소리와는 다르다.

예 : *viel, klar, fehlen*

ps : Psychologie, psychisch 등의 외래어에서 나타난다. 영어의 경우 이때 /p /가 묵음으로 나타나는데 독일어에서는 [p]로 발음을 해주어야 한다. /ps/의 발음은 우리말의 "갑시다", "봅시다" 등에서처럼 "ㅂ"과 "ㅅ"이 연이어 날 때의 발음과 흡사하다. Pop Song에서 /p/와 /s/가 연결되는 발음도 마찬가지이다.

pf : /p/와 /f/를 함께 발음해야 하는데 이 때 /p/는 /ps/에서의 /p/처럼 "프" 하고 터뜨리지 말고 바로 /f/ 발음으로 들어가야 한다.

예 : *Pferd, pflegen*

qu : q는 항상 u를 동반하며 발음은 [kv]이다.

예 : *Quelle, bequem.*

r : 독일어의 /r/은 원래 우리말의 "부르릉"에서처럼 혀끝을 떨어서 내는 소리이며, 영어의 /r/과는 다르다. 근래에 들어서는 프랑스어의 영향으로 특히 젊은 층 사이에서는 혀끝떨림소리 대신 목젖떨림소리가 많이 쓰인다. /r/는 다음의 환경에서만 제대로 소리 나고 그밖에는 모음화 된다.

단어 앞: Reise, Rose,
모음과 모음 사이: Tore, Sara, Ware
자음 뒤: Bruder, drucken, Preis, sprechen

모음화 되는 경우

단어 끝: *wir, mir, Tor, Struktur, Vater, Mutter, oder*
모음과 자음 사이: wird, werden, morgen, Berg

/er/는 1음절 단어나 전철(접두사)에서 [ea]로 발음한다.

예 : *er, der, her, wer, mehr, sehr, schwer, vergessen.*

sp, st : /s/가 어두에서 /p, t/와 함께 나타날 때는 [ʃ]로 소리난다.

예 : *sparen, Spanien, Sprache, Stadt, Straße.*

tion : 우리말의 "같이"에서 처럼 /t/가 구개음화 되어 [ts]로 소리난다.

예 : *Nation, Lektion, Station*

v : /v/의 이름이 [fau]이듯이 독일어에서 이 글자의 본디 발음은 [f]이다.

예 : *Vater, von, viel, vergessen, Pulver, Hannover.*

그러나 어원에 따라 [v]로 소리 나는 경우도 있다.

예 : *Klavier, Vulkan, Vase.*

w : [v]로 소리 나며 영어에서 /v/의 발음상의 역할을 독일어에서는 /w/가

담당한다.

예 : *wir, wo, wenn, wann, gewinnen.*

z : [ts]로 소리 나며 우리말 [ㅊ] 소리와 비슷한데, 입안에서 소리 나는 위치가 [ㅊ] 보다 약간 앞쪽이다. 즉, [t]소리를 내는 위치에서 [ㅊ]와 같은 소리를 내면 된다.

예 : *Zeit, Zimmer, Mainz.*

ng : [ŋ]으로 소리 나며 영어의 ng와는 약간 다르다. 즉 영어의 /ng/는 경우에 따라 [ŋg]로도 발음되는데 독일어는 모두 [ŋ]으로만 소리 난다.

예 : 독어 - *England, Englisch, länger* ([ŋ])
영어 - *England, English, longer* ([ŋg])

sch : 세 개의 글자가 하나의 소리 [ʃ]로 발음되며 영어의 /sh/를 독일어에서는 /sch/로 쓴다.

예 : *Englisch, Schiff, schaffen, schon, Busch*

ch : /ch/도 두 개의 글자로 하나의 소리를 나타낸다. 독일어의 특유한 소리를 하나의 로마자로 나타내기 어렵기 때문이다. /ch/는 [x], [ç]와 같이 두 가지로 소리 나는데, [a, o, u] 뒤에서는 [x]로 나고 [i, e] 등 전설모음 뒤에서나 그 밖의 경우는 [ç]로 소리 난다. [x], [ç] 소리가 나타나는 환경은 앞서는 모음의 위치와 밀접한 연관이 있다. 즉 모음이 전설이면 /ch/ 소리도 앞쪽에서 나고 모음이 뒤쪽에서 나면 /ch/ 소리도 뒤쪽에서 난다.

ch ─┬ [x] : a, o, u 등 중설 후설모음 뒤; Bach, noch, Buch
　　└ [ç] : i, e 등 전설모음 뒤; ich, Pech, möchte

[x]는 혀뿌리를 입천장에 가까이하고 공기를 마찰시켜 내는 소리이다. 하품을 할 때 목젖을 약간 떠는 경우가 있는데 [x]가 이 소리에 가깝다. [ç]는 경구개 마찰음으로 [ʃ]와 비슷한 소리인데 소리 나는 위치가 이보다 약간 뒤이다. "히히"하고 고소하게 웃을 때 이와 비슷한 소리가 난다. [x] 소리

를 낼 때는 앞선 모음을 뒤에 반복해 준다는 기분으로 발음해야 한다. 즉 Bach, noch, Buch는 "Bacha, nocho, Buchu"처럼 발음하는 것이 자연스럽다. [ç]는 뒤에 모음 [i]가 더 있다는 기분으로 발음하는 것이 좋다. 즉 ich, Pech, möchte는 "ichi, Pechi, möchite"처럼 발음하는 것이 자연스럽다.

한편, 우리가 듣기에는 분명히 다른 위의 두 소리를 독일 사람들은 같은 글자를 써서 나타내는 점이 우리로서는 이해가 잘 안 간다. 이것은 앞에서도 몇 차례 이야기한 것처럼 언어습관의 차이이다. 즉 독일 사람들에게는 이 두 가지 소리가 같은 소리로 들리기 때문에 같은 글자로 나타내는 것이다. 이것은 마치 서양 사람들에게는 분명히 다른 소리로 들리는 [r]과 [l]을 우리는 같은 소리로 듣고 둘 다 "ㄹ"로 표기하는 것과 비슷하다.

4 독일어의 몇 가지 특징

4.1. 문장의 구성, 굴절어, 고립어, 첨가어

언어는 의사전달의 수단이며, 의사전달은 문장을 기본 단위로 해서 이루어진다. 조금 단순화시켜서 말하자면, 의사전달이란 기본적으로 우리가 어떤 사건을 보고 그것에 대해 기술하는 것이라고 할 수 있다. 사건에는 동작이 있고 그 동작에 참여하는 대상, 즉 참여자가 있다. 사건의 동작을 표현하는 말이 곧 동사이며, 사건에 참여하는 대상은 문장 가운데서 명사로 나타난다. 문장을 이루는 두 가지 기본 요소는 따라서 동사와 명사라 할 수 있다.

어떤 사건에 참여하는 대상을 넓은 의미에서 명사라고 불렀는데 여기에는 고유명사와 대명사도 포함된다. 일반적으로 명사가 문장 가운데 들어가기 위해서는 두 가지 요소가 충족되어야 한다. 다음 우리말 문장을 보자.

(1) **여학생 남학생 때렸다.**

위 문장은 두 가지 점에서 정보가 불완전하다. 첫째, 때리는 사건에 참여한 대상을 "여학생", "남학생"이라고만 했을 뿐 어떤 남학생이고 어떤 여학생인지 분명하지 않다. 즉 그 대상이 분명하게 지정(한정)되어 있지 않는데, 이 지정(한정)의 기능을 위해 우리는 명사 앞에 "이, 그, 저, 한" 등의 말을 덧붙인다. 전통 문법에서 이러한 언어요소를 지시사 혹은 관사류라고 부르는데 언어학에서는 이들을 한정사(限定詞: Determinator)라고도 부른다.

문장 (1)에서 또 한 가지 불완전한 점은 때리는 사건에 참여한 대상만 명시되었을 뿐 누가 때리고 누가 맞았는지가 확실하지 않다는 것이다. 즉 때리는 동작의 주체(출처)와 그 동작의 목표물(목적지)에 대한 정보가 미흡하다. 동작의 주체가 되는 대상을 주어라 하고 동작의 목표물이 되는 대상을 목적어라 한다. 주어나 목적어 등을 우리는 문법적인 기능이라고 부르는데 우리말에서는 이러한 문법적인 기능을 나타내기 위해 "은, 는, 이, 가, 에게, 을, 를" 등의 조사를 명사 뒤에 덧붙인다.

문장 (1)에 대상을 분명히 지정해 주는 지시사(한정사)와 문법적인 기능을 나타내 주는 조사를 덧붙여서 우리는 다음과 같은 문장을 만들 수 있다.

(2) 이 남학생을 저 여학생이 때렸다.

대상을 지정해 주는 기능은 일반적으로 명사 앞에 오는 지시사에 의해 수행되는데, 주어나 목적어 등의 문법적인 기능을 표시하는 방법은 언어에 따라 차이가 있다. 문장 (2)에서 보는 것처럼 우리말의 경우 명사에 조사를 덧붙여서 문법적 기능을 표시하는데, 이러한 유형의 언어를 첨가어라 한다. 우리말과 일본어가 이에 속하며 알타이어가 대개 이러한 유형의 언어들이다.

영어는 문법적인 기능을 나타내는 방법이 우리말과는 사뭇 다르다. 다음 영어 문장 (3)에서 우리는 the boy가 주어이며, the girl이 목적어라는 것을 쉽게 알 수 있는데 이 판단은 낱말의 배열에 근거한 것이다. 즉 영어의 경우 어순에 의해 문법적인 기능이 결정된다. 우리말의 경우 어순이 이러한 문법적인 기능과 관계가 없기 때문에 낱말의 배열이 자유스러운데 반해 영어는 어순을 함부로 바꾸어서는 안 된다.

(3) The boy loves the girl.

문법적인 기능을 표시하는 또 한 가지 방법은 특정한 낱말을 약간씩 변화(변형) 시키는 것, 즉 어형변화에 의한 방법인데 독일어가 그 대표적인 예라고 할 수 있다. 다음 독일어 문장 (4)에서 주어는 der Mann이고 목적어는 die Frau인데 이러한 판단은 명사 앞의 관사 "d__"의 어미형태에 근거해서 이루어진다. 독일어와 같이 문법적 기능의 표시를 어형변화에 의존하는 언어를 굴절어라고 한다. 문법적 기능표시를 어형변화나 우리말의 조사와 같은 첨가사에 의존하지 않는 언어를 고립어라고 하는데 중국어가 그 대표적인 예이며, 영어는 고립어에 가까운 언어이다.

(4) Der Mann liebt die Frau.

독일어의 굴절어적인 특징을 좀 더 자세히 관찰해 보자. 앞서 말한 바와 같이 언어는 문장으로 이루어져 있으며 한 언어를 배운다는 것은 곧 그 언어의 문장을 만드는 법을 배운다는 것을 의미한다. 일반적으로 문장은 (5)와 같은 구조를 갖는다.

(5) 문장 = 관사류 + 형용사 + 명사 + 동사(술어)

상황에 따라 위 요소들은 물론 나타나지 않을 수도 있다. 영어의 경우 위 네 가지 요소들이 문맥에 따라 그 형태가 변화하는 일은 많지 않다. 명사가 복수형을 취한다든가 동사가 3인칭 단수에서 어미를 취하는 것이 고작이다.

이에 비해 독일어는 어형변화가 아주 심하다. 우선 독일어는 모든 명사가 성(남성, 여성, 중성)을 가지며, 이들은 다시 적게는 네 가지, 많게는 일곱 가지 유형의 복수형을 갖게 된다. 명사는 그밖에도 격(Kasus)에 따라 어미 변화를 한다. 또 독일어의 관사류와 형용사는 뒤따르는 명사의 성(Genus), 수(Numerus), 격(Kasus)에 따라 어미변화를 하며, 동사는 주어의 인칭과 수(Numerus) 및 문장의 시제(Tempus), 화법(Modus) 등에 따라 어형변화를 한다. 한편, 형용사 변화, 명사의 격변화, 동사 변화에는 각각 두 가지 유형의 변화가 있는데, 변화가 심한 쪽을 강변화라 하고 변화가 약한 쪽을 약변화라고 하며, 이 두 가지 변화가 혼합된 형태를 혼합변화라 부르기도 한다.

이와 같이 위 (5)의 네 가지 요소가 문맥에 따라 복잡한 변화를 하는 것이 독일어의 특징이며, 영어에 비해 독일어가 어렵게 느껴지는 것도 바로 이러한 이유 때문일 것이다. 독일어 문법의 대부분이 곧 이들 요소들의 변화를 기술 및 설명하는 것이라고 볼 수 있다.

4.2. 명사의 성(Genus)과 격(Kasus)

독일어의 중요한 특징 중의 하나는 모든 명사가 성을 갖는다는 것이다. 독일어 명사의 성은 모든 사물에 영이 깃들어 있고 이들은 성이 있다는 게르만족의 정령 사상에서 유래했다고 하는데, 남성, 여성, 중성으로 구분되며 명사의 성에 따라 관사류의 어미가 달라진다. 예를 들면 Vater(아버지)는 남성이고 Mutter(어머니)는 여성이다. 또 Tisch(책상)와 Stuhl(의자)은 남성이고, Buch(책)와 Heft(공책)는 중성이다.

Vater나 Mutter의 경우처럼 자연적인 성과 문법적인 성이 일치한다면 성을 익히는데 별 문제가 없겠지만, 독일어를 공부하다 보면 사물의 자연적인 성은 명사의 성을 익히는데 별로 도움이 되지 않는다. 우리 주위의 수많은 대상(사물)들이 자연적인 성으로 보면 거의가 중성이지만, 독일어 명사의 성은 이와는 거의 상관없이 결정되기 때문이다. 이처럼 수많은 명사들이 각각 성을 가지며 또 그 성들을 예측하기 힘들다는 점이 독일어 학습을 어렵게 만드는 큰 요인 가운데 하나이다.

모든 언어의 보편적인 특징 가운데 하나는 명사가 격을 갖는 것인데, 언어에 따라 구분하는 격의 종류와 수, 그리고 표시하는 방법이 다르다. 영어는 3 가지 격(주격, 소유격, 목적격)으로 구분되며 대명사는 이 3 가지 격에 따라 형태상의 차이를 보이고 있다. 영어에서 명사의 격은 형태상으로 표시되지 않으며 어순에 의해 결정된다(4.1.참조).

독일어의 격은 4가지, 즉 주격, 소유격, 여격, 목적격으로 구분되며, 대명사의 경우 자체의 어형변화에 의해, 명사의 경우 관사류가 어미변화를 함으로써 격이 표시된다. 독일어는 또 같은 격이라도 명사의 성에 따라 관사류의 어미가 달라지기 때문에 영어보다는 격을 표시하는 방법이 훨씬 복잡하다고 볼 수 있다.

4.3. 문장요소의 배열(어순)

독일어의 어순을 자세히 관찰하면 흥미롭다. 앞장에서 논의한 바와 같이, 독일어의 경우 주어나 목적어 등의 문법적인 기능들이 관사류의 어미를 통해 표시되고 어순과는 상관이 없기 때문에 어순이 비교적 자유스러우며, 이점에서 독일어는 영어와 큰 차이를 보이고 있다.

이밖에도 두 언어의 어순에는 중요한 차이가 있다. (6)과 같은 단순한 타동사 구문에서는 두 언어의 어순이 일치한다.

(6) a. Der Mann kaufte das Buch.
    b. The man bought the book.

그러나 다음 예문 (7)에서 독일어는 영어와 중요한 어순상의 차이를 보이고 있다.

(7) a. Der Mann kaufte heute ein Buch.
    b. The man bought a book today.
    c. Der Mann geht heute nach Paris.
    d. The man goes to Paris today.

(7a, b)에서는 두 언어의 목적어와 부사의 위치가 반대로 되어 있으며, (7c, d)에서는 부사들 사이의 위치가 반대로 되어 있는데, 이러한 차이는 두 언어 간의 차원을 넘어선 언어 유형론적 차이로 보인다. 즉 게르만어와 우리말, 일본어 등은 이점에서 독일어와 같은 유형에 속하며 프랑스어, 이태리어 등 로만스어는 영어와 같은 유형에 속한다. 차차 논의가 되겠지만 어순에 있어서 독일어는 우리말과 많은 유사성을 보이고 있으며 이러한 독일어 어순의 일반 원칙을 우리는 다음 (8)과 같이 정리할 수 있다.

(8) a. **정동사(finites Verb ; 인칭변화하는 동사)는 문장의 두번째 자리에 온다.**
    b. **정동사에 가까운 요소일수록 문장의 끝으로 간다.**
    c. **정동사를 제외하면 우리말 어순과 같다.**

독일어에서는 흔히 주어 이외에 부사나 목적어 같은 요소들이 문장의 맨 앞에 오는 수가 있다. 이 경우 (8)의 첫번째 원칙에 따라 동사(정동사)는 두번째 자리를 지키고 있고 주어는 동사 뒤로 가게 된다. 완료문, 수동구문, 조동사 구문 등에서 독일어는 영어와 큰 어순의 차이를 나타내고 있는데 이 현상들도 (8)의 두번째와 세번째의 원칙으로 설명될 수 있다. 또 분리동사 구문이나 그밖에 영어와 다른 어순을 가진 독일어의 구문들도 대부분 이 두 가지 원칙으로 설명할 수 있으며, 독일어 문장을 읽다 보면 특히 위의 세번째 원칙이 흥미롭게 적용되는 것을 관찰할 수 있다.

4.4. 낱말의 구조

우리나라나 일본 및 동남아시아 지역을 언어적으로 중국어의 영향을 많이 받은 한자문화권이라 한다면, 유럽 지역은 언어적으로 로마의 영향을 많이 받은 라틴문화권이라 부를 수 있다.

독일어를 비롯한 게르만어의 중요한 특징 가운데 하나는 조어법에 있다고 볼 수 있으며, 독일어는 이 부분에서 또한 영어와 큰 차이를 보이고 있다. 영어는 어휘적으로 라틴어에서 발달한 프랑스어의 영향을 아주 많이 받고 있는데 프랑스어의 어휘와 영어의 어휘를 비교해 보면 이를 쉽게 알 수 있다. 반면에 독일어는 어휘적으로 영어만큼 외부의 영향을 많이 받고 있지 않으며 독일어의 조어법의 특징은 쉬운 자기 나라말의 어휘를 다듬고 결합해서 만들어 내는 것이다.

이러한 독일어 조어법상의 특징은 특히 동사에서 잘 나타난다. 독일어의 동사를 우리는 크게 기본동사(Grundverben)와 복합동사(zusammengesetzte Verben)의 두 가지 유형으로 나눌 수 있다. 기본동사란 gehen, kommen, fahren, kaufen 등과 같이 다른 동사에서 파생되지 않는 동사들로서 대개 1음절, 즉 모음이 하나만 있는 어간과 어미 "-en"으로 이루어져 있으며 그 수는 얼마 되지 않는다. 한편, 수적으로 독일어의 동사의 대부분을 차지하고 있는 복합동사는 다음 (9)와 같이 기본동사에 간단한 전철(Vorsilbe;접두어)을 첨가해서 만들어진다.

(9) **복합동사 = 전철 + 기본동사**

(9)의 전철들은 간단한 전치사나 부사, 아니면 be-, ge-, er-, ver-, zer-, ent-, emp-, miss- 등 독일어 특유의 간단한 접두사로 이루어져 있다. 독일어를 조금만 배운 사람이면 동사들이 아주 생소하다는 느낌을 별로 받지 않는데, 그 이유는 독일어 동사들이 거의 대부분 이렇게 간단한 기본동사에 간단한 전철이 결합되어 이루어진 것이기 때문이다. 그러나 복합동사의 의미가 전철과 기본동사의 의미의 결합으로 쉽게 유추할 수 있는 경우도 있지만 극히 추상적인 의미까지를 포함하는 경우가 많기 때문에 독일어의 동사를 정복하는 일이 그렇게 쉬운 것은 아니다. 심지어 하나의 복합동사가 문맥에 따라 정반대의 의미로 쓰일 수도 있다. 예를 들면 ausgehen이라는 말은 "시작하다" 는 뜻도 있고 "끝나다"는 뜻도 있다.

4.5. 재귀대명사, 전치사, 비인칭구문, 부정사, 조동사

위에서 논의한 것들 이외에도 독일어는, 특히 영어와 비교해 볼 때, 다음 몇 가지 특징들을 가지고 있다. 우선 독일어는 영어에 비해 재귀대명사가 훨씬 다양하게 쓰인다. 같은 개념이라도 언어에 따라 다른 문법적 형식을 빌어 표현되는 것을 우리는 흔히 본다. 예를 들면 "놀라다"라는 개념을 우리말은 자동사를 써서 표현하는데, 영어에서는 보통 be surprised at라는 수동태 형식을 빌려 나타낸다. 이와 관련해서 독일어의 특징 가운데 하나는 영어나 우리말의 경우 자동사나 형용사 혹은 수동태의 형식을 빌려 표현되는 개념들이 독일어에서는 재귀동사 구문으로 표현되는 일이 많다는 것이다. "기뻐하다"(영 : glad; 독 : sich freuen) "화내다"(영 : angry; 독 : sich ärgern) 등 감정을 나타내는 말들을 비교해 보면 특히 흥미롭다. 독일어의 문장을 읽다 보면 재귀대명사가 유달리 눈에 많이 띄는데 이는 곧 이와 같은 독일어의 특징에서 연유한 것이다.

전치사의 쓰임도 흥미롭다. 영문법의 경우 전치사가 차지하는 비중이 그렇게 크지 않다고 생각되는데 독일어를 배우다 보면 의외로 전치사의 비중이 크다는 것을 느끼게 된다. 여기에는 몇 가지 원인이 있다. 우선 영어의 경우 모든 전치사가 명사(대명사)의 목적격을 요구하는 반면 독일어에서는 전치사에 따라 여러 가지 격(2격, 3격, 4격, 3·4격)을 골라 써야 한다. 독일어 명사의 격표시는 또 영어보다 훨씬 복잡하고 이를 위해서는 명사의 성을 알아야 되기 때문에 독일어의 전치사는 독일어 학습에서 어려운 고비 가운데 하나이다.

독일어 전치사의 정복을 어렵게 만드는 또 한 가지 요인은 동사가 목적어를 취하기 위해 특정한 전치사를 동반하는 경우가 많다는 점이다. 예를 들면 영어의 wait라는 동사는 전치사 for를 동반해서 목적어를 취한다. 영문법에서는 이런 것들을 숙어라고 하며 이러한 구문에서는 전치사가 그 본래의 의미와는 관계없이 사용되기 때문에 어렵고 문제가 되는 것이다. 독일어에는 이러한 전치사의 쓰임이 영어보다 훨씬 많고 복잡하다. 동사 이외에 독일어에서는 형용사나 명사도 역시 의미상으로 보아 예측하기 힘든 특정한 전치사를 요구하는 경우가 많아서 이 또한 독일어의 전치사를 어렵게 만드는 요인이다.

영어와 비교할 때 또 한 가지 독일어에서 눈에 띄는 것은 비인칭 구문이다. 영어의 경우 비인칭 구문이 날씨나 시간, 거리 등 극히 제한된 부분에서 쓰이는데, 독일어에서는 그 쓰임이 훨씬 넓고 다양하기 때문에 영어의 비인칭 구문 정도로 생각해서는 안 된다.

부정사(Infinitiv) 구문의 쓰임도 영어와 독일어가 큰 차이가 있다. 영어는 부정사 구문이 아주 잘 발달되어 있는 언어로서 영문법에서는 부정사의 쓰임이 상당히 큰 비중을 차지하고 있다. 반면에 독일어는 부정사 구문이 영어만큼 잘 발달되어 있지 않으며, 영어 같으면 부정사를 써야 할 자리에서 독일어는 부문장(=종속절)을 사용하는 경우가 많다. 독일어의 문장을 읽다 보면 이점을 곧 알아차릴 수 있는데, 영어에 유추해서 독일어의 부정사 구문을 사용하려고 하면 안된다.

한편 독일어는 조동사의 쓰임이 잘 발달되어 있는 언어이다. 독일어의 조동사들은 형태상으로는 영어의 조동사들과 비슷하지만 그 쓰임이 영어보다 훨씬 다양하고 섬세하다. 조동사는 지구상의 모든 언어에 발달해 있을 것이다. 이들은 원래 본동사로 쓰이던 것들이 시간이 감에 따라 본래의 의미를 잃고 다른 동사와 결합하여 보조적인 의미 기능을 수행하는 것들이다. 한국어 문법에서는 보조동사 혹은 보조용언이라는 용어를 쓰며 이들은 일반 동사와 특별히 구별되는 특징이 없다. 반면 독일어나 영어의 조동사는 일반 동사와 다른 특징이 있고 특히 이러한 부류의 조동사가 우리말에서는 하나의 단어로 표현되지 않기 때문에 한국인들이 배우는 데는 어려움이 있다. 이러한 부류의 조동사는 유럽언어 가운데서도 게르만어에만 나타나며 로만스어나 슬라브어에는 나타나지 않는다.

제 II 부
문법편

0 준비편

제1부에서 언급한 것처럼 언어는 문장으로 이루어져 있고 문장을 이루는 기본요소는 명사와 동사라고 할 수 있다. 명사는 그 앞에 관사류를 동반하며 경우에 따라 형용사를 취할 수 있다. 동사는 목적어를 취할 수 있으며 과거형, 완료형, 수동형 등의 형태를 취할 수 있다. 한 언어의 문장을 어떻게 만드느냐 하는 것은 결국 이 두 가지 요소, 즉 명사와 동사를 어떻게 짜맞추느냐 하는 문제라고 볼 수 있다. 제2부 문법편은 따라서 크게 명사편과 동사편으로 나누어 이들을 각각 어떻게 짜맞추느냐를 살펴봄으로써 독일어의 문장이 어떻게 형성되는가를 볼 수 있을 것이다.

이와 같은 접근 방법은 전통적인 학교문법의 품사론과 큰 차이는 없다. 다만 전통적인 학교문법의 품사론이 각각의 품사를 독립적으로 기술하고 있는 반면, 이 책의 접근방법은 문장형성이라는 관점에서 품사들 사이의 관계를 함께 고려하고 있는 점이 다르다. 품사들 사이의 관계를 기술함으로써 우리는 이들이 각각 문장을 형성하는 데 어떤 역할을 하며, 더 나아가 언어의 본래 기능인 의사전달을 위해서 어떤 역할을 하는가도 이해할 수 있을 것이다.

이 장에서는 본격적인 문법편에 들어가기 위한 기초작업으로 인칭대명사와 동사의 부정형 및 현재인칭변화의 기본적인 사항에 대해 알아보기로 한다. 이들에 대한 더 자세한 사항은 제2부에서 따로 다루어질 것이다.

0.1. 인칭대명사

다른 유럽 언어들과 마찬가지로 독일어는 세 가지 인칭(1, 2, 3인칭)과 두 가지 수(단수, 복수)를 구분하며 인칭대명사는 다음과 같다.

수 / 인칭	단 수	복 수
1 인칭	ich	wir
2 인칭	du	ihr
3 인칭	er (남 성) sie (여 성) es (중 성)	sie
존 칭	Sie	Sie

1인칭이란 대화 상황에서 말을 하는 사람(쪽), 즉 "나" 나 "우리"를 말하며 2인칭은 말을 듣는 사람(쪽), 즉 "너"나 "너희들"을 말한다. 말을 하는 사람(쪽)도 듣는 사람(쪽)도 아니면 모두 3인칭에 속한다. 가리키는 대상이 하나일 때는 단수라 하고 둘 이상일 때는 복수라고 한다. 독일어가 3인칭 단수에서 남성, 여성, 중성의 구별이 있는 것은 영어와 같다. 영어와는 달리 독일어는 존칭이라는 것이 있다. 이는 모든 어형변화가 3인칭 복수형 sie와 같으며 항상 대문자로 표기한다. 그 쓰임은 우리말의 존칭 "당신"과 비교할 수 있지만 정확히 같지는 않으며, 격식을 갖추어야 할 사이에서 상대방을 지칭할 때 쓰는 말이다. 따라서 가족들 사이에서나 친한 사이에서는 이 말을 쓰지 않는다. 단수형과 복수형의 구별이 따로 없는 것도 이 존칭 Sie의 특징이다.

0.2. 동사의 부정형

유럽 언어를 비롯한 많은 언어들에서 동사는 문장 속에 들어갈 때 문장의 시제나 주어의 인칭 및 수(단수, 복수)에 따라 그 형태가 정해진다. 가령, 우리말의 "갔다"라는 말을 보면 우리는 그 문장의 시제가 과거라는 것을 알 수 있다. 또 영어의 "is"라는 말을 보면 우리는 그 문장의 시제가 현재이고 주어가 3인칭 단수라는 것을 알 수 있다. 이와 같이 문장의 시제나 주어의 인칭 및 수에 따라 결정된 동사의 꼴(형태)을 우리는 정형(定形), 또 그렇게 형태가 정해진 동사를 정동사(定動詞, finites Verb)라고 부른다.

이와는 달리 형태가 아직 결정되지 않은 꼴이 있다. 예를 들면 우리말의 “가다”라는 말은 아직 시제가 결정되어 있지 않는 꼴이며, 영어의 be라는 말은 시제와 주어의 인칭 및 수가 결정되어 있지 않다. 즉 be라는 말을 가지고는 그것이 들어가서 쓰일 문장의 시제나 주어에 대해서 아무런 정보도 얻을 수 없다. 이와 같이 시제와 주어의 인칭 및 수가 결정되어 있지 않는 동사의 형태를 우리는 부정형(不定形)이라고 부르며, “원형” 또는 “기본형”이라 부르기도 한다. 독일어의 “Infinitiv”라는 말도 정해지지(-finitiv) 않았다는(In-) 뜻이다.

영어의 경우 동사의 부정형이 특별한 어미를 취하지 않는다. 우리말은 “먹다, 자다, 가다, 입다” 등에서 보는 것처럼 동사의 부정형이 모두 “-다”로 끝난다. 독일어는 이점에서 우리말과 같은 유형이다. 즉 독일어 동사의 부정형은 다음에서 보는 것처럼 모두 어미 -en으로 끝난다.

gehen – 가다　　fahren – 타고 가다
kaufen – 사다　　laufen – 달리다
kommen – 오다　　lesen – 읽다
fragen – 묻다　　sehen – 보다
antworten – 대답하다　　helfen – 돕다

0.3. 동사의 현재인칭변화

위에서 말한 바와 같이 독일어 동사는 문장 안에 들어갈 때 그 문장의 시제, 주어의 인칭과 수에 따라 어형변화를 한다. 동사는 크게 어간(Stamm)과 어미(Endung) 두 부분으로 나눌 수 있는데 어형변화는 이 두 부분에서 모두 일어난다. 즉 독일어의 동사변화는 크게 어미변화와 어간변화로 나눌 수 있는데, 어간의 경우 일반적으로 자음은 변화하지 않고 모음만 변화하기 때문에 보통 어간모음변화라고 한다. 그러나 독일어의 모든 동사가 이 두 가지 변화를 하는 것이 아니고, 동사에 따라 어미변화만 하는 경우가 있고 어미변화와 어간변화를 동시에 하는 경우가 있다. 위의 예에서 왼쪽 난에 있는 kaufen, fragen 등은 어미변화만 하는 동사들이고 오른쪽 난의 sehen, helfen 등은 어미변화도 하고 동시에 어간모음변화도 하는 동사들이다. 이 때 어미변화만 하는 동사를 약변화 동사라 하고 어간모음변화까지를 일으키는 동사를 강변화 동사라고 부른다. 독일어 문법에서는 이 밖에도 명사나 형용사 변화에서 강변화 약변화라는 개념이 도입되는데, 변화가 심한 쪽이 강변화이고 변화가 약한 쪽이 약변화이다.

문장의 시제가 현재일 때 주어의 인칭과 수에 따른 독일어 동사의 어미변화와 그에 대한 예문은 다음과 같다.

	gehen	kommen	antworten
ich - e	gehe	komme	antworte
du - st	gehst	kommst	antwortest
er sie - t es	geht	kommt	antwortet
wir - en	gehen	kommen	antworten
ihr - t	geht	kommt	antwortet
sie - en	gehen	kommen	antworten
Sie - en	gehen	kommen	antworten

[표 1 : 현재인칭 어미변화]

(1) a. Ich gehe nach Hause.
  b. Herr Kim kommt aus Korea.
  c. Peter antwortet richtig.

위 <표 1>의 동사들은 물론 약변화 동사들로서 어미변화만 하는 동사들이다. 이 가운데 antworten 동사는 어간이 -t로 끝났기 때문에 단수 2, 3인칭과 복수 2인칭에서 발음상의 편의를 위해 어미에 -e가 더 들어가 있다.

강변화 동사의 경우 현재인칭변화에서 어간모음의 변화가 일어나는데 그 변화 유형은 다음과 같이 도식화할 수 있다.

a, o, u → ä, ö, ü
e → i [i]
e : → ie [i:]

[표 2 : 현재인칭 어간모음변화]

위 <표 2>를 자세히 보면 독일어의 다섯 개의 기본모음 a, e ,i, o, u가 모두 들어 있음을 알 수 있다. 이 다섯 개의 모음에서 변모음(Umlaut)이 가능한 세 개의 모음(a, o, u)은 변모음(ä, ö, ü)으로 변화했고 나머지 두 개의 모음 e, i 가운데서는 e가 i로 변화하고 있다. 동사모음변화의 몇 가지 예를 들어보면 다음과 같다.

	fahren	laufen	helfen	sehen
ich	fahre	laufe	helfe	sehe
du	fährst	läufst	hilfst	siehst
er	fährt	läuft	hilft	sieht
wir	fahren	laufen	helfen	sehen
ihr	fahrt	lauft	helft	seht
sie	fahren	laufen	helfen	sehen

(2) a. Du fährst nach Seoul.
b. Peter läuft schnell.
c. Herr Kim hilft Marie.

위에서 말한 바와 같이 어미변화만 하는 동사들을 약변화 동사라 하고 어간모음까지 변화를 일으키는 동사를 강변화 동사라 하는데, 부정형만 보고 강변화 동사와 약변화 동사를 구별하는 기준은 없다. 따라서 독일어를 배우는 사람은 이들을 일일이 외워두는 수밖에 별 도리가 없다. 이것은 마치 영어를 배우는 사람이 동사 go의 과거형은 goed가 아니라, went라고 외워야 하는 것과 같다. 영문법에서는 이러한 동사를 불규칙 동사라고 하는데, 독문법에서도 강변화 동사를 불규칙 동사라고 부르기도 한다. 이들은 과거형과 과거분사형이 불규칙적이다. 독일어 사전이나 이 책의 맨 끝에 부록으로 붙어 있는 불규칙 동사표(강변화 동사표)는 이러한 동사들을 실어 놓은 것이다.

0.4. sein, haben의 변화

거의 대부분의 동사들이 위에서 말한 원칙에 따라 어미변화 및 어간모음변화를 하는데 가끔 이 원칙을 따르지 않는 동사들이 있다. sein 동사와 haben 동사가 그 대표적인 예이다. sein 동사는 영어의 be 동사에 해당하는 것으로 다음과 같은 특이한 변화를 한다.

ich	bin	wir	sind
du	bist	ihr	seid
er	ist	sie	sind

[sein 동사의 현재인칭변화]

(3) a. Ich bin Koreaner.
b. Du bist aus Japan.
c. Peter ist fleißig.

haben 동사의 변화도 특이하다. 독일어의 동사변화는 어미변화와 어간모음변화로 나눌 수 있고 어간의 자음이 변하는 경우는 거의 없다고 했는데, haben 동사의 경우는 예외적으로 단수 2, 3인칭에서 어간의 자음 b가 탈락한다. 이것은 영어의 have 동사가 3인칭 단수에서 haves로 변하지 않고 어간의 자음 v가 탈락하여 has로 변하는 것과 비슷한 현상이다.

ich	habe	wir	haben
du	hast	ihr	habt
er	hat	sie	haben

[haben 동사의 현재인칭변화]

(4) a. Ich habe einen Bruder.
    b. Du hast zwei Schwestern.
    c. Frau Lee hat ein Kind.

0.5. 부정문의 형식

많은 경우 독일어의 구조는 영어의 구조보다 복잡하고 배우기가 어렵다. 그러나 가끔 독일어의 구조가 더 간단한 경우도 있는데, 부정문과 의문문이 그 예이다. 부정문은 nicht 나 kein이라는 부정소만 첨가하면 되는데, kein은 부정관사 ein의 부정소로서 명사 앞에만 나타난다((4)와 (5) 참조).

(5) a. Ich habe keinen Bruder.
    b. Du hast keine Schwester.
    c. Frau Lee hat kein Kind.

kein은 영어 문장 "I have no brother"에서의 no에 해당하며 영어의 not에 해당하는 독일어의 부정소는 nicht이다. 영어의 경우 부정소 not의 위치는 항상 조동사나 be동사 뒤로 고정되어 있는데 독일어의 부정소 nicht의 위치는 크게 세 가지 유형으로 나눌 수 있다. 첫째, 형용사 술어가 있을 때 nicht는 형용사 앞에 온다((6) 참조). 둘째, 장소나 방향들을 나타내는 부사구가 있을 때 nicht는 이들 부사구 앞에 위치한다((7) 참조). 셋째, 문장의 목적어가 있을 때 nicht는 문장 끝으로 간다((8) 참조).

(6) a. Peter ist nicht fleißig.
    b. Er ist nicht alt.

(7) a. Peter wohnt nicht in Gwangju.
    b. Sie geht nicht nach Haus.

(8) a. Ich liebe Marie nicht.
    b. Er kauft das Buch nicht.

0.6. 의문문의 형식

독일어에서 의문문을 만들려면 정동사만 문장 맨 앞으로 보내면 된다((9)-(12) 참조). 정동사란 문장의 시제나 주어의 인칭 및 수에 따라 형태가 변화하는 동사로서 "인칭변화 하는 동사"라고 보면 된다. 문장에 동사가 하나만 있을 경우 곧 그 동사가 정동사가 되지만, 조동사 구문과 같이 문장에 동사가 둘 이상일 때는 그 가운데 하나만 정동사가 된다.

(9) a. Peter ist fleißig.
b. Ist Peter fleißig?
c. Ja, er ist fleißig.

(10) a. Marie kauft das Buch.
b. Kauft Marie das Buch?
c. Nein, sie kauft das Buch nicht.

(11) a. Peter liebt Marie nicht.
b. Liebt Peter Marie nicht?
c. Nein, Peter liebt Marie nicht.

(12) a. Peter wohnt nicht in Gwangju.
b. Wohnt Peter nicht in Gwangju?
c. Doch, er wohnt in Gwangju.

예문 (9~12)와 같이 어떤 사실에 대한 진위를 묻는 경우 독일어에서는 ja, nein, doch 등 세 가지로 대답할 수 있는데, 이는 우리의 언어감각과 잘 맞지 않아서 익히기에 좀 힘이 든다. 뒤에 나오는 문장이 부정문일 경우 독일 사람들은 무조건 nein하고 대답한다((10c), (11c) 참조). 한 가지 재미있는 것은 (11c)의 경우에서도 독일 사람들은 고개를 좌우로 흔든다는 점인데, 이러한 현상은 예문 (13)에서 보는 것처럼 가끔 우리말에서도 나타난다. 한편 (12c)와 같은 경우 독일 사람들은 고개를 위아래로 움직인다.

(13) a. 너 어제 그 책 안 샀니?
b. 아니, 안 샀는데.

영어의 경우 의문문에 who, what, where와 같은 의문사가 있으면 이들을 문장 맨 앞으로 보내는데 독일어에서도 이점은 마찬가지이다.

(14) a. Wer kommt heute nicht?
b. Peter kommt heute nicht.

(15) a. Wo wohnen Sie?
b. Ich wohne in Gwangju.

영문법에서는 (16)과 같은 상당히 복잡한 부가의문문이라는 의문형식이 있는데 독일어에서는 이러한 형식이 따로 없고, 단지 문장의 끝에 nicht wahr 정도를 덧붙이면 된다((17)참조). 독일어 문법책에는 부가의문문이라는 용어가 쓰이지 않는다.

(16) a. Peter bought the book, didn't he?
b. Peter was angry today, wasn't he?

(17) a. Peter kauft das Buch, nicht wahr?
b. Peter ist heute krank, nicht wahr?

0.7. 어순

어순에 대해서는 총론편에서도 잠깐 언급하였는데 문법편에 들어가기 전에 조금 더 자세히 살펴 볼 필요가 있을 것 같다. 언뜻 보기에 독일어의 어순은 영어의 어순과 비슷할 것 같으나 사실은 많은 차이가 있다. 영어의 어순이 (18)과 같은 기본틀을 가지고 있는데 이점은 독일어도 마찬가지이다((19) 참조).

(18) a. **주어 + 동사 + 목적어/부사**
b. He bought a book.
c. He went to Frankfurt.

(19) a. Er kauft das Buch.
b. Er geht nach Frankfurt.

그러나 독일어는 영어에 비해 다음과 같은 몇 가지 어순상의 특징을 가지고 있다. 첫째, 영어의 어순이 자유롭지 못한데 비해 독일어의 어순은 비교적 자유롭다. 이는 이 영어가 중국어와 같은 고립어의 성격이 강한데 반해 독일어는 전형적인 굴절어라는데 그 원인이 있다.

둘째, 독일어는 특히 주어 이외의 문장 요소가 문장 맨 앞으로 오는 경우가 많은데, 이 때 정동사(인칭변화하는 동사)는 항상 두번째 자리를 지키고 있어야 한다((20)-(21) 참조).

(20) a. Peter geht heute nach Frankfurt.
b. Heute geht Peter nach Frankfurt.

(21) a. Marie arbeitet hier.
b. Hier arbeitet Marie.

셋째, 정동사 이외의 독일어 문장요소들의 배열은 영어와는 반대이고 우리말과는 비슷하다((22)-(23) 참조).

(22) a. Peter geht heute nach Seoul.
b. Peter goes to Seoul today.

(23) a. Peter kauft heute das Buch.
b. Peter bought the book today.

넷째, 영문법에서 말하는 종속절을 독문법에서는 부문장(Nebensatz)이라고 하는데, 독일어에서는 이 부문장의 어순이 매우 특징적이다. 즉 독일어 문장에서 정동사는 항상 문장의 두번째 자리를 지키고 있어야 되는데, 부문장에서는 이 정동사가 문장의 맨 끝으로 이동해 버린다((23)-(24) 참조).

(24) a. Peter geht heute nach Frankfurt.
b. Marie denkt, dass Peter heute nach Frankfurt geht.

(25) a. Peter arbeitet in Gwangju.
b. Marie fragt, ob Peter in Gwangju arbeitet.

한편, 이 때 독일어 부문장의 어순은 자연히 우리말의 어순과 일치하게 된다. 부문장 및 그 어순에 관해서는 접속사편에서 더 자세히 다루어 질 것이다.

연습문제

A 다음 동사의 어미를 채우시오.

1. Ich komm_ aus Paris.
2. Herr Breuer lern_ Englisch.
3. Geh_ Sie hier in die Schule?
4. Lern_ du auch Deutsch?
5. Der Lehrer frag_ und wir antwort_ .

B 다음 빈칸에 알맞는 인칭대명사를 넣으시오.

1. Wo liegt das Buch? ___ liegt auf dem Stuhl.
2. Kommt Frau Meier heute nicht? Nein, ___ kommt heute nicht.
3. Lernen Sie Deutsch? Ja, ___ lerne Deutsch.
4. Fragt Herr Meier viel? Nein, ___ fragt nicht viel.
5. Lernt ihr heute Deutsch? Ja, ___ lernen heute Deutsch.

C 다음 빈칸에 sein과 haben을 변화시켜 넣으시오.

1. ____ Sie aus Korea? Ja, wir ____ aus Korea.
2. ____ du einen Bleistift? Ja, ich ____ hier einen.
3. Wo _____ das Buch? Es _____ auf dem Tisch.
4. Wo _____ Sie das Heft? Ich _____ das Heft hier.
5. Wer _____ aus Korea? Ich _____ aus Korea.

D 다음 문장을 부정문으로 만들어 보시오.

1. Peter arbeitet viel.
2. Marie liebt den Lehrer.
3. Ich bin aus Korea.
4. Richard ist alt.
5. Herr Breuer kauft heute Brot.
6. Frau Schmidt hat ein Kind.

E 다음의 대답이 나오도록 의문문을 만드시오.

1. Ja, ich lerne Deutsch.
2. Nein, Herr Breuer ist nicht alt.
3. Doch, Herr Meier kommt heute.
4. Ich komme aus Korea.
5. Peter lernt fleißig.

1

명사편 (I)

1.1. 명사의 성(Genus)과 수(Numerus)

독일어의 중요한 특징 중의 하나는 모든 명사가 성을 갖는다는 점이며, 명사를 표기할 때는 항상 첫 글자를 대문자로 쓴다. 독일어의 명사는 남성, 여성, 중성 중의 한 가지 성을 갖게 되는데 명사의 성에 따라 관사류의 어미가 달라진다.

(1) **남성**: der Vater, der Bruder, der Mann
여성: die Mutter, die Schwester, die Frau
중성: das Kind, das Haus, das Zimmer

위 (1)에서 보는 것처럼 명사의 성을 그 자연성에 따라 예측할 수 있는 경우도 있지만, 사실은 명사의 자연적인 성이 문법적인 성을 익히는데 별로 도움이 되지 않는다. 각 명사의 성은 따라서 그때그때 외우는 수밖에 별 도리가 없는데, 이점은 독일어를 외국어로 배우는 사람들에게 늘 골치거리로 남아 있으며 가장 극복하기 힘든 장애물 가운데 하나이다.

독일어 명사의 성을 익히는데 도움이 되는 몇 가지 기준을 알아보면 다음과 같다. 먼저 다음과 같은 명사는 남성이다.

(a) **요일, 월, 계절, 4방위를 나타내는 명사**:
der Montag, Dienstag, Mittwoch, Donnerstag, Freitag, Samstag, Sonntag
der Januar, Februar, März, April, Mai, Juni, Juli, August, September, Oktober, November, Dezember

der Frühling, Sommer, Herbst, Winter
der Osten, Westen, Süden, Norden

(b) 직업이나 직위 등을 나타내는 어미 -er, -or, -ist, -and, -ant, -ent, -ar, -eur 로 끝나는 말들:

der Lehrer, Professor, Germanist, Student, Kommandant

(c) 어미 -en, -ee로 끝나는 말들:

der Boden, Wagen, Regen, Segen
der Kaffee, Tee, Schnee, See(호수)

* See(호수)보다 넓은 See(바다)는 여성이다.

(d) 동사에서 파생된 명사들:

der Kauf, Gang, Reiz, Entwurf

(e) 어미 -ismus로 끝나는 말들:

der Naturalismus, Nationalismus, Sozialismus

(f) 어미 -ling으로 끝나는 말들:

der Frühling, Findling(주운 아이), Fremdling(낯선 사람)

여성 명사는 많은 경우 어미로 식별이 가능하다. 여성명사 어미들은 다음과 같다.

(a) 어미 -e로 끝나는 말들:

die Karte, Blume, Kreide, Tasse, Tasche, Nase, Lampe

(b) 어미 -ie, -ei, -ik, -ek, -ur, -ung, -tät, -tion, -heit, -keit, -schaft 등으로 끝나는 말들:

die Familie, Bäckerei, Politik, Bibliothek, Natur, Wohnung, Universität, Nation, Krankheit, Wirklichkeit, Wissenschaft

다음과 같은 명사는 중성이다.

(a) **어미 -chen, -lein으로 끝나는 말들:**

이러한 명사를 축소 명사라고도 부르는데 보통 원래의 명사보다 작고 아름다운 것을 가리킬 때 쓰이며, 명사 어간에 변모음을 동반한다.

das Röslein, Fräulein, Mädchen, Büchlein

(b) **명사적으로 쓰이거나 명사화한 동사들:**

영문법에서는 이러한 명사들을 동명사라고 하는데 독문법에서는 이러한 용어를 쓰지 않는다.

das Essen, Leben, Rauchen, Lernen

(c) **어미 -o로 끝나는 말들:**

das Auto, Kino, Büro, Radio, Foto (* der Euro)

(d) **집합적인 의미로 쓰이는 말들:**

"Ge -e"의 구조를 갖는 말은 특히 집합적인 의미로 쓰이는 수가 많다.

das Gebirge(산악), Gebäude(건물), Getriebe(활동), Volk(민족), Besteck(식사용기)

* die Geschichte(이야기, 역사)는 여성이다.

위와 같은 기준들은 독일어 명사의 성을 익히는데 어느 정도 도움은 주지만 절대적인 도움이 되지는 못한다. 결국 명사의 성은 우리 각자에게 과제로 주어지는데 나름대로의 연상을 통해 외우는 것도 한 가지 방법이다. 예를 들면 필자는 다음과 같은 연상을 한다.

(a) **편편하고 넓은 것은 여성이다:**

die Wand, Tafel, See(바다), Stadt, Tür

(b) **딱딱하고 모난 것은 남성이다:**

der Bleistift, Füller, Kugelschreiber, Tisch, Stuhl

(c) **투명한 것은 중성이다:**

das Wasser, Glas, Fenster, Bier

(d) **집, 방, 지붕은 중성이다**:
das Haus, Zimmer, Dach

(e) **손은 여성이고 발은 남성이다**:
die Hand, der Fuß

독일어의 명사들을 자세히 관찰해 보면 여성명사는 많은 경우 어미로 판별이 가능하다. 한편, 남성명사와 중성명사 가운데 남성명사의 수가 훨씬 많기 때문에 어미로 판별이 잘 안 되고 애매한 경우에는 남성명사로 보는 것이 더 안전하다.

독일어 명사의 복수형도 상당히 우리의 골치를 썩이는 부분이다. 영어의 경우 몇 가지 예외를 제외하고는 명사의 복수형 어미가 -(e)s로 고정되어 있어서 복수형을 익히는데 특별히 어려울 것이 없다. 그러나 독일어의 복수형은 다음과 같이 적게는 4가지 많게는 9가지나 된다.

(2) (a) (¨): der Vater - die Väter, der Onkel - die Onkel,
das Fenster - die Fenster
(b) (¨)e: die Hand - die Hände, der Hund - die Hunde,
der Bleistift - die Bleistifte
(c) (¨)er: das Buch - die Bücher, das Haus - die Häuser,
das Kind - die Kinder
(d) -(e)n: die Karte - die Karten, die Frau - die Frauen,
die Dame - die Damen
(e) -s: das Auto - die Autos, das Hotel - die Hotels,
die Kamera - die Kameras

이 가운데 (2a~b)는 변모음(Umlaut)하는 경우도 있고 하지 않는 경우도 있다. (2c)의 경우는 모두 변모음한다. 여성명사의 복수형은 대부분 (2d)의 유형에 속한다. (2e)는 주로 외래어에 쓰이는 어미로서 일종의 예외적인 것이라 할 수 있으며, 앞으로 이 책에서는 (2a~d) 유형만을 독일어 복수형의 논의대상으로 삼겠다.

여성명사의 복수형은 대부분 (2d)의 어미를 취하는데, 그 밖의 명사들이 위 6 개의 복수형 가운데 어느 것을 취할 것인가에 대해서는 일정한 원칙이 없다. 이것은 마치 명사의 성을 결정하는데 일정한 원칙이 없는 것과 비슷하다. 따라서 명사의 복수형은 명사의 성과 함께 아주 익히기 힘든 사항이며, 외국인에게는 역시 극복하기 힘든 장애물 가운데 하나이다.

독일어를 배우다 보면 기본적인 명사들의 성과 복수형, 그리고 명사가 갖는 어미로 인해 성과 복수형이 분명한 경우는 자연히 익혀지게 마련이다. 그러나 잘 쓰이지 않는 명사의 경우는 독일어를 전문적으로 하는 사람들도 사전을 찾는 일이 허다하기 때문에 명사의 성과 복수형이 어렵다고 실망할 필요는 없다. 처음에는 우선 der Vater - die Väter 식으로 각각의 명사마다 성과 복수형을 한꺼번에 외워서 입에 올리는 것이 좋다. 아무튼 명사의 성과 복수형은 독일어의 문법 중에서 가장 원칙이 없고 따라서 설명하기 힘들며 익히기도 힘든 부분이다.

연습문제

A 다음 명사들의 성에 따라 정관사를 붙여 보시오.

d__ Mann	d__ Frau	d__ Kind	d__ Lehrer
d__ Lehrerin	d__ Buch	d__ Heft	d__ Füller
d__ Bleistift	d__ Tür	d__ Fenster	d__ Wand
d__ Frage	d__ Kreide	d__ Karte	d__ Hund

B 다음 명사들의 복수형을 관사와 함께 읽어보시오.

der Mann	die ________	das Kind	die ________
die Lehrerin	die ________	das Heft	die ________
der Bleistift	die ________	das Fenster	die ________
die Frage	die ________	die Karte	die ________
die Frau	die ________	der Lehrer	die ________
das Buch	die ________	der Füller	die ________
die Tür	die ________	die Wand	die ________
die Kreide	die ________	der Hund	die ________

1.2. 관사

1.2.1. 관사의 의미

총론편에서 간단히 언급한 것처럼 언어는 의사전달의 수단이며, 의사전달은 문장을 기본 단위로 해서 이루어진다. 의사전달이란 기본적으로 어떤 사건을 보고 그 사건에 대해 이야기하는 것이라고 할 수 있는데, 사건을 구성하는 두 가지 중요한 요소는 동작과 그 동작에 참여하는 참여자이다. 사건의 동작은 문장 가운데서 동사로 나타나고 참여자는 명사 혹은 대명사로 나타난다. 문장을 이루는 두 가지 큰 요소는 따라서 명사와 동사이다. 그러나 실제로 구체적인 문장을 형성하기 위해서는 명사와 동사만으로는 부족하며 여기에 몇 가지 사항을 더 보충해야 한다.

(3) 여학생 남학생 때렸다.

예를 들면 예문 (3)에는 사건의 동작과 사건에 참여하는 참여자가 나타나 있지만 참여자에 대한 정보가 두 가지 점에서 불완전하다. 첫째는 참여자에 대해 "여학생", "남학생"이라고만 했을 뿐, 어떤 남학생이고 어떤 여학생인지 분명하지 않다. 즉 이 세상 남학생 혹은 여학생 중에서 어떤 남학생 혹은 여학생을 가리키는지가 분명히 나타나야 한다. 이 지정 혹은 한정의 기능을 위해 우리말은 명사 앞에 "이, 그, 저, 한" 등의 말을 덧붙인다. 전통문법에서 이러한 언어요소들을 관사류라고 부르는데 이는 곧 명사의 머리(관: 冠)라는 뜻이며, 언어학에서는 전문용어로 한정사(Determinator)라는 말을 쓴다. 유럽 언어에서 관사는 우리말의 "한, 그"와는 기능이 다르며 "한, 그"는 따라서 관사라고 부르지 않는다. 이 책에서는 편의상 한정사, 관사, 관사류라는 용어를 함께 쓰겠다. 예문 (3)에 한정사를 보완한 다음 문장 (4)를 보자.

(4) 이 여학생 저 남학생 때렸다.

예문 (4)도 하나의 사건을 기술하는 문장으로서는 정보가 미흡하다. 때리는 사건에 참여하는 대상만 명시되었을 뿐 누가 때리고 누가 맞았는지가 분명하지 않기 때문이다. 즉 위 문장에는 때리는 동작의 주체와 그 동작의 목표물에 대한 정보가 보완되어야 한다. 사건의 참여자 가운데 동작의 주체가 되는 대상을 문법용어로 주어라 하고 동작의 목표물이 되는 대상을 목적어라고 한다. 주어나 목적어 등을 우리는 문법적 기능이라고 부르는데, 이는 결국 한 사건에 참여하는 대상들이 그 사건 안에서 갖는 역할과 밀접한 관계가 있다.

문법적인 기능은 모든 언어에서 격(Kasus)이라는 장치를 통해 표시된다. 예를 들면 우리말은 명사 뒤에 "은, 는, 이, 가, 을, 를, 에게"와 같은 격조사를 붙임으로써 주어나 목적어 등을 구별한다. 위 예문 (4)에 조사를 붙여 문법적인 기능을 표시하면 다음 (5)와 같은 예문이 생성될 것이다.

(5) **이 남학생을 저 여학생이 때렸다.**

예문 (3~5)에서 결국 우리는 다음과 같은 결론을 얻을 수 있다. 명사는 동사와 함께 문장을 형성하는 두 가지 중요한 요소인데, 완전한 문장을 이루기 위해서는 두 가지의 다른 사항이 보완되어야 한다. 즉 대상을 분명히 지정해 주는 한정사(관사류)가 있어야 하고, 사건 안에서 그 명사가 갖는 역할을 나타내 주는 문법적인 기능표시(격표시)가 되어야 한다.

대상을 지정해 주는 한정의 기능은 일반적으로 명사 앞에 오는 관사류에 의해 수행되는데 문법적인 기능 내지 격을 표시하는 방법은 언어에 따라 차이가 있다. 문장 (5)에서 보는 것처럼 우리말의 경우 명사 뒤에 조사를 덧붙임으로써 문법적인 기능(격)을 표시한다. 영어는 낱말들의 순서로 문법적인 기능을 표시하는데, 다음 예문 (6)에서 동사 앞에 있는 명사 the boy가 주어이고 동사 뒤에 나타난 명사 the girl 이 목적어이다.

(6) The boy loves the girl.

독일어의 경우 문법적인 기능을 표시하는 방법이 영어보다는 우리말에 가깝다. 예를 들면 문장 (7a, b)에서 주어는 der Mann이고 목적어는 die Frau인데 이러한 판단은 영어에서처럼 낱말의 순서에 의한 것이 아니고 명사 앞에 놓인 관사의 어미에 근거한 것이다. 이와 같이 독일어는 문법적인 기능이 어순에 의해 영향을 받지 않으며, 명사구 자체에 문법적 기능표시(격표시)를 가지고 있기 때문에 어순이 비교적 자유스러운 편이다. 이 점에서 독일어는 우리말과 비슷하다.

(7) a. Der Mann liebt die Frau.
b. Die Frau liebt der Mann.

명사가 문장 가운데 들어가 그 기능을 온전히 수행하기 위해서는 한정사(관사류)가 있어야 되고 격표시가 되어야 한다고 했는데, 독일어에서는 결국 명사를 위한 이 두 가지 역할을 모두 관사(류)가 담당한다고 볼 수 있으며 여기에 바로 독일어 관사(변화)의 중요한 의미가 있는 것이다.

격은 모든 언어에 똑같이 나타나는 것이 아니고 언어마다 다를 수가 있다. 예를 들면 영어는 주격, 소유격, 목적격 등의 세 가지 격을 구분한다. 우리말의 경우, 이외에도 처소격, 방향격 등 여러 가지 격을 설정한다. 독일어는 주격(Nominativ), 소유격(Genitiv), 여격(Dativ), 목적격(Akkusativ) 등 네 가지 격으로 구분된다. 이 격들은 각각 1, 2, 3, 4격이라고도 부르는데 우리말 격표시와의 관계는 다음과 같다.

(8) 1격(주격; Nominativ): ~ 은, 는, 이, 가
2격(소유격; Genitiv): ~ 의
3격(여격; Dativ): ~ 에게
4격(목적격; Akkusativ): ~ 을, 를

1.2.2. 관사변화의 원리

위에서 말한 것처럼 독일어의 격표시는 관사의 어미로 나타난다. 우리말의 경우 (8)의 격표시들이 명사의 성과는 상관없이 나타나는데 비해, 명사의 성을 엄격히 구별하고 있는 독일어의 경우 같은 격이라도 명사의 성에 따라 격표시가 다르게 나타난다. 예를 들면 남성 1격을 표시하는 정관

사는 der이다. 명사의 성과 수에 따른 독일어 정관사의 격변화와 예문들은 다음 (9)~(10)과 같다.

(9)

	남 성	여 성	중 성	복 수
1 격	der	die	das	die
2 격	des	der	des	der
3 격	dem	der	dem	den
4 격	den	die	das	die

(10) a. Der Mann ist alt.
b. Die Arbeit des Mannes ist schwer.
c. Ich gebe dem Mann das Buch.
d. Die Frau liebt den Mann.
e. Der Mann liebt die Frau.

영어의 a, an에 해당하는 독일어의 부정관사는 ein이며, 이는 (11)과 같은 격변화를 한다. (12)는 부정관사에 대한 예문들이다.

(11)

	남 성	여 성	중 성
1 격	ein	eine	ein
2 격	eines	einer	eines
3 격	einem	einer	einem
4 격	einen	eine	ein

(12) a. Eine Blume ist da.
b. Ich gebe einer Frau die Blume.
c. Der Mann liebt eine Frau.
d. Die Frau hat ein Kind.

위의 (9)와 (11)의 격변화 체계는 어느 독일어 문법책에서나 볼 수 있는 변화표이지만, 필자가 보기에는 이 두 가지 관사의 격변화를 어떻게 이해하느냐에 따라 독일어의 문법은 매우 복잡해 질 수도 있고 아주 간단해 질 수도 있는 것 같다.

전통적인 학교문법에서는 위의 두 가지 격변화를 서로 연관이 없는 별개의 변화체계로 설명했고, 학생들은 정관사 변화와 부정관사 변화를 따로 외워야 했다. 그 결과 소유대명사 mein은 (13)과 같이 단수에서는 부정관사 변화를 따르고 복수에서는 정관사 변화를 따른다고 설명되었다.

(13)

	남 성	여 성	중 성	복 수
1 격	mein	meine	mein	meine
2 격	meines	meiner	meines	meiner
3 격	meinem	meiner	meinem	meinen
4 격	meinen	meine	mein	meine

이와 같은 전통적인 설명 방법은 결국 독일어 관사류(한정사)의 격변화를 정관사 변화, 부정관사 변화, 소유대명사 변화 등 세 가지 체계로 설명하고 있는 셈이다. 이러한 설명 방법이 물론 틀린 것은 아니다. 하나의 현상을 기술하는 데는 보는 사람에 따라 여러 가지 방법이 있을 수 있다. 또 이 여러 가지 기술 방법들이 틀린 것은 아니며 모두 그 나름대로 의미가 있다. 그러나 이들이 모두 똑 같은 가치를 갖는 것은 아니다. 학문이 추구하는 것은 보다 나은 설명 방법이다.

독일어의 관사변화체계도 마찬가지이다. 이것은 독일어에 나타나는 하나의 현상이며, (9)~(13)은 이를 기술하는 하나의 가능한 방법이다. 사람에 따라 이와는 다른 설명을 할 가능성은 언제나 있다고 보아야 한다. 필자가 보기에 독일어 관사변화체계에 대한 위의 설명 방법은 아주 복잡하며 이 세 가지 변화표 사이의 중요한 연관성을 포착하지 못하고 있다.

(9)~(13)의 세 가지 변화표를 자세히 관찰하면 우리는 이들이 서로 관련

이 없는 독립적인 변화체계가 아니라는 것을 알 수 있다. 즉 (11)의 부정관사 변화는 남성 1격과 중성 1격, 4격에서 어미를 취하지 않고 있을 뿐, 나머지의 어미체계는 (9)의 정관사 변화와 똑 같으며 이점은 (13)의 소유대명사 변화도 마찬가지이다. 따라서 독일어 관사류(한정사)의 어미체계는 두 가지 혹은 세 가지가 아니라 한 가지 체계이며, 우리는 이 어미 체계를 (14)와 같이 나타낼 수 있다.

(14)

	남 성	여 성	중 성	복 수
1 격	- er*	- e	- es*	- e
2 격	- es	- er	- es	- er
3 격	- em	- er	- em	- en
4 격	- en	- e	- es*	- e

위 표에서 여성과 복수의 1격, 4격은 -ie로 실현될 수도 있고 중성 1격, 4격은 -as로 실현될 수도 있다. (14)와 관련해서 우리는 이제 독일어의 관사류를 두 가지로 분류할 수 있는데, 그 하나는 (14)의 어미변화를 모두 하는 부류이고, 다른 하나는 *표가 있는 곳, 즉 남성 1격과 중성 1격, 4격에서 어미변화를 하지 않는 부류이다. 정관사는 첫째 부류에 속하고 부정관사와 소유대명사는 둘째 부류에 속한다.

우리는 앞에서 문장을 형성하는데 가장 중요한 요소 중의 하나인 명사가 문장에 들어가 제 기능을 다하기 위해서는, 한정과 격표시가 되어야 하고 격표시 하는 방법은 언어에 따라 다르다고 했다. 독일어는 이 격표시를 관사의 어미를 이용해서 하는데 그 어미체계가 바로 (14)인 것이다.

격표시는 모든 언어에 보편적으로 존재하는 것으로 매우 중요한 언어현상 가운데 하나이다. 독일어에는 관사류 이외에도 대명사, 형용사 등 격변화를 일으키는 문법범주가 많이 있는데 독일어의 모든 격변화는 위의 표 (14)에 근간을 두고 있으며, 이 점에서 표 (14)는 중요한 의미를 갖는다.

연습문제

A 다음 빈칸에 알맞는 어미를 넣으시오.

1. D__ Mann ist alt.
2. Ich gebe d__ Mann d__ Buch.
3. D__ Frau liebt d__ Mann.
4. Ich habe ein__ Blume.
5. Ein__ Kind hat ein__ Buch.
6. Ein__ Mann gibt d__ Frau d__ Blume.
7. Ein__ Frau gibt ein__ Mann ein__ Bleistift.

1.3. 두 가지 명사변화

언어는 문장으로 이루어져 있고 문장은 일반적으로 다음 (15)와 같은 형식을 갖는다.

(15) **문장 = 관사 + 형용사 + 명사 + 동사(술어)**

고립어에 가까운 영어는 (15)의 문장요소들이 어형변화를 많이 일으키지 않는데 반해, 전형적인 굴절어인 독일어는 위 네 가지 요소들이 모두 상당히 복잡한 어형변화를 한다. 관사변화, 형용사변화, 명사변화, 동사변화가 그것이다. 앞장에서는 관사변화에 대해 알아보았는데 이 장에서는 명사변화에 대해 살펴보기로 한다.

독일어 명사는 격에 따라 크게 두 가지 변화를 한다. 그 하나는 단수 2격에 -(e)s, 복수 3격에 -n을 첨가하는 변화 유형으로 이를 강변화라 한다. 다른 한 가지는 단수 1격을 제외하고 단수 2격부터 복수 4격까지 모두 -(e)n을 첨가하는 변화 유형으로 이를 약변화라 한다. 이 두 가지 변화 유형의 도표와 예문은 (16)~(19)과 같다.

(16) **강변화 명사**

---	der	Mann	das	Kind
---(e)s	des	Mannes	des	Kindes
---(e)	dem	Mann(e)	dem	Kind(e)
---	den	Mann	das	Kind
---	die	Männer	die	Kinder
---	der	Männer	der	Kinder
---n	den	Männern	den	Kindern
---	die	Männer	die	Kinder

(17) a. Der Mann ist alt.
b. Die Arbeit des Mannes ist schwer.
c. Ich gebe dem Mann das Buch.
d. Die Frau liebt den Mann.

e. Der Vater des Kindes ist krank.
f. Ich schenke den Kindern die Blumen.

(18) **약변화 명사**

---	der Student	die Frau
---en	des Studenten	der Frau
---en	dem Studenten	der Frau
---en	den Studenten	die Frau
---en	die Studenten	die Frauen
---en	der Studenten	der Frauen
---en	den Studenten	den Frauen
---en	die Studenten	die Frauen

*** 여성명사는 단수에서 변화하지 않는다.**

(19) a. Der Student arbeitet fleißig.
b. Die Aufgabe des Studenten ist schwer.
c. Ich gebe dem Studenten ein Buch.
d. Ich besuche den Studenten.
e. Die Kinder der Frau sind fleißig.
f. Ich schenke den Frauen die Blumen.

강변화 명사의 경우 단수 3격에서 어미 -e를 첨가할 수도 있으나 오늘날은 거의 쓰이지 않으며 zu Hause, nach Hause와 같은 굳어진 표현들에서 가끔 나타날 뿐이다. 한편, 여성명사는 대개 약변화를 하는데 한 가지 특이한 점은 (15)에서 보는 것처럼 단수에서 어미변화를 하지 않는다는 점이다.

명사 변화의 두 가지 유형은 명사의 성 및 복수형과 밀접한 연관이 있다. 먼저 명사의 성과 격변화의 관계를 보면 (20)과 같다.

(20) a. **중성명사는 모두 강변화한다.**
b. **여성명사는 몇 가지 예외를 제외하고는 모두 약변화하며, 특히 단수에서는 아무 변화도 하지 않는다.**
c. **남성명사는 대부분 강변화하며 가끔 약변화하는 경우도 있다.**

명사의 격변화는 명사의 복수형과도 밀접한 연관이 있다. 즉 다음 (21)의 네 가지 복수형 중에서 처음 세 가지 유형에 속하는 명사들은 강변화 명사들이고 마지막 (21d)에 속하는 명사들은 약변화 명사들이다.

(21) a. (¨): der Vater - die Väter, der Onkel - die Onkel, das Fenster - die Fenster
b. (¨)e: die Hand - die Hände, der Hund - die Hunde, der Bleistift - die Bleistifte
c. (¨)er: das Buch - die Bücher, das Haus - die Häuser, das Kind - die Kinder
d. -(e)n: die Karte - die Karten, die Frau - die Frauen, die Dame - die Damen

사람에 따라서는 (21a~c)의 복수형들과 (16)의 강변화를 결합시켜 강변화 1식, 강변화 2식, 강변화 3식이라는 용어를 쓰기도 하는데, 이러한 용어들은 독일어 문법을 복잡하게만 만들 뿐이며, 독일어를 배우는데 도움이 되지 않으므로 사용하지 않는 것이 좋을 것 같다.

한편 명사에 따라서 예외적으로 단수에서는 강변화를 하고 복수에서는 약변화를 하는 경우도 있다. 사람에 따라서는 이러한 명사를 혼합변화라는 유형으로 분류하기도 하는데, 이 역시 독일어를 배우는 데는 도움이 되지 않는 개념이라고 생각된다. 언어현상에는 예외가 있기 마련인데, 소위 혼합변화에 속하는 명사는 수적으로 몇 안 되기 때문에 이 역시 예외적으로 처리하는 것이 더 좋을 것 같다. 중요한 예외적인 명사들은 다음과 같다.

(22)

das	Auge	der	Name	der	Herr	das	Herz
des	Auges	des	Namens	des	Herrn	des	Herzens
dem	Auge	dem	Namen	dem	Herrn	dem	Herzen
das	Auge	den	Namen	den	Herrn	das	Herz
die	Augen	die	Namen	die	Herren	die	Herzen
der	Augen	der	Namen	der	Herren	der	Herzen
den	Augen	den	Namen	den	Herren	den	Herzen
die	Augen	die	Namen	die	Herren	die	Herzen

das Auge와 같은 유형에 속하는 명사에는 das Ohr, der Staat 등이 있고 Doktor, Professor와 같이 -or로 끝나는 명사들이 대개 여기에 속한다. Der Name와 같은 유형에 속하는 명사로는 der Friede, der Wille, der Gedanke 등의 남성명사가 있다. Der Herr와 das Herz는 다른 예를 찾아 볼 수 없는 독특한 변화를 하는 명사들이다.

여기서 한 가지 꼭 언급하고 넘어가야 할 것이 있다. 독일어를 배우고 가르칠 때, 위 (22)의 예외적인 격변화 명사들을 지나치게 강조할 필요가 없다는 점이다. 이는 그렇지 않아도 성이다, 복수형이다 해서 가뜩이나 어렵게 느껴지는 독일어의 명사를 한층 더 복잡하게만 만들어 놓기 때문이다. 중요한 것은 (16~21)과 같은 큰 원칙이다. 예외적인 것들은 꼭 외워 놓지 않더라도 필요에 따라 사전이나 참고문헌을 찾아 볼 수도 있을 것이다.

독일어 명사에서 문제가 되는 사항은 성, 복수형, 격변화 세 가지이다. 성은 남성, 여성, 중성 세 가지가 있으며 복수형은 크게 (21)과 같이 네 가지 유형이 있다. 명사의 성과 복수형을 결정하는 데는 특별한 원리가 없기 때문에 각각의 명사마다 일일이 익히는 수밖에 별 도리가 없다. 명사의 격변화는 강변화와 약변화 두 가지 유형이 있으며 이는 명사의 성 및 복수형에 따라 예측이 가능하다고는 하지만 명사의 성과 복수형이 익히기 힘들기 때문에 이것 역시 익히기 어렵기는 마찬가지이다.

명사의 성, 복수형, 격변화 유형은 독일어 사전에 다음과 같이 일일이 수록되어 있다.

(23) a. Mann (m -es ¨_er)
b. Kind (n -es -er)
c. Student (m -en -en)
d. Frau (f -en)
e. Auge (n -s -en)

괄호 속 맨 앞의 "m, f, n"은 각각 남성, 여성, 중성을 나타낸다. 괄호 속의 두 번째 부분은 단수 2격어미를 나타내고, 세 번째 부분은 복수형 어미를 나타낸다. (23a, b)는 강변화 명사이고 (23c, d)는 약변화이다. (23d)는 여성명사의 경우로서 여성명사는 단수에서 변화를 하지 않기 때문에 복수형 어미만 나타나 있다. (23e)는 단수에서는 강변화를 따르고 복수에서는 약변화를 따르는 예외적인 명사를 나타낸다.

연습문제

A 독일어 사전에 나오는 다음과 같은 정보를 보고 명사의 격변화를 시켜 보시오.

1. Hund (m -es -e)
2. Zimmer (n - s -)
3. Schule (f -n)
4. Mensch (m -en -en)
5. Land (n -es ¨er)
6. Karte (f -n)

B 괄호 안의 명사를 빈칸에 알맞게 바꾸어 넣으시오.

1. Der __________ arbeitet schnell. (Student)
2. Die Frau des ________ ist Lehrerin. (Mann)
3. Ich gebe den ________ die Blumen. (Kind, 복수형으로)
4. Das Kind der ________ ist krank. (Frau)
5. Die Natur ist der Freund des ________. (Mensch)

1.4. 관사류의 변화와 용법

앞의 1.2장에서 우리는 관사 및 관사변화의 의미에 대해 알아보았다. 독일어는 관사류의 어미를 이용해서 명사의 격표시를 하는데 그 어미체계가 바로 (24)이다.

(24)

	남 성	여 성	중 성	복 수
1 격	- er*	- e	- es*	- e
2 격	- es	- er	- es	- er
3 격	- em	- er	- em	- en
4 격	- en	- e	- es*	- e

여기서 관사류는 정관사 der와 부정관사 ein 뿐만 아니라, 명사 앞에서 한정의 기능을 하는 모든 관사류를 포함한다. 우리말의 "이, 그, 저, 한, 나의, 너의, 모든" 등이나 영어의 a, an, this, that, every, some, all, my, your, his 등이 모두 여기에 해당한다.

한편 관사류는 형용사와 함께 명사 앞에 놓여서 그 명사를 꾸민다는 점에서 비슷하지만 이들의 기능은 조금 다르다. 예를 들면, "그 아름다운 소녀"에서 "아름다운"이라는 형용사는 "소녀"가 갖는 고유한 속성이라고 할 수 있는데, 한정사 "그"는 소녀의 고유한 속성은 아니며 이 세상의 "아름다운 소녀" 중에서 어떤 소녀인지를 분명히 지시 내지 한정해 주는 기능을 한다. 따라서 관사류는 지시사 또는 한정사라 불러도 좋을 것이다. 이 장에서는 독일어에서 이러한 관사류의 변화와 쓰임에 대해서 좀 더 자세히 알아보기로 한다.

독일어의 모든 관사류가 위 (24)의 어미체계를 따른다고 볼 수 있는데, 정관사 der는 여성과 복수의 1격, 4격에서 어미가 -ie로 실현되고 중성 1격, 4격에서는 -as로 실현되어 die와 das가 된다. 정관사 der도 엄밀하게 말하면 어간 d-에 남성 1격 관사어미 -er가 결합된 것이다. 독일어의 정관사는 따라서 d-라고 볼 수 있는데, 이는 영어의 정관사 the 와 어원적으로 같은 것이다.

(24)의 *표와 관련해서 우리는 독일어의 관사류를 두 가지로 분류할 수 있다. 즉 관사류에 따라 (24)의 어미변화를 모두 하는 경우가 있고, *표가 있는 곳, 즉 남성 1격과 중성 1격, 4격에서 어미변화를 하지 않는 경우가 있다. 정관사는 첫째 부류에 속하고 부정관사는 둘째 부류에 속한다((25) 참조).

(25) a. Der Mann liebt eine Frau.
b. Ein Mann liebt die Frau.
c. Das Kind spielt in dem Zimmer.
d. Ein Kind spielt in einem Zimmer.
e. Die Frau liebt das Kind.
f. Eine Frau liebt ein Kind.

부정관사 ein과 같이 남성 1격과 중성 1격, 4격에서 어미변화를 하지 않는 관사류에는 이밖에 kein과 소유대명사가 있다((26)참조).

(26) a. Ich habe keinen Bruder.
b. Kein Mann liebt die Frau.
c. Sie hat kein Kind.
d. Kein Kind spielt in dem Zimmer.

1.4.1. 소유대명사

소유대명사는 부정관사 ein, kein과 함께 남성 1격과 중성 1격, 4격에서 어미변화를 하지 않는 관사류이다. 영어문법에서는 "나의 것," "너의 것" 등을 뜻하는 mine, yours 등을 소유대명사라 부르는데 이때 소유대명사라는 용어는 적절하게 쓰이고 있는 것 같다. 그런데 독일어 문법에서는 우리말의 "나의, 너의" 등과 영어문법에서 소유격이라고 부르는 my, your, his 등에 해당하는 말들을 소유대명사라고 부른다. 독일어의 소유대명사는 따라서 관사류의 일종이라는 것을 명심해야 한다. 독일어의 문법에서는 소유대명사라는 용어 대신에 오히려 소유한정사 혹은 소유지시사 등의 용어가 더 적합할는지 모른다.

독일어에서는 인칭대명사의 소유격(2격)이 영어 인칭대명사의 소유격(my, your 등)과는 다른 기능을 갖기 때문에 용어들을 분명히 구별할 필요가 있다. 간단히 말하면, 독문법에서 소유대명사는 관사류의 일종이고 인칭대명사 2격은 소유의 의미는 전혀 없이 2격지배 전치사, 2격지배 동사, 2격지배 형용사 등을 위해 쓰인다. 이에 대해서는 인칭대명사편에서 더 자세히 다룰 것이다.

인칭과 수에 따른 소유대명사 및 예문을 보면 다음 (27~28)과 같다. 앞에서 말한 것처럼 소유대명사는 남성 1격과 중성 1격, 4격에서 어미변화를 하지 않는 관사류이다.

(27) **소유대명사**

ich --- mein du --- dein er --- sein sie --- ihr es --- sein	wir --- unser ihr --- euer sie --- ihr

(28) a. Mein Vater liebt meine Mutter.
b. Der Vater meines Vaters ist mein Großvater.
c. Ich gebe meinem Vater ein Buch.
d. Meine Mutter liebt meinen Vater.
e. Mein Vater und meine Mutter sind meine Eltern.
f. Seine Tochter spielt mit deinem Sohn.
g. Mein Buch liegt auf dem Tisch.
h. Die Mutter liebt ihr Kind.

소유대명사가 어미변화에 있어서 ein, kein과 같은 계열에 속한 것은 이들과 단수 1, 2, 3인칭 소유대명사 mein, dein, sein과의 형태적인 유사성 때문이라고 짐작된다. 한편, 소유대명사는 ein, kein과 함께 남성 1격과 중성 1격, 4격에서 어미변화를 하지 않는다고 했는데, 필요에 따라 이 부분에서도 이들이 어미를 취하는 수가 있다. 이 경우 이들은 위 (24)의 어미체계를 그대로 따른다. 남성 1격과 중성 1격, 4격에서 이들이 어미를 취해야 할 필요가 있는 경우란 예를 들면 (29)와 같은 경우이다.

(29) a. Ich habe zwei Freunde in Deutschland.
Einer studiert in Bochum, und der andere wohnt in Berlin.
b. Viele Ausländer sind in dieser Klasse.
Und einer ist aus Korea.
c. Hier liegt ein Füller.
Ist es deiner?
d. Hier ist mein Buch.
Wo ist deins?

관사류의 어미변화는 뒤따르는 명사의 성, 수, 격을 표시하기 위한 것이다. 위 예문 (28g, h)의 경우 소유대명사가 어미를 취하지 않기 때문에 뒤따르는 명사의 성, 수, 격이 정확히 표시되지 않은 것이 사실이지만 그래도 뒤따르는 명사로부터 그에 관한 정보를 어느 정도 얻을 수 있다. 그러나 예문 (29)는 상황이 다르다. 즉 여기에서는 명사가 생략되고 없기 때문에 그의 성, 수, 격에 관한 정보를 전혀 얻을 길이 없다. 여기에 ein, kein 및 소유대명사가 어미를 취해야 할 필연성이 있는 것이다.

그런가 하면 부정관사나 소유대명사가 위 (24)의 어미를 전혀 취할 필요가 없는 경우도 있는데 이 때는 물론 (24)와 같은 어미변화를 하지 않는다.

(30) a. Ich habe zwei Freunde in Deutschland.
Der eine studiert Philosophie, und der andere studiert Germanistik.
b. Hier ist mein Buch.
Wo ist das deine ?

예를 들면 (30)에서는 부정관사와 소유대명사 앞에 정관사가 와 있으며 이 정관사가 어미변화를 해서 뒤따르는 명사의 성, 수, 격을 잘 표시해 주고 있다. 부정관사와 소유대명사는 따라서 더 이상 명사의 성, 수, 격을 표시할 필요가 없게 되어 (24)와는 다른 어미를 취하고 있다. 이 다른 어미는

(30)에서와 같이 명사의 성, 수, 격이 어떤 관사류에 의해 이미 표시되어 있을 경우 나타나는 어미로서, 소위 형용사의 약변화 어미이다. 이에 대해서는 형용사 변화편에서 자세히 다루어 질 것인데, 형용사 변화의 정신도 바로 이런 것이다. 우리는 가끔 독일어가 체계적이고 과학적인 언어라는 말을 듣는데 관사류나 형용사의 변화에서 그 일면을 잘 볼 수 있다.

1.4.2. 그 밖의 관사류

언어는 문장으로 이루어져 있으며 문장은 보통 (31)과 같은 구조를 갖는다.

(31) 문장 = 관사류 + 형용사 + 명사 + 동사(술어)

모든 언어에서 관사류는 뒤따르는 명사에 대한 한정의 역할을 하는데, 독일어의 관사류는 이외에도 명사의 성, 수, 격을 나타내는 기능까지를 담당한다. 독일어의 관사류는 변화유형에 따라 두 가지로 나눌 수 있는데 부정관사, kein, 소유대명사는 부정관사류에 속하고 그 밖의 관사류는 모두 정관사와 같이 변화한다. 몇 가지 중요한 정관사류를 살펴보면 아래와 같다.

1.4.2.1. dies-, jen-, jed-

이들은 각각 영어의 this, that, every에 해당하는 관사류로서 그 쓰임도 비슷하다.

(32) a. Dieser Herr ist sein Vater.
b. Der Vater dieses Herrn ist unser Chef.
c. Ich gebe diesem Mann ein Buch.
d. Die Dame liebt diesen Mann.
e. Diese Leute wohnen in Bonn.
f. Jener Junge ist mein Bruder.

g. Jene Frau ist seine Mutter.
h. Jener Herr ist mein Onkel.
i. Jeder Mensch arbeitet fleißig.

영어의 every와 마찬가지로 독일어의 jed-도 항상 단수로 취급한다((32i) 참조). 사람에 따라서는 dies-, jen-, jed- 등을 지시대명사의 부류에 넣는 경우도 있다. 이들이 지시성이 강하고 또 뒤따르는 명사가 생략되는 경우가 많기 때문에 지시대명사라는 용어도 아주 부적합한 것은 아니지만, 우리는 어미변화에 근거해서 관사류로 분류하기로 한다.

1.4.2.2. derselb-, derjenig-, solch-

이 세 가지 관사류는 어미변화가 특이하다. derselb-, derjenig-는 각각 정관사 der에 selb-, jenig-가 첨가된 것으로 엄밀히 말하면 두개의 단어로 보아야 할 것이다. 어미변화에 있어서도 der와 selb-, jenig-는 별도의 변화를 한다. 즉 der는 (24)와 같이 관사변화를 해서 뒤따르는 명사의 성, 수, 격을 표시하며 selb-, jenig-는 이제 성, 수, 격을 표시할 필요가 없으므로 형용사로 취급되어 형용사 변화를 한다(형용사편 참조).

(33) a. Wir trinken aus demselben Glas.
b. Wir sind aus derselben Stadt.
c. Marie wohnt in derselben Wohnung wie Peter.
d. Das sind diejenigen, die jahrelang in Deutschland sind.

solch-는 영어의 such에 해당하는 말로서 부정관사가 ein을 동반하는 경우가 많다.

(34) a. Ich trinke solchen Wein nicht.
b. Mit solchen Leuten spreche ich nicht.
c. Solch einen Mantel kaufe ich nicht.
d. In einem solchen Zimmer arbeite ich gerne.

(34a)의 경우 Wein이 셀 수 없는 명사이기 때문에 부정관사 ein이 함께

쓰일 수 없고, (34b)는 Leute가 복수이기 때문에 역시 ein이 쓰이지 않았다. Solch-가 ein과 함께 쓰일 경우 (34c)와 같이 ein 앞에 올 수도 있고 (34d)와 같이 뒤에 올 수도 있다. 앞의 경우 solch-는 어미변화를 하지 않으며, 따라서 뒤따르는 명사의 성, 수, 격을 나타낼 수 없으므로 부정관사 ein이 이 기능을 담당한다. (34d)에서는 ein이 어미변화를 하여 뒤따르는 명사의 성, 수, 격을 나타내 주고 있으므로 solch-는 이제 이 기능을 담당할 필요가 없게 되어 관사변화를 하지 않고 형용사 변화를 하게 된다.

1.4.2.3. all-, manch-, viel-, mehr-, wenig-, weniger-

독일어에서 zwei, drei 등의 숫자는 어미변화를 하지 않는데, all-, manch-, viel- 등 그밖에 수량을 나타내는 말들은 명사의 성, 수, 격에 따라 변화를 한다. 먼저 all-은 대개 다음에 복수형 명사를 동반하면서 복수형 관사변화를 한다. 그러나 "모든 것", "모든 일" 등의 의미로 이것저것을 통틀어 말할 때는 중성(단수)으로 취급한다.

(35) a. Hier liegen die Bücher. Sind das alle?
b. Alle Leute sind aus Korea.
c. Alles ist in Ordnung.
d. Vor allem muss er nach Hause gehen.

그밖에 복수형을 쓸 수 없는 명사 앞에서나 추상명사 앞에서 all-은 그 명사의 성에 따라 변화한다.

(36) a. Sie hat alles Geld verloren.
b. Aller Anfang ist schwer.

All-은 또 다른 정관사류를 동반할 수가 있는데, 이 경우 all-은 어미변화를 하지 않을 수도 있다.

(37) a. Ich habe alle die Bücher gelesen.
b. Alle diese Leute fahren zum Wintersport.

c. All diese Leute sind Ausländer.
d. Wo hast du all die alten Bücher gekauft ?

Manch-는 영어의 many에 해당하는 말로서 의미적으로는 소극적인 색채를 띠며, 적극적인 의미의 "많은 것"을 나타내는 viel과 구별된다. 예를 들면 다음 우리말 예문에서 (38a)의 "많이"는 manch-의 뜻이고 (38b)의 "많이"는 viel- 의 뜻이다.

(38) a. 비가 와서 많은 학생이 결석했다.
b. 비가 오는데도 학생들이 많이 모였다.

(39) a. Manche Leute lernen schnell eine fremde Sprache.
b. Ich habe schon manches gesehen.

(39b)에서 manch-는 중성어미를 취하고 있는데 이 역시 all-에서와 마찬가지로 구체적인 대상을 지시하지 않고 이것저것을 한꺼번에 가리킬 때 쓰인다.

Viel-, wenig- 는 영어의 many(much), few(little)에 해당하는데 영어와는 달리, 독일어에서는 수와 양을 구별하지 않는 것이 특징이다. 또 이들은 셀 수 있는 명사와 함께 쓰일 때는 관사변화를 하지만 셀 수 없는 명사와 쓰일 때는 어미변화를 하지 않는다.

(40) a. Ich habe viele Freunde in Deutschland.
b. Wenige Leute bleiben bis Mitternacht.
c. Ich trinke viel Wasser.
d. Er hat wenig Geld.

All-, manch-에서와 마찬가지로 viel-, wenig-도 구체적인 대상을 지시하지 않고 이것저것을 한꺼번에 가리킬 때는 중성 어미변화를 한다.

(41) a. In Deutschland habe ich vieles gesehen.
b. Ich bin schon mit wenigem zufrieden.

Mehr, weniger는 각각 viel, wenig의 비교급으로서 영어의 more, less에 해당하는데, 이들은 어느 경우에도 어미변화를 하지 않는 것이 특징이다.

(42) a. Mein Vater hat viele Freunde.
Meine Mutter hat mehr Freunde.
b. Sein Vater hat viel Geld.
Sein Onkel hat mehr Geld.
c. Er hat nur wenige Freunde.
Sein Bruder hat noch weniger Freunde.
d. Ich habe nur wenig Geld.
Er hat noch weniger Geld.

이와 같이 독일어의 수량사는 manch-를 제외하면 수량의 구별 없이 쓰이는 것이 특징이며, 특히 이것저것을 한꺼번에 가리킬 때는 alles, manches, vieles, weniges와 같이 단수형 어미를 취하는 점이 우리나라 사람에게는 이해가 잘 가지 않는 부분이다.

연습문제

A 다음 빈칸에 알맞는 어미를 채우시오.

1. Mein__ Vater liebt mein__ Mutter.
2. Ich gebe dein__ Mutter eine Blume.
3. Dies__ Herr ist mein Lehrer.
4. Jen__ Kind geht nicht in die Schule.
5. Ich trinke solch__ Wein nicht.
6. Mein Sohn hat viel__ Freunde in Deutschland.
7. Die Frau hat viel__ Geld.

B 다음 빈칸에 알맞는 소유대명사를 넣으시오.

1. Herr Schmidt arbeitet hier. ______ Frau ist heute krank.
2. Frau Mathar arbeitet hier. _____ Mann lehrt auch hier Deutsch.
3. Hast du deinen Bleistift? Ja, ich habe hier _____ Bleistift.
4. Wo ist mein Buch? _____ Buch ist auf dem Tisch.
5. Wo ist eure Mutter? _____ Mutter ist zu Hause.

1.5. 형용사 변화

독일어를 공부하다 보면 형용사 변화는 또 하나의 어려운 고비이다. 전통적인 학교문법의 경우 형용사 변화를 강변화, 약변화, 혼합변화 등 세 가지로 구분하고 학생들은 이 세 가지 변화표를 외우는데 아주 힘이 들었다. 그러나 독일어 형용사 변화를 자세히 관찰해 보면, 거기에는 간단한 원리가 깔려 있음을 알 수 있으며 이 원리만 이해하면 형용사 변화는 쉽게 익힐 수 있다.

1.5.1. 형용사 변화의 원리

명사의 성, 수, 격 가운데 가장 중요한 것은 격으로써 이는 곧 명사가 문장 안에서 갖는 기능을 나타내며 더 나아가 그 명사가 가리키는 대상이 한 사건 속에서 차지하는 역할을 나타낸다. 독일어의 형용사 변화는 바로 이 격표시 및 관사변화와 밀접한 연관이 있다. 독일어의 모든 관사류는 명사의 성, 수, 격에 따라 표 (43)과 같이 변화하는데 소유대명사와 ein, kein은 별표가 있는 곳에서 변화하지 않는다.

(43) 독일어의 관사변화 체계

	남 성	여 성	중 성	복 수
1 격	- er*	- e	- es*	- e
2 격	- es	- er	- es	- er
3 격	- em	- er	- em	- en
4 격	- en	- e	- es*	- e

관사류는 명사의 성, 수, 격에 따라 그 변화형태가 고정되어 있다. 예를 들면 Kind 라는 중성명사의 2격형은 Kindes이고 그에 대한 관사형은 des, eines, dieses와 같이 어미 -es를 취한다.

독일어의 형용사도 뒤따르는 명사의 성, 수, 격에 따라 어미변화를 한다. 그러나 형용사는 관사류와는 달리 그 어미가 한 가지 체계로 고정되어 있는 것이 아니고 앞뒤 환경에 따라 (43)과 같이 변화하기도 하고 (44)와 같이 변화하기도 한다.

(44) **형용사의 약변화**

	남 성	여 성	중 성	복 수
1 격	- e	- e	- e	- en
2 격	- en	- en	- en	- en
3 격	- en	- en	- en	- en
4 격	- en	- e	- e	- en

형용사는 위 두 개의 표에 나타난 어미 이외에 다른 어미를 취하는 일이 없다. 따라서 우리가 해야 할 일은 형용사가 그 환경에 따라 이 두 가지 어미 가운데 어느 것을 취할 것인가를 결정해 주면 된다. 즉 우리는 어느 때 형용사가 (43)의 어미를 취하고 어느 때 (44)의 어미를 취하는가를 이해하면 된다.

원리는 간단하다. (43)은 명사의 격을 나타내 주는 것인데, 만일 다른 말들이 명사의 격표시를 하고 있지 않으면 형용사가 (43)의 어미를 취해서 격표시를 담당한다. 반면, 다른 방법으로 이미 명사의 격표시가 되어 있으면 형용사는 (44)와 같이 간단한 어미변화를 한다(약변화).

(45) a. Ich trinke kaltes Wasser.
b. Peter liest deutsche Bücher.
c. Alte Leute wohnen in dieser Wohnung.
d. Ich suche ein Zimmer mit fließendem Wasser.

(45a)의 Wasser는 중성이며, 격은 4격이다. 그러나 Wasser가 중성 4격이라는 표시를 해줄 만한 관사가 없기 때문에, 형용사 kalt가 중성 4격의 관사어미 -es를 취해서 이 기능을 담당한다. (45b~d)도 같은 원리로 설명할 수 있다.

관사가 형용사 앞에 놓여서 (43)의 어미로 격표시를 하고 있으면 이제 더 이상 기능표시를 할 필요가 없으므로 형용사는 (43)보다 간단한 (44)의 어미를 취한다((46) 참조).

(46) a. Der alte Mann wohnen in dieser Wohnung.
b. Ich kenne das kleine Kind.
c. Die kleinen Kinder gehen schwimmen.

(46a)에서 Mann은 남성이며, 격은 1격인데 이 격표시는 관사 der에 의해 잘 되고 있다. 따라서 형용사 alt는 격표시를 할 필요가 없게 되어 (43)의 복잡한 어미를 취하지 않고 (44)의 간단한 어미를 취한다. 이것이 바로 독일어 형용사 변화의 기본정신이며, 모든 형용사 변화는 이러한 관점에서 이해하면 된다.

(47) a. Ein alter Mann ist in dem Zimmer.
b. Ich kenne ein kleines Kind.
c. Wo ist dein alter Schlüssel?

(48) a. Wegen schlechten Wetters bleibe ich zu Hause.
b. Der Geschmack frischen Wassers ist gut.
c. Die Note fleißiges Studenten ist gut.
d. Die Noten fleißiger Studenten sind gut.
e. Wegen schwerer Krankheit ist er heute nicht da.

(49) a. Wir fahren mit Roberts neuem Wagen.
b. Wessen neues Buch liegt dort?

(47)은 부정관사류와 형용사가 함께 쓰이는 경우이다. 부정관사류는 (43)에서 보았듯이 남성 1격과 중성 1, 4격에서 격변화 어미를 취하지 않는 점이 특징이다. 예를 들면 (47a)에서 Mann은 남성 1격인데 부정관사 ein이 남성 1격 어미 -er를 취하지 않고 있으며, 여기서 ein은 격표시가 없는 것으로 보아야 한다. 그러면 이 때 형용사 alt는 어떤 어미를 취해야 하는가? 관

사 ein이 (43)의 격(기능)표시를 하지 않고 있기 때문에 형용사 alt가 남성 1격 어미 -er을 취해서 이 기능을 담당해야 한다. (47b)에서 Kind는 중성 4격인데 (47a)에서와 똑 같은 원리로, 형용사가 (43)의 중성 4격 어미 -es를 취하고 있다.

명사의 격표시는 대개 관사의 어미를 가지고 하는데 남성과 중성 2격에서는 명사의 어미에 격이 표시된 경우도 있다. 예를 들면 (48a)에서 wegen은 2격 명사를 요구하는 2격지배 전치사로서, 명사 Wetters는 중성 2격인데 이 때 어미 -s는 바로 2격을 표시하는 어미이다. (48a)의 형용사 schlecht는 이제 어떤 어미를 취할 것인가? 이 경우 명사의 어미에 의해 이미 격표시가 되어 있으므로 형용사는 더 이상 격표시를 할 필요가 없다고 보고 (44)의 어미를 취한다. (48b)의 명사 Wassers도 중성 2격인데 (48a)에서와 같은 원리로 형용사 frisch가 (44)의 어미를 취하고 있다.

(48c~e)는 (48a, b)와 상황이 다르다. (48c)의 Studenten은 소위, 약변화 명사로서 단수 1격을 제외하고는 단수와 복수에서 모두 어미 -en을 취한다. 이 때 명사의 어미 -en은 특정한 격을 표시한다고 볼 수 없으므로, 결국 (48c)에서 Studenten은 관사나 명사 자체의 어미에 의해 격표시가 안 된 상태라고 할 수 있다. 따라서 형용사 fleißig가 이 격표시 기능을 담당해야 할 입장이어서 (43)의 남성 2격 어미를 취하고 있다. 만일 이 때 Studenten이 복수 2격이라면, (48d)와 같이 fleißig의 어미가 달라질 것이다. (48a~d)와 같은 이유로 (48e)의 형용사 schwer는 (43)의 여성 2격 어미를 취하고 있다.

(49)도 흥미있는 예문들이다. (49a)의 mit는 3격지배 전치사이고 Wagen은 남성명사이다. 그러나 Roberts가 Wagen의 격표시(남성 3격)를 제대로 하고 있지 않으므로 형용사 neu가 이 기능을 담당하기 위해 남성 3격 어미 -em을 취하고 있다. (49b)도 마찬가지 경우이다. 즉 의문사 wessen은 원래 어미변화를 하지 않는 말이기 때문에 Buch의 격표시를 할 수가 없다. 여기에 형용사 neu가 들어가면 이 형용사가 Buch의 격표시(중성 1격)를 해야 한다.

우리는 위에서 명사의 격표시라는 관점에서 독일어의 형용사 변화에 접근하였으며, 형용사 변화를 두 개의 변화표 (43)~(44)를 가지고 설명하였다. 이 가운데 (43)은 정관사의 변화체계로서 새로운 것이 아니며, (44)는 새로운 변화체계이기는 하지만 별로 어려운 것이 아니다. 변화가 심한 (43)을 강변화, 변하가 약한 (44)를 약변화라고 불러도 좋겠는데 전통적인 학교 문법의 개념들과는 혼동하지 말아야 할 것이다. 이상과 같은 형용사 변화의 원리를 요약하면 다음과 같다.

(50) a. **형용사는 일차적으로 정관사 어미를 취한다(강변화).**
b. **만일 형용사 주위의 관사류나 명사가 이미 정관사 어미를 취하고 있으면 형용사는 약변화한다.**

(50b)와 관련해서 부정관사나 소유대명사는 남성 1격과 중성 1, 4격에서 정관사 어미를 취하지 않는 것으로 보며, 강변화 명사의 경우 단수 2격에서 명사 자체에 첨가되는 어미 -(e)s는 정관사의 어미와 같은 것으로 본다.

1.5.2. 형용사의 명사화

독일어에서 형용사의 명사화는 영어에서와 큰 차이가 없다. 대화 상황이나 문맥으로 보아 의미전달에 지장을 주지 않는 경우, 명사를 생략하고 대신 형용사가 명사의 역할까지를 담당하는 것이다. 이 때 생략된 명사는 대개 사람을 가리킬 때가 많으며, 형용사는 명사의 역할을 하기 때문에 명사화되었다고 말하고 첫자를 대문자로 쓴다.

(51) a. Der Alte sitzt immer da und bettelt.
b. Die Kranke schläft jetzt.
c. Die Blinden können nicht sehen.

연습문제

A 다음 빈칸에 알맞는 어미를 넣으시오.

1. Ich trinke immer kalt__ Wasser.
2. Der klein__ Stuhl ist zu tief.
3. Wo ist mein neu__ Buch?
4. Robert hat ein alt__ Haus.
5. Kennen Sie die jung__ Frau dort?
6. Alt__ Leute wohnen in diesem Haus.
7. Ein klein__ Kind steht vor dem Haus.
8. Die klein__ Kinder spielen in dem Garten.
9. Wegen schlecht__ Wetters bleiben wir zu Hause.
10. Ich gebe dem alt__ Mann meinen alt__ Anzug.

1.6. 인칭대명사와 지시대명사 der

1.6.1. 인칭대명사 변화의 원리

문장을 이루는 두 가지 큰 요소는 명사와 동사인데 명사는 (52)와 같이 관사와 형용사를 동반할 수 있다. 그런데 문장 가운데 한 가지 명사가 여러번 나타나는 경우, 똑 같은 요소의 반복을 피하기 위해 우리는 대명사를 쓴다.

(52) 명사(구) = <u>관사 + 형용사 + 명사</u> ; <u>Der alte Mann</u>
⇓ ⇓
대명사 Er

명사가 문장 가운데 들어가 쓰일 때는, 그 가리키는 대상을 분명히 하기 위해 한정사(지정사; 관사류)를 동반한다. 그러나 대명사는 대화 상황이나 문맥으로 보아 그 가리키는 대상이 분명하므로 한정사(관사류)를 동반할 필요가 없게 된다. (53)은 이점에서 잘못된 표현들이다(*표는 잘못된 표현을 나타냄).

(53) *der ich, *der du, *die wir, …

명사는 또 반드시 격표시가 되어야 하는데, 대명사는 문자 그대로 명사를 대신해서 쓰이는 말이므로 이 또한 명사와 마찬가지로 격표시가 되어야 할 것이다. 그러나 독일어의 대명사는 이 격표시에서 문제가 있을 것처럼 보인다. 명사는 관사류의 어미를 가지고 격표시를 하는데 대명사는 관사류를 동반하지 않기 때문이다.

가령 (54a)는 독일어로 (54b)와 같이 표현하는데, 이 때 ich는 1격이다. (55a)를 독일어로 표현하기 위해서는 이제 (55b)의 밑줄 위에 ich가 올 수 없으며 "나를" 이라는 뜻을 가진 4격(목적격)이 와야 된다.

(54) a. 나는 그 남자를 좋아한다.
b. Ich liebe den Mann.

(55) a. 그 남자는 나를 좋아한다.
b. Der Mann liebt ______.

이 때 ich를 4격으로 표시할 수 있는 다른 방법이 없으므로 대명사 자체가 어형변화를 일으키게 되는데, 이것이 바로 인칭대명사의 격변화이다.

전통적인 학교문법에서 인칭대명사는 일반적으로 2격이 형태적으로 소유대명사와 비슷하다는 것 말고는 다른 격변화 체계와 연관을 시키지 못했다. 따라서 독일어를 배운 사람은 이 복잡한 인칭대명사 표를 많은 시간과 노력을 들여 외워야 했다.

그러나 이 인칭대명사 표를 잘 살펴보면 우리는 이 표가 관사변화와 소유대명사의 형태에 바탕을 두고 있으며 사실은 별로 외울 것이 없는 간단한 변화표라는 것을 알 수 있다.

(56) a. 인칭대명사 변화(1인칭, 2인칭)

	단 수		복 수	
1 격	ich	du	wir	ihr
2 격	meiner	deiner	unser	euer
3 격	mir	dir	uns	euch
4 격	mich	dich	uns	euch

b. 인칭대명사 변화(3인칭)

	남 성	여 성	중 성	복 수
1 격	er	sie	es	sie
2 격	seiner	ihrer	seiner	ihrer
3 격	ihm	ihr	ihm	ihnen
4 격	ihn	sie	es	sie

(57) **소유대명사**

ich --- mein du --- dein er --- sein sie --- ihr es --- sein	wir --- unser ihr --- euer sie --- ihr

(58) **관사류의 어미변화**

	남 성	여 성	중 성	복 수
1 격	- er*	- e	- es*	- e
2 격	- es	- er	- es	- er
3 격	- em	- er	- em	- en
4 격	- en	- e	- es*	- e

인칭대명사의 2격은 모두 소유대명사에 어미 -er를 첨가한 것이다. 특히 (56a)의 경우 3, 4격의 변화도 소유대명사의 형태에 바탕을 두고 있음을 알 수 있다.

인칭대명사 3인칭은 형태가 유사한 것들이 많아서 자칫 혼동을 일으킬 수가 있을 것 같은데, 자세히 들어다 보면 별 것이 아니다. 우선 이 변화형에서 자주 나타나는 h자는 별로 의미가 없는 글자이다. 가령 남성 3, 4격의 h자는 아무런 발음상의 역할을 하지 못하며 전치사 in, im 등과 구별하기 위한 표시에 불과한 것 같다.

이제 (56b)의 어미를 (58)과 자세히 비교해 보면 2격을 제외하고 이 두 가지 변화표가 같은 체계임을 관찰할 수 있다. (56b)의 남성 1격 -er는 (58)의 남성 1격 어미와 같은 형태이다. (56b)의 남성 3, 4격도 역시 (58)의 남성 3, 4격과 어미가 같다. 그밖에 여성, 중성, 복수에서도 2격을 제외하면 (56b)의 어미와 (58)의 어미가 일치한다. (58)에서 여성 1, 4격과 복수 1, 4격의 형태가 같은데 (56b)에서도 마찬가지이다. 중성 1, 4격에서도 비슷한 현상을 관찰할 수 있다. 다만 인칭대명사는 복수 3격의 어미가 -nen으로 이 점이 관사류의 어미와 다른 점이다. 즉 (58)에서는 남성 4격과 복수 3격이 같은 형태인데 (56b)에서는 복수 3격에 어미 -en이 더 들어가 있다. 이 점에 대해서는 다음에 더 자세히 다룰 것이다.

이상을 요약하면, 인칭대명사의 2격은 모두 소유대명사에서 온 것이고, 특히 1인칭과 2인칭의 격변화는 소유대명사의 형태에 바탕을 둔 것이다. 한편, 인칭대명사 3인칭의 격변화는 관사류의 어미변화에 바탕을 두고 있다. 이에 대한 몇 가지 예문을 보면 (59)와 같다.

(59) a. Liebst du deine Mutter?
b. Ja, ich liebe sie sehr.
c. Kennen Sie den Mann?
d. Ja, ich kenne ihn gut.
e. Hilfst du dem Kind?
f. Ja, ich helfe ihm.
g. Arbeiten Sie oft mit ihrem Bruder zusammen?
h. Ja, ich arbeite oft mit ihm zusammen.

(59)에서 관사류의 어미와 인칭대명사의 어미를 비교해 보면 매우 흥미롭다. 즉 이들은 같은 어미를 취하고 있는 것이다. (59e, f)의 helfen은 소위 3격지배 동사이고 (59g, h)의 mit는 3격지배 전치사이다.

1.6.2. 지시대명사 der

지금까지 우리는 der, dies-, jen- 등을 관사류로 분류하였고 ich, du, er 등을 대명사로 분류하였다. 이러한 관사류 및 대명사는 그 쓰임으로 보아 영어의 the, this, that, I, you, he등과 큰 차이가 없다. 한편, 독일어에는 영어에서는 볼 수 없는 대명사가 한 가지 있는데, 지시대명사 der가 그것이며, 이는 관계대명사로 쓰이기도 한다. 지시대명사 der는 정관사 der와 형태적으로 유사하지만 관사와 구별해서 대명사로 분류해야 할 형태상의 특징이 있다((60) 참조).

(60)

	남 성	여 성	중 성	복 수
1 격	der	die	das	die
2 격	dessen	deren	dessen	deren
3 격	dem	der	dem	denen
4 격	den	die	das	die

*복수 2격에 derer가 쓰이기도 한다.

(60)은 정관사 변화와 큰 차이는 없으나 2격과 복수 3격에서 어미 -en이 더 붙어있다는 점이 다르다. 남성, 중성 2격에서 s를 하나 겹쳐 쓴 이유는 s의 발음을 보존하기 위한 것이다. 복수 3격형 denen의 어미를 인칭대명사 복수 3격형 ihnen과 비교하면 흥미롭다. 즉 인칭대명사와 지시대명사는 복수 3격의 어미가 같으며, 이 점에서 이들은 또한 관사류와 구별되기도 한다.

지시대명사 der의 쓰임은 인칭대명사의 쓰임과 비슷하지만 조금 차이가 있다. 즉 지시대명사는 인칭대명사보다 지시성이 강하다고 볼 수 있으며, 보통 강조되기 때문에 흔히 문장 맨 앞에 오는 것이 특징이다. (61b, c)의 sie, die는 어미가 같으며 (61e, f)의 ihn, den도 마찬가지다.

(61) a. Kennst du diese Leute?
b. Ja, ich kenne sie gut.
c. Ja, die kenne ich gut.
d. Hin und wieder kommt ein Mann.
e. Ich kenne ihn schon.
f. Den kenne ich schon.

지시대명사와 인칭대명사는 결국 한 가지 어미 체계에 바탕을 두고 있으며, 이는 다시 관사류의 어미변화와도 근본 바탕은 같다.

크게 보면 결국 독일어에서 남성, 여성, 중성, 복수와 1, 2, 3, 4격에 따른 모든 격변화가 사실은 하나의 변화체계, 즉 (58)의 관사변화 체계에 근간을 두고 있다고 볼 수 있다. 정관사, 부정관사, 소유대명사 등 관사류의 어미변화, 형용사의 어미변화, 인칭대명사와 지시대명사의 어미변화가 모두 여기에 속한다. 이 변화체계는 곧 명사 및 대명사의 격표시를 하기 위해 굴절어인 독일어가 가지고 있는 수단이며, 우리말 "~은, ~는, ~이, ~가, ~의, ~에게, ~을, ~를" 등의 격표시 조사와 같은 기능을 수행하는 것이다.

1.6.3. 소유대명사, 인칭대명사 2격, 지시대명사 2격

독일어에서는 소유대명사, 인칭대명사 2격, 지시대명사 2격 사이의 관계가 미묘하고 복잡하다. 소유대명사는 소유의 의미를 가진 관사류의 일종이며, 따라서 다른 관사류와 같은 어미변화를 한다((62) 참조).

(62) a. Ich liebe meine Mutter.
b. Wo hast du deinen Mantel?
c. Seine Schwester studiert in Deutschland.

한편, 인칭대명사 2격은 소유의 의미는 전혀 없으며 2격지배 전치사, 동사, 형용사를 위해 쓰인다. 이는 또 그 자체가 대명사이므로 ich, er, sie와 마찬가지로 따로 어미를 취하지 않는다. 2격지배 전치사나 동사 혹은 형용사는 소유의 의미를 요구하지는 않는다. 즉 이들은 소유의 의미와는 상관없이 2격 명사나 대명사를 필요로 하는데 이 점은 독일어의 독특한 특징이라고 하겠다.

(63) a. Statt deiner kocht Peter.
b. Vergiss meiner nicht!

예를 들면, (63a)의 statt는 "~대신에"라는 뜻을 가진 2격지배 전치사이므로 인칭대명사 2격형 deiner가 쓰였다. (63b)의 vergiss는 "잊다"라는 뜻을 가진 2격지배 동사로서 역시 인칭대명사 2격형 meiner가 쓰였다.

한편 지시대명사 2격은 위에서 말한 소유대명사의 특징과 인칭대명사 2격의 특징을 동시에 가지고 있다. 즉 지시대명사 2격은 어미변화를 하지 않으면서 소유의 의미를 가진 한정사(관사류)로 쓰이기도 하고, 소유의 의미 없이 2격지배 전치사나 동사 다음에 쓰이기도 한다.

(64) a. Stattdessen bleibt er zu Hause.
b. Er erinnert sich deren nicht mehr.
c. Karl besucht Herrn Schmidt und dessen Sohn.
d. Peter spricht mit Frau Kim und deren Tochter.
e. Karl besucht Herrn Schmidt und seinen Sohn.
f. Peter spricht mit Frau Kim und ihrer Tochter.

(64a, b)는 2격지배 전치사와 동사가 지시대명사 2격과 함께 쓰인 경우로 소유의 의미와는 상관이 없는 예들이다. (64a)의 stattdessen은 굳어진 표현이기는 하지만 2격지배 전치사와 지시대명사 2격이 결합된 것이다. (64a)의 erinnern은 2격지배 동사로서 지시대명사 2격 deren을 동반하고 있다.

(64c, d)는 지시대명사 2격이 소유의 의미를 갖는 경우로서 소유대명사와 쓰임이 비슷하다. 다만 지시대명사 2격이 바로 앞의 명사를 가리키는데 반해 소유대명사는 그렇지 않을 수도 있다는 점이 다르다. 예를 들면, (64c)의 dessen은 Herr Schmidt를 가리키는데 반해 (64e)의 seinen은 Herr Schmidt를 가리킬 수도 있고 Karl을 가리킬 수도 있으며 그밖에 제 삼자를 가리킬 수도 있다.

이상을 요약하면, 소유대명사는 소유의 의미를 가진 관사류이며, 어미변화를 한다. 인칭대명사 2격은 소유의 의미가 없고 어미변화를 하지 않으며 2격지배 전치사 등에 쓰인다. 지시대명사 2격은 소유의 의미를 가지고 관사류처럼 쓰일 때도 있고, 소유의 의미 없이 2격지배 전치사나 동사 다음에 쓰일 경우도 있다. 이러한 특징들을 표로 나타내면 (65)와 같다.

(65)

	소유의 의미	어미 변화	2격지배동사
소유대명사	o	o	x
인·대 2격	x	x	o
지·대 2격	o, x	x	o

지시대명사 복수 2격에는 deren 이외에도 derer가 있는데 이 형태는 (65)와 같이 관계대명사절의 선행사로만 쓰인다(관계대명사에 대해서는 명사편 II를 참조할 것).

(66) a. Die Namen derer, die hier begraben sind, werden wir nicht vergessen
(**여기에 묻힌 분들의 이름을 우리는 잊지 못할 것이다.**)
b. Ich bedauere das Schicksal derer, denen man ihren Besitz geraubt hat.
(**나는 소유를 빼앗긴 분들의 운명을 애석해 한다.**)

지시대명사 2격이 형용사와 결합할 때 흥미로운 것이 있다. (67a)에서 Kind는 중성 4격인데 지시대명사 deren이 어미변화를 하지 않기 때문에 격표시를 할 수 없다. 따라서 형용사 klein이 이 격표시 기능을 담당하고 있다. (67b)에서도 마찬가지로 Freundin이 여성이고 mit가 3격지배 전치사이므로 형용사 schön은 여성 3격 어미를 취하고 있다.

(67) a. Ich sehe eine Frau und deren kleines Kind.
b. Ich spreche mit einem Mann und dessen schöner Freundin

연습문제

A 다음 빈칸에 알맞는 인칭대명사를 넣으시오.

1. Hier ist meine Mutter. Ich liebe _____ sehr.
2. Kennen Sie den Mann? Nein, ich kenne _____ nicht.
3. Hilfst du dem Kind? Ja, ich helfe _____ .
4. Wer ist der Herr? _____ ist mein Lehrer.
5. Woher kommt die Frau? _____ kommt aus London.
6. Kaufst du das Radio? Ja, ich kaufe _____ .
7. Gibst du deinem Vater das Buch?
   Ja, ich gebe _____ das Buch.

B 다음 빈칸에 알맞는 지시대명사를 넣으시오.

1. Hier ist mein Vater. ______ liebe ich sehr.
2. Kennen Sie die Frau? Nein, ______ kenne ich nicht.
3. Hilfst du dem Mann? Ja, ______ helfe ich immer.
4. Wer ist die Frau? ______ ist meine Lehrerin.
5. Woher kommt der Mann? ______ kommt aus London.
6. Kaufst du das Radio? Ja, ______ kaufe ich heute.
7. Gibst du deinem Bruder das Buch?
   Ja, _____ gebe ich das Buch.

1.7. 의문사

앞에서 우리는 독일어의 관사, 형용사, 대명사의 변화를 격표시라는 관점에서 설명하였고, 아울러 이들은 하나의 어미체계에 바탕을 두고 있다는 것도 보았다. 의문사의 격변화도 역시 위의 변화체계와 밀접한 연관이 있다.

1.7.1. wer, was, welch-, was für (ein-)

이 네 가지 의문사는 위에서 말한 격변화 체계와 직접적인 연관이 있는 것들이다. wer는 영어의 who에 해당하는 의문대명사로서 그 격변화는 지시대명사 der와 같다.

(68)

1 격	wer	der
2 격	wessen	dessen
3 격	wem	dem
4 격	wen	den

(69) a. Wer wohnt in diesem Haus?
b. Wessen Buch ist das?
c. Wem gibt der Lehrer das Buch?
d. Wen liebst du?

이 가운데 2격 wessen은 그 쓰임이 dessen과 비슷하다. 즉 이는 어미변화를 하지 않으며 소유의 의미를 가질 수도 있고 소유의 의미 없이 2격지배 전치사나 동사 다음에 쓰일 수도 있다. wessen은 형용사 변화와의 관계에서도 dessen과 같은 현상을 보인다.

(70) a. Wessen Schwester liebst du?
b. Mit wessen Auto fahren Sie?
c. Wessen neues Auto gefällt dir gut?
d. Mit wessen neuem Auto fahren Sie?

(70a, b)의 Schwester, Auto는 각각 여성 4격, 중성 3격이지만 wessen은 어미변화를 하지 않는다. (70c, d)에서는 wessen이 격표시를 하지 못하고 있기 때문에 형용사가 그 기능을 담당하여 어미변화를 하고 있다.

was는 영어의 what에 해당하는 의문사로서 지시대명사 das와 같이 격변화를 한다. was는 특히 3격형이 단독으로 쓰이는 경우가 없기 때문에 3격형이 없는 것으로 본다.

(71)

1 격	was	das
2 격	wessen	dessen
3 격	---	dem
4 격	was	das

(72) a. Was ist dort?
b. Was suchst du?
c. Was machen Sie heute Abend?
d. Was sind Sie von Beruf?

한편, was와 영어의 what의 끝소리를 비교하면 영어의 [t] 가 독일어에 와서 [s]로 변하고 있음을 관찰할 수 있는데 (73a)는 이에 대한 몇 가지 다른 예들이다. 영어의 [t]는 또 독일어의 z자로 대응되는 경우가 있는데 (73b)가 그 예이다. 또 독일어의 [g]가 영어의 [y]와 대응되는 경우도 있다. /day-Tag, may-mag, say-sagen, way-Weg, lay-legen, yesterday-gesetern/ 등이 그 예이다.

(73)

a. 영어 [t]		독어[s]	b. 영어 [t]		독어 [z]
what	-	was	to	-	zu
that	-	das	two	-	zwo(zwei)
it	-	es	ten	-	zehn
out	-	aus	twelve	-	zwölf
eat	-	essen	twenty	-	zwanzig
water	-	Wasser	sit	-	sitzen
better	-	besser	set	-	setzen
let	-	lassen	* 독일어의 [tz]는 [zz]와 같다		

welch-는 영어의 which에 해당하는 말로서 관사류와 같이 어미변화를 하며 뒤따르는 명사의 격표시를 한다.

(74) a. Welcher Freund ist aus Korea?
b. Welchen Freund treffen Sie heute?
c. Mit welchem Freund sprechen Sie jetzt?

(74a, b)의 Freund는 각각 남성 1, 4격이며, welch-는 이 명사들의 격표시를 하고 있다. (74b)의 mit는 3격지배 전치사로서 welch-는 남성 3격의 어미를 취하고 있다. welch- 다음의 명사는 문맥에 따라 생략할 수도 있다.

(75) Ich habe viele Freunde.
a. Welcher wohnt in Seoul?
b. Welchen treffen Sie heute?
c. Mit welchem sprechen Sie jetzt?

was für (ein-)은 영어의 what kind of~(어떤 종류의~)에 해당한다. 이 때 was für는 하나의 의문사로 간주하는 것이 좋다. 즉 독일어에서 für는 원래 4격지배 전치사인데 이 의문사에서는 전치사의 구실을 하지 못한다. was für가 셀 수 있는 단수명사 앞에 쓰일 때는 ein을 동반하는데, 이 때 ein은 전치사 für와 관계없이 명사의 격기능에 따라 어미변화를 한다.

(76) a. Ich möchte einen Hut kaufen.
(모자 하나를 사고 싶습니다.)
Was für einen Hut wünschen Sie?
(어떤 모자를 원하십니까?)
Ich möchte einen blauen Hut.
(파란색 모자를 원합니다.)
b. Sehen Sie dort die Leute?
Was für Leute sind das?
Sie sind Touristen.
c. Was für Kleider tragen Sie gern?
Moderne Kleider
d. Was für Wein trinken Sie ?
Ich trinke Rotwein.

(76b, c)에서 Leute와 Kleider가 복수이기 때문에 was für 다음에 ein이 들어가지 않았다. (76d)에서는 Wein이 셀 수 없는 명사이기 때문에 역시 ein이 들어가지 않는다.

문맥에 따라 was für (ein) 다음의 명사는 생략될 수도 있는데 이 때 격변화가 흥미롭다((77) 참조; (77)에서 was für 는 생략함).

(77)

	남 성	여 성	중 성	복 수
1 격	-einer	-eine	-eins	-welche
2 격	-eines	-einer	-eines	------
3 격	-einem	-einer	-einem	-welchen
4 격	-einen	-eine	-eins	-welche

(78) a. Ein Herr möchte dich sprechen.
(신사 한 분이 너와 면담하고 싶어한다.)
Was für einer?
Ein junger Herr.
b. Ich kaufe ein Auto.
Was für eins?

Einen Sportwagen.
c. Ich lese Bücher.
Was für welche?
Romane.

앞서 이야기한 것처럼 ein, kein과 소유대명사는 보통 남성 1격, 중성 1, 4격에서 어미변화를 하지 않는 것이 특징이다. 그러나 위에서와 같이 뒤따르는 명사가 생략될 경우 이들은 남성 1격, 중성1, 4격에서도 어미변화를 한다(자세한 것은 소유대명사편 참조). (77)의 복수형에는 welch-를 쓰는 것이 특히 흥미로운데, 독일어에서는 이밖에도 불특정한 다수를 가리킬 때 welch-라는 부정대명사를 쓴다. 즉 이는 부정관사 ein-의 복수형이라고 생각하면 된다.

was für (ein-)의 또 한 가지 특징은 구어체에서 für (ein-)이 문장 끝으로 이동할 수 있다는 점이다((79)참조).

(79) a. Was lesen Sie für ein Buch?
b. Was ist das für ein Buch?

1.7.2. wo, woher, wohin, hin, her

wo, woher, wohin은 각각 장소, 출처(출발점), 방향을 나타내는 의문 부사들로서 우리말의 "어디에, 어디에서, 어디로"에 해당한다. 즉 wo는 장소의 이동(변화)이 일어나지 않는 동작들, 예를 들면 wohnen(살다), arbeiten(일하다) 등이 일어나는 장소를 물을 때 사용되고, woher는 방향성이 있는 동작들, 예를 들면 kommen(오다), bekommen (받다) 등의 출처(출발지)를 물을 때 사용하는 의문사이다. wohin은 방향성이 있는 동작들, 예를 들면 gehen(가다), fahren(교통수단을 이용해서 가다)의 방향을 물을 때 사용한다.

(80) a. Wo wohnen Sie?
b. Wo arbeiten Sie?
c. Woher kommen Sie?
d. Woher holen Sie die Tasse?
e. Wohin gehen Sie?
f. Wohin fahren Sie?

독일어는 장소와 방향성의 구별이 항상 엄격하다. 독일어 문장을 읽다 보면 her, hin이 자주 나타나는데, 이는 바로 방향성을 명시하기 위한 것이다. 즉 her는 동작이 말하는 사람의 위치로 가까이 옴을 나타내며, hin은 동작이 말하는 사람의 위치에서 멀어짐을 나타낸다. 다음 (81)은 독일어의 이러한 면을 잘 나타내고 있는데 우리말은 her, hin에 해당하는 말이 필요 없다.

(81) a. Kommen Sie herauf! (**올라오십시오!**)
b. Kommen Sie herunter! (**내려오십시오!**)
c. Gehen Sie hinauf! (**올라가십시오!**)
d. Gehen Sie hinunter! (**내려가십시오!**)

한편, 영어에서도 우리말과 같이 장소와 방향을 잘 구별하지 않는다. 예를 들면 where는 장소도 나타내고 방향도 나타내며((82a, b) 참조), 출처를 가리킬 때는 여기에 from을 덧붙인다((82c)참조). (83)의 예문들은 이점에서 영어와 독일어의 차이를 잘 나타내 주고 있다. 즉 영어의 here, there는 방향까지 나타내 주지만, 독일어의 hier, dort는 장소만을 가리키며 방향을 나타내기 위해서는 her, hin 등을 첨가해야 한다.

(82) a. Where do you live? (**장소**)
b. Where are you going? (**방향**)
c. Where do you come from? (**출처**)

(83) a. Come here! Komm hierher!
b. Go there! Geh dorthin!

1.7.3. wie, wann, warum

wie, wann, warum은 각각 영어의 how(어떻게; 얼마나), when(언제), why(왜)에 해당하는 의문사들이다.

(84) a. Wie geht es Ihnen?
b. Wie spät ist es?
c. Wann gehen Sie nach Hause?
d. Wann kommt der Bus?
e. Warum kommen Sie heute so spät?
f. Warum ist Peter heute nicht da?

viel(많은)이라는 수량사는 수를 나타내기도 하고 양을 나타내기도 하는데, 수를 나타낼 때는 어미변화를 하고 양을 나타낼 때는 어미변화를 하지 않는다((85)참조).

(85) a. Wie viel Uhr ist es?
b. Wie viel Wasser trinken Sie täglich?
c. Wie viele Leute sind da?
d. Wie viele Freunde kommen heute Abend?

연습문제

A 다음 빈칸에 알맞는 의문사를 넣으시오.

1. _____ wohnt in diesem Haus?
2. _____ gibt der Lehrer das Buch?
3. _____ liebst du?
4. _____ machen Sie heute Abend?
5. _____ Schuhe tragen Sie heute? Ich trage die rote.
6. _____ Kleider tragen Sie gern? - Moderne Kleider.
7. _____ wohnen Sie? Ich wohne in Gwangju.
8. _____ gehen Sie? Ich gehe zur Uni.
9. _____ kommt das Kind? Es kommt von der Schule.
10. _____ kommt der Bus? Er kommt alle 20 Minuten.

2

전치사편

지금까지 우리는 명사와 동사를 문장을 구성하는 두 가지 중요한 범주로 보고 이 가운데 주로 명사와 그에 수반되는 여러 가지 현상에 대하여 살펴보았다. 이 장에서는 명사와 동사의 주요 범주 이외에 문장을 구성하는데 하나의 보조범주라고 할 수 있는 전치사에 대해 알아보기로 한다.

2.1. 독일어와 전치사

총론편에서 잠깐 언급한 것처럼 독일어의 전치사는 그 쓰임이 퍽 흥미롭다. 영문법의 경우 전치사가 차지하는 비중이 크다고 생각되지 않는다. 그러나 독일어를 배우다 보면 의외로 전치사의 비중이 크고 어렵다는 것을 느끼게 되는데 여기에는 몇 가지 이유가 있다.

첫째, 독일어는 동사가 목적어를 취하기 위해 특정한 전치사를 동반하는 경우가 많다는 점이 하나의 이유이다. 예를 들면 영어의 동사 "wait"는 목적어를 취하기 위해 전치사 "for"를 동반한다(예문 (1) 참조).

(1) a. He is waiting <u>for</u> Mary.
    b. He does not rely <u>on</u> me.

영문법에서는 이런 것들을 숙어라고 하며 이러한 구문에서는 전치사가 대개 그 본래의 의미와는 관계없이 사용되기 때문에 어렵고 문제가 되는 것이다. 독일어의 경우 이러한 전치사의 쓰임이 영어보다 훨씬 많고 복잡하며, 동사 이외에도 명사나 형용사도 이러한 전치사를 요구하는 경우가 많다(예문 (2) 참조).

(2) a. Peter wartet auf Marie.
b. Er bittet mich um Geld.
c. Er ist stolz auf seinen Sohn.
d. Der Lehrer ist mit seinen Schülern zufrieden.
e. Das Kind hat Angst vor dem Hund.
f. Er kauft das Buch für 29 Euro.

둘째, 영어의 경우 전치사가 모든 명사나 대명사의 목적격을 요구하는 반면 독일어에서는 전치사에 따라 여러 가지 격(2격, 3격, 4격, 3·4격)을 골라 써야 하는데 이것이 또한 독일어의 전치사를 어렵게 만드는 요인이다. 독일어의 전치사는 그 요구하는 격에 따라 각각 2격지배 전치사, 3격지배 전치사, 4격지배 전치사, 3·4격지배 전치사라고 부른다.

셋째, 독일어의 복잡한 격표시 방법도 전치사를 어렵게 만드는 요인으로 작용한다. 영어의 경우 인칭대명사 외에는 특별히 격표시를 위해 신경 쓸 일이 없다. 그러나 독일어에서는 이를 위해 우선 명사의 성을 알아야 되고 그에 따라 관사류의 어미를 변화시켜 주어야 하는데, 앞서 말한 것처럼 명사의 성을 익히는 것이 쉬운 일이 아니므로 자연히 전치사도 어렵게 된다. 아무튼 독일어의 전치사는 외국인에게 극복하기 어려운 고비 가운데 하나이다.

2.2. 전치사의 두 가지 쓰임

위에서도 간단히 언급한 것처럼 전치사는 그 본래의 의미를 가지면서 사용되는 경우와 그 본래의 의미와는 관계없이 쓰이는 경우가 있다. 가령 (3a)의 영어 예문에서 "for"는 "~을 위해서"라는 고유한 의미를 가지면서 사용되고 있는데 반해, (3b)에서는 이 의미와는 상관없이 형식적으로 사용되고 있다. (3c~d)의 전치사 "on"의 쓰임도 마찬가지이다. 전자의 경우를 우리는 전치사의 의미적 용법, 후자의 경우를 형식적 용법이라 부를 수 있겠다.

(3) a. I bought the dress for my mother.
b. He is waiting for his mother.
c. Your book is on the desk.
d. He does not rely on his wife.

영어에 비해 독일어의 전치사들은 특히 형식적으로 쓰이는 경우가 많아서 이러한 전치사들을 익히는 것이 독일어를 배우는데 큰 과제로 등장한다. 독일어에서 형식적인 용법의 전치사는 명사, 형용사, 동사와 결합한다. 바꿔 말하면 독일어의 명사, 형용사, 동사는 의미적으로 예측하기 어려운 독특한 전치사를 동반하는 경우가 아주 많다는 뜻이다. 예를 들면 위 예문 (2a,b)에서는 동사 "warten, bitten"이 각각 형식적인 전치사 "auf, um"을 동반했는데, 이 전치사들이 왜 여기에 반드시 쓰여야 하는지 합리적으로 설명할 길이 없다. 독일어에는 이밖에도 동사가 형식적인 전치사를 동반하는 경우가 수없이 많은데 몇 가지 예를 더 들어보면 (4)와 같다. 이 가운데는 (4e, f)와 같이 전치사의 의미가 상당히 살아 있는 경우도 있다.

(4) a. Der Tourist fragt mich nach dem Weg.
b. Er schreibt an seinen Vater.
c. Er leidet an starken Kopfschmerzen.
d. Ich danke Ihnen für Ihren Anruf.
e. Ich freue mich über das schöne Wetter.
f. Er stammt aus guter Familie.

(2c,d)는 형용사가 형식적인 전치사를 동반하는 경우로서 이때의 전치사의 쓰임도 역시 합리적으로 설명하기 어렵다((2d)의 경우 전치사의 의미가 약간 남아 있다고 볼 수도 있겠다). 이에 대한 몇 가지 예를 더 들어보면 (5)와 같다.

(5) a. Er ist auf seinen Bruder zornig.
b. Wir sind mit der Arbeit fertig.
c. Die Mutter ist böse auf ihr Kind.

(2e,f)는 명사가 형식적인 전치사를 동반하는 예이다. (2f)의 "für"는 영어의 "for"에 해당하는데 왜 가격을 나타내는 말 앞에 이 전치사가 오는지 설명하기가 어렵다. 이러한 예를 몇 가지 더 보면 (6)과 같다.

(6) a. Ich habe eine Bitte an dich.
b. Wir haben Sehnsucht nach der Heimat.
c. Die Eltern haben Sorgen um ihr Kind.
d. Ich habe Appetit auf Pilze.

독일어에는 이러한 전치사들이 수없이 많아서 독일어를 배우는 외국인들을 늘 괴롭힌다. 이점에서 전치사는 명사의 성,수와 함께 독일어에서 익히기 힘든 부분이라고 할 수 있다.

2.3. 전치사의 격지배

독일어는 주격(1격), 소유격(2격), 여격(3격), 목적격(4격)등 4개의 격을 구분하고 있다. 이들은 원래 우리말의 격조사 "~은 ~는 ~이 ~가", "~의", "~에게", "~을 ~를"로 표현되는 격에 해당되는데 독일어의 경우 격이 이러한 우리말 격조사들의 의미와는 상관없이 쓰이는 일이 많다. 이와 같은 예는 명사를 목적어로 취하는 품사들, 즉 동사, 형용사, 전치사에서 모두 나타나는데((7)참조), 특히 전치사에서는 이 현상이 두드러진다.

(7) a. Ich treffe die Frau.
b. Ich begegne der Frau.

c. Er ist seinem Vater ähnlich.
d. Er ist des Diebstahls verdächtig.

e. Ich spreche mit meinem Vater.

f. Er kommt ohne seinen Sohn.

(7a, b)의 "treffen, begegnen"은 둘 다 "만나다"라는 뜻을 가진 동사인데 하나는 4격 명사를, 다른 하나는 3격 명사를 목적어로 취하고 있다. (7c)의 형용사 "ähnlich"는 "닮았다"라는 뜻인데 3격 목적어를 취하고 있다. (7d)의 형용사 "verdächtig"는 "의심받다, 혐의를 받다"라는 뜻인데 2격 목적어를 취하고 있다. (7e,f)의 "mit, ohne"는 각각 영어의 "with, without"에 해당하는 전치사인데 하나는 3격 명사를 다른 하나는 4격 명사를 목적어로 취하고 있다.

(7)의 예문들 가운데 격의 쓰임으로 보아 (7a)만 한국 사람의 언어감각에 맞고 나머지는 맞지 않는다. 즉 (7b~f)에서는 왜 2격, 3격 혹은 4격을 써야 하는지 우리로서는 잘 이해가 가지 않는다. 결국 이러한 현상들은 3격지배 동사, 2격지배, 3격지배 형용사, 3격지배, 4격지배 전치사 등으로 외워서 익히는 수밖에 다른 도리가 없다.

독일어에는 2격지배, 3격지배, 4격지배, 3·4격지배 전치사가 있는데 이들은 거의 "~의", "~에게", "~을 ~를" 등 격의 본래 의미와는 상관없다. 그러나 자세히 보면 이들은 의미적으로 공통점을 가지고 있다는 것을 알 수 있다. 3·4격지배 전치사는 장소를 나타낸다. 이동을 나타내는 동사와 결합하면 4격을 쓰고 그렇지 않으면 3격을 쓴다. 3격지배 전치사는 출발점이나 목표지점을 나타내며 4격지배 전치사는 동작의 흐름이나 구간을 표시한다. 4격지배 전치사의 경우 동작의 흐름이나 동작의 구간을 화살표나 선 모양으로 나타낼 수 있다. 우리는 이러한 전치사의 의미를 다음과 같이 그림으로 나타낼 수 있다.

전치사들은 보통 구체적인 의미에서 추상적인 의미에 이르기까지 다양한 의미를 갖는다. 이는 인간 언어에 나타나는 보편적인 현상이며 이들은 모두 구체적인 의미에서 발달한 것들이다. 아래 격지배 전치사들을 소개할 때 콤마가 있는 곳에서 쉬면서 리듬을 따라 외우는 것도 좋다. 4격과 2격지배 전치사는 쉬지 말고 단숨에 외운다.

그림으로 보는 독일어 전치사의 격지배

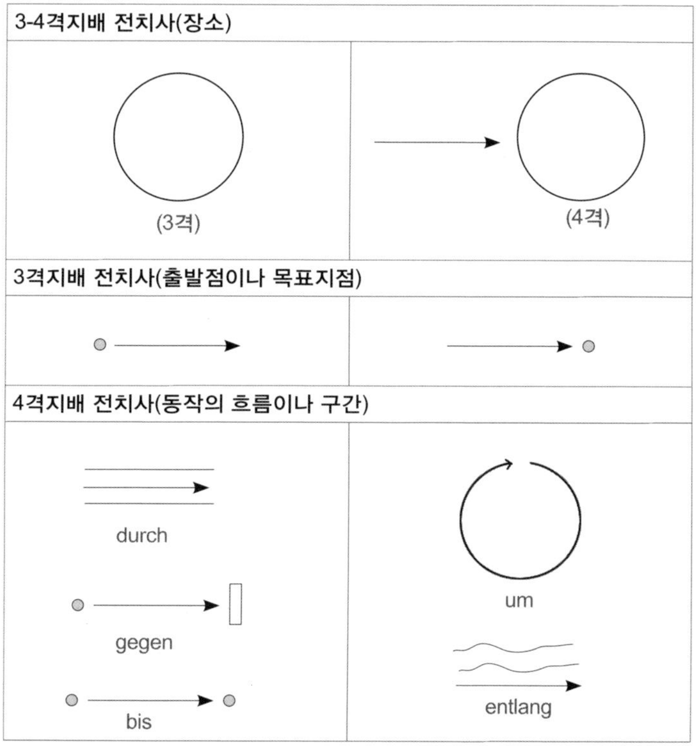

2.3.1. 3·4격지배 전치사

an auf hinter, in neben vor, über unter zwischen

이 전치사들은 "~앞, ~뒤, ~위, ~아래, ~옆, ~사이, ~안" 등의 장소를 나타내는 말들로서 장소의 이동이 있는 경우는 4격을 쓰고 장소의 이동이 없는 경우는 3격을 쓴다. 이 전치사들이 3격을 취할 것이냐 4격을 취할 것이냐는 따라서 함께 쓰이는 동사의 성질에 따라 달라진다. 즉 이들은 schlafen, spielen, wohnen, stehen(서 있다), liegen(놓여 있다) 등과 같이 장소의 이동이 없는 동사들과 함께 쓰이면 3격명사를 취하고, gehen, fahren, stellen(세우다), setzen(앉히다), legen(놓다) 등 장소의 이동을 나타내는 동사들과 함께 쓰이면 4격명사를 취한다. 예를 들면 아래 예문 (a)에서 동사 schlafen(잠자다)은 장소의 이동이 없는 동사이기 때문에 3격을 썼고, 예문 (b)의 gehen은 장소의 이동이 있는 동사이기 때문에 4격을 썼다.

(a) Das Kind schläft in dem Zimmer.
(b) Das Kind geht in das Zimmer.

3·4격지배 전치사의 쓰임은 장소와 방향 및 출처를 구별하려는 독일어의 특징과 밀접한 연관이 있다. 즉 앞서 의문사편에서 이야기한 것처럼 독일어에서는 의문사 "wo, woher, wohin"을 구별하고, 또 장소부사에서 "her, hin"를 첨가함으로써 장소, 방향, 출처를 분명히 구분한다고 했는데, 3·4격지배 전치사는 바로 이러한 현상과 맥을 같이 한다고 볼 수 있다.

한편 3·4격지배 전치사들이 장소의 개념으로 쓰이지 않고 추상적인 의미로 쓰이는 경우가 있는데 이는 앞에서 말한 소위 형식적 용법에 속한다. 이때는 장소와 상관이 없기 때문에 3격을 써야 할지 4격을 써야 할지 애매하지만 보통은 4격을 쓰며 가끔 3격을 쓰는 경우도 있다. vor 만은 이 경우 항상 3격을 쓴다.

(a) Ich denke an meine Familie. (가족에 대해 생각하다)
(b) Wir sprechen über unsere Eltern. (부모님에 대해 말하다)
(c) Er wartet auf seine Schwester. (누이를 기다리다)
(d) Ich nehme an dem Seminar teil. (세미나에 참가하다)
(e) Ich habe Angst vor dem Hund. (개에 대해 공포를 갖다)

이제 3·4격지배 전치사들의 용법에 대해 차례로 알아보기로 한다.

an	영어의 on 혹은 at에 해당하며 독일어에서 가장 다양하게 쓰이는 전치사 중의 하나이다.

(1) 장소적으로 밀착되어 있는 상태를 나타내는데, 위로 밀착되어 있는

경우에는 an을 쓰지 않고 auf를 쓴다. 아래 (a, b)는 장소의 변화가 일어나지 않는 상황이므로 3격을 썼고, (c, d)는 장소의 변화가 일어나는 상황이므로 4격을 썼다.

(a) Die Landkarte hängt an der Wand. (**지도가 벽에 걸려 있다**)
(b) Der Tisch steht am Fenster. (**탁자가 창가에 있다**)
(c) Die Mutter setzt das Kind an den Tisch. (**아이를 식탁에 앉히다**)
(d) Er stellt den Tisch an das Fenster. (**창가에 놓다**)

(2) 특정한 날 및 시간을 가리킬 때, 우편물의 가는 곳을 나타낼 때 쓰인다. 후자의 경우 zu를 쓰지 않는 점에 유의해야 한다.

am Montag/Sonntag, am 1. April
am Weihnachten/Neujahr/Ostern
am Morgen/Abend/Vormittag/Nachmittag
☞ in der Nacht
am Anfang/Ende
Ich schreibe an meine Mutter.
An die Universität Berlin(**Berlin대학 귀중**)

(3) 특정한 기능을 가진 건물이나 기관 이름 앞에서 장소를 나타낸다. 이 경우 대개 영어의 장소 전치사 at에 해당한다.

Er studiert an der Universität Berlin. (**Berlin 대학에서**)
Am Goethe-Institut lerne ich Deutsch. (**독일문화원에서**)
am Bahnhof(**정거장에서**), am Postamt (**우체국에서**)

auf	영어의 on에 해당하는데 위로 밀착되어 있는 경우에 쓰인다.

Ein Buch liegt auf dem Tisch. (**책이 책상 위에 놓여 있다**)
Er legt ein Buch auf den Tisch. (**그는 책상 위에 책을 놓는다**)

이밖에 다른 전치사와 마찬가지로 여러 가지 추상적인 의미로 쓰인다.

auf diese Weise (이와 같은 방법으로)
auf alle Fälle (어느 경우든지)
auf Deutsch (독일어로)
Auf Wiedersehen! (또 만납시다!)

hinter 장소적으로 "~뒤"를 가리킨다.

Die Garage liegt hinter dem Haus. (차고는 집 뒤에 있다)
Ich stelle das Auto hinter das Haus. (집 뒤에 차를 세운다)

in 영어의 in에 해당한다.

(1) 장소적으로 "~안"을 가리킨다.

Das Kind spielt in dem Zimmer.
Deutschland liegt im Herzen Europas.
Wir fahren in die Stadt.
Ich sehe in den Spiegel.

(2) Stunde, Woche, Monat, Jahr 등 일정한 길이의 시간을 나타내는 말 앞에서는 "~후(미래)"를 가리킨다.

In einer Stunde komme ich wieder. (한 시간 후에 다시 오겠소)
In einem Jahr fahre ich zu meiner Heimat. (1년 후에 고향에 간다)
in einem Monat/in einigen Tagen

(3) Woche, Monat, Jahr, Nacht 등 앞에서 시간을 나타낸다.

in dieser Woche(금주에), in diesem Jahr(금년에),
in der Nacht, im Frühling, im Winter, im Januar, im September
* am Montag, am Morgen, am Abend, am Vormittag

(4) 그밖에 많은 추상적인 의미의 용법들이 있다.

im allgemeinen (일반적으로)
in der Tat (사실은)

im voraus (미리)
in diesem Fall (이 경우)
Alles in Ordnung! (모든 일이 잘 됐다)

neben	장소적으로 "~옆"을 가리키고 그밖에 "~이외에"의 의미로도 쓰인다.

Die Post liegt neben der Bank. (우체국이 은행 옆에 있다)
Neben seiner regulären Arbeit hat er noch viel zu tun.
(정규적인 업무 이외에도 그는 할 일이 많다)

vor	장소, 시간적으로 "~앞"을 가리킨다.

Er wartet vor dem Theater. (그는 극장 앞에서 기다린다)
Weihnachten steht vor der Tür. (성탄절이 가까웠다)
vor einem Monat(한달 전에), vor einem Jahr
zwei Tage vor seiner Abreise (떠나기 이틀 전에)

über	영어의 over에 해당한다.

(1) 장소적으로 "~위"를 가리키는데 auf와는 달리 사이가 떨어져 있는 경우를 말한다.

Eine Lampe hängt über dem Tisch. (전등이 책상 위에 걸려 있다)
Familie Schmidt wohnt über uns. (슈미트 씨 가족이 우리 위층에 산다)
Er geht über die Straße. (그는 길을 건너간다)

(2) 양적으로 초과를 나타낸다.

Das Buch kostet über 100 Euro. (그 책의 값은 100유로 이상이다)
Er ist schon über 50. (그는 벌써 50이 넘었다)

(3) "~에 대하여"라는 뜻을 갖는다.

Wir sprechen über unsere Heimat.
Wir diskutieren über das Kinderproblem.

unter	영어의 under에 해당한다.

(1) 장소적으로 "아래, 밑", 양적으로 "부족"을 나타낸다.

Die Katze sitzt unter dem Tisch.
Die Temparatur sinkt unter Null.
die Kinder unter 8 Jahren (8세 이하의 어린이들)

(2) 그밖에 많은 추상적인 의미의 용법들이 있다.

einer unter uns (우리 가운데 한 사람)
unter dieser Bedingung (이 조건하에서)

zwischen	"사이에"라는 뜻으로 영어의 between에 해당한다.

Göttingen liegt zwischen Kassel und Hannover.
Ich komme zwischen drei und vier Uhr.

2.3.2. 3격지배 전치사

aus außer, bei mit nach, seit von zu

3격지배 전치사의 의미적 특징은 출발점(aus, von, seit) 및 목표물(zu, nach)과 관련이 있다. "außer"는 "aus"와 같은 어원이라고 생각하면 되고 도구를 나타내는 "mit"도 출발점에 포함시킬 수 있다. 도구란 어떤 행위의 출발점이 되기 때문이다. "bei"는 이러한 방식으로 설명이 어렵다. 다만 이 전치사가 장소의 의미로 쓰일 때는 이동의 개념으로 쓸 수 없다는 점을 고려하면 3격지배를 이해할 수 있다(3·4격지배 전치사의 용법 참조).

이 가운데 "목표물"은 본래 3격(여격)의 의미와 밀접한 연관이 있고 "출발점"은 독일어에서 흔히 3격으로 표현되는 탈격(Ablativ)과 연관이 있는 듯하다. 탈격이란 "Das Gewitter hat mir mein Kind genommen"(폭우가 나에게서 아이를 앗아갔다)에서 "mir" 같은 표현을 말하는데 여기서 바로 "출발점"을 나타내면서 3격을 쓰고 있는 것이다.

aus	출처, 출신, 재료, 이유 등을 나타낸다.

Er kommt aus dem Zimmer/der Stadt. (방에서/시내에서)
Er trinkt Bier aus dem Glas. (잔에서)
Er kommt/ist aus Afrika. (Afrika에서)
Das ist ein Buch aus dem Mittelalter. (중세의)
Der Ring ist aus Gold. (금으로 된)
Aus diesem Grunde bin ich dagegen. (이러한 이유로)

☞ 출신지가 아니고 일시적인 장소의 이동을 나타낼 때에는 von을 쓴다.
Er kommt von Frankfurt.

außer	제외, 범위, 밖 등을 나타낸다. 보통 관사 없이 쓰인다.

Der Kranke ist außer Gefahr. (위험성이 없다)
Die Sache steht außer Zweifel. (의심할 여지가 없다)
Er ist außer sich vor Freude. (어쩔 줄 모른다)
Außer Montag ist sie zu Hause. (월요일 외에는)
Außer zwei Karten kaufe ich noch ein Buch.
(엽서 두 장 이외에 책 한권을 더 샀다)

bei	이 전치사는 독일어에서 가장 다양하게 쓰이는 전치사 가운데 하나이며 영어의 "by" 정도로 생각하면 안 된다. 영어의 "by"는 수동구문이나 교통수단에 아주 제한적으로 쓰이지만 독일어의 "bei"는 장소, 시간, 상황을 나타내면서 아주 다양하게 쓰인다.

(1) 사람이나 직장을 나타내는 말 앞에서 장소를 나타낸다.

Er wohnt bei seinen Eltern. (부모님 집에서)
Wir treffen uns heute bei Klaus. (Klaus집에서)
Ich habe heute Unterricht bei Prof. Kim.
Ich habe kein Geld bei mir.
Bei uns ist es im Winter sehr kalt. (우리나라에서는)
Er arbeitet bei Simens. (Simens 회사에서)

(2) 사건을 나타내는 말 앞에서 동시적인 시간을 나타낸다.

Beim Essen soll man nicht sprechen. (**식사하면서**)
Beim Sonnenaufgang geht er spazieren. (**해뜰 때**)
Bei meiner Ankunft. (**내가 도착할 때**)
Beim Abschied. (**헤어질 때**)

(3) 상황을 나타내는 명사 앞에서 특정한 상황을 나타낸다.

Bei schlechtem Wetter gehen wir nicht aus. (**나쁜 날씨에는**)
Bei diesem Licht kann man nicht lesen. (**이 불빛에서**)
Bei solchem Lärm kann ich kein Wort verstehen.
(**이 소음 속에는 한 마디도 알아들을 수 없다**)

(4) "all-"과 결합하여 양보적인 의미로 쓰인다.

Bei allem Fleiß (**모든 열심에도 불구하고**)
Bei allem Unglück (**모든 불운에도 불구하고**)

mit	영어의 "with"에 해당하며 도구, 동행, 동참, 교통수단 등을 나타낸다.

Ich schreibe mit dem Bleistift.
Ich fahre mit dem Auto.
Ich arbeite mit meinem Bruder zusammen.
Mit großer Freude habe ich Ihren Brief erhalten.

nach	

(1) 지명과 함께 방향을 나타낸다. 지명 이외의 사람이나 건물, 장소 등이 오면 방향을 나타내는데 nach를 쓰지 않고 zu를 쓰며 가끔 in을 쓰기도 한다.

Ich fahre nach Hamburg/nach Amerika. (Hamburg**로**)
Ich gehe zu meinem Freund/zu ihm. (**친구에게**)
Ich gehe zur Post/zum Bahnhof. (**우체국에/정거장에**)
Ich gehe in die Schule/in die Stadt/ins Kino/ins Theater.

☞ Haus는 지명을 나타내는 말이 아님에도 방향을 나타낼 때는 nach Hause라고 하며, zu Hause는 "집에서"라는 장소를 나타낸다. 독일어의 전치사 zu는 장소를 나타내기도 한다.

(2) 시간적으로 "후"를 나타낸다.

Nach dem Unterricht/dem Essen/der Vorlesung (강의/식사 후에)
Nach einer Stunde/einer Woche/einem Jahr (한 시간/1주일/1년 후에)

☞ Stunde(한 시간), Woche(1주일), Jahr(1년)등 시간을 나타내는 단위가 올 때는 주의해야 한다. 이 경우 "후"를 나타내기 위해 과거의 사건일 때는 nach를 쓰고 미래의 사건일 때는 in을 쓴다.

In einer Stunde komme ich wieder. (한 시간 후에 다시 오겠다)
In einem Jahr gehe ich nach Korea zurück. (1년 후 한국에 돌아간다)

(3) "~에 따라서,~따르면"의 의미로 쓰인다.

Nach meiner Meinung (내 생각에는)
Nach dem Gesetz (규정에 따라)
Nach dem Alter (나이에 따라)

seit	영어의 since에 해당하며 "과거 한 시점에서 지금까지"를 나타낸다.

Seit einem Jahr studiert er in Bonn. (1년 전부터)
Seit gestern ist er nicht da. (어제부터)

☞ 영어에서는 이 경우 소위 완료형을 쓰는데 독일어에서는 현재형을 쓴다.

von	

(1) 출발점이나 시간을 나타내며, 이는 영어의 from에 해당한다.

Er kommt von der Schule/seinem Freund/von der Post. (학교에서)
Wie weit ist es von hier bis zum Bahnhof?
(여기에서 역까지 얼마나 먼가?)
Von morgens bis abends (아침부터 저녁까지)

Von 1~3 Uhr geschlossen (1시부터 3시까지 문닫음)
Von Weihnachten bis Neujahr (성탄절부터 새해까지)

(2) 원인을 나타내며 특히 수동문에서 행위자를 나타낸다.

Er ist müde von der Arbeit. (일로 지쳤다.)
Das Fenster wurde von Peter zerbrochen. (Peter에 의해서)

(3) 영어의 양, 소유격, 일부분 등을 나타내는 of에 해당한다.

Die Frau von heute (오늘의 여성)
ein Buch von 500 Seiten (500면의 책)
das Haus von Herrn Meier (Meier씨의 집)
einer von meinen Freunden (내 친구 중 한 사람)

(4) "~에 대하여"의 의미로 쓰인다.

Er spricht von seinem Freund. (친구에 대해서)
Ich habe von ihm nichts gehört.

zu	형태적으로 영어의 to와 유사하지만 그 쓰임은 아주 다르다. 방향, 장소, 시간, 목적 등을 나타내는데 이점에서 우리말의 조사 "~에"와 용법이 아주 비슷하다.

(1) 사람, 건물, 장소를 나타내는 말 앞에서 (지명은 제외) 방향을 나타낸다. 이 용법이 영어의 to에 해당한다.

Ich gehe zu meinen Eltern. (부모님께)
Ich suche den Weg zum Bahnhof. (정거장에)

(2) 가끔 장소를 나타내기도 한다.

Abends ist er immer zu Hause. (집에)
der Dom zu Köln (Köln에 있는 성당)
Universität zu Berlin (베르린 대학)
Hotel zur Post (우체국 부근의 호텔)
der Turm zu Babel (바벨탑)
zu diesem Ort (이곳에서)

(3) Zeit, Stunde, Anfang, Mal 등과 결합해서 시간을 나타낸다.

Zur Zeit ist er in Berlin. (**현재는**)
zu Goethes Zeit (**괴테시대에**)
zu Ende (**맨 끝에**)
zu Anfang (**처음에**)
zum ersten Mal (**처음으로**)
zu Weihnachten (**성탄절에**)

(4) 양상(modal)이나 목적 등을 나타낸다.

zum Glück (**다행히**)
zu meiner großen Freude (**기쁘게도**)
zum Beispiel (**예를 들면**)
zum Essen/Kaffee einladen (**식사에/커피에 초대하다**)
Ich gehe zum Essen (**식사하러**)

2.3.3. 4격지배 전치사

durch für ohne um gegen entlang

4격지배 전치사는 의미적으로 동작의 흐름이나 동작의 구간을 나타내며 "durch, entlang, gegen, bis, um" 등이 여기에 속한다. 앞의 그림에서 본 것처럼 이들 전치사의 경우 동작의 흐름을 따라 선모양이나 화살표를 그릴 수 있다. 3·4격지배 전치사에서 동작의 흐름(장소의 이동)이 있을 경우 4격을 쓰는 것과 연관시켜 볼 수 있겠다. 이밖에 중요한 4격지배 전치사로 "für, ohne"가 있는데 이들은 장소나 공간의 개념이 전혀 없는 추상적인 의미를 나타내는 것이 특징이다. 지금까지 살펴 본 모든 전치사들이 대개 구체적인 공간이나 장소의 개념에서 출발해서 추상적인 의미까지를 포함하고 있는데 비해 이 두 개의 전치사는 추상적인 의미만을 가지고 있다.

durch	영어의 through에 해당하며 "~통해서, ~인해서" 등의 의미가 있다.

Der Zug fährt durch einen Tunnel. (굴을 지나)
Ich habe ihn durch meinen Freund kennen gelernt.
(나는 그 사람을 친구를 통해서 알았다)
Durch den Krieg verlor Deutschland viele Menschen.
(독일은 전쟁으로 많은 사람을 잃었다)
durch die ganze Nacht (밤새 내내)
Ich mache eine Reise durch Deutschland. (독일 전역에 걸쳐)

für	영어의 for에 해당한다.

Der Vater arbeitet für seine Familie. (가족을 위해)
Ich kaufe ein Geschenk für meine Mutter. (어머니를 위해)
Für heute ist es genug. (오늘은 그것으로 충분하다)
Das Kind ist klein für sein Alter. (나이에 비해 작다)
Er kauft das Haus für 50,000 Euro. (50,000 유로에 사다)

ohne	영어의 without에 해당한다. 보통 관사 없이 쓰인다

Er kommt ohne seinen Freund.
Ohne Geld machen wir keine Reise.
Keine Regel ohne Ausnahme. (예외 없는 규칙은 없다.)
Keine Rose ohne Dornen. (가시 없는 장미는 없다.)

um	"~의 주위에"라는 의미와 시간을 나타내는 전치사이다.

Die Familie sitzt um den Tisch. (탁자 주위에)
Die Erde dreht sich um die Sonne. (태양의 주위를 돈다.)
Er kommt um 9 Uhr. (9시에)

gegen	영어의 against에 해당하며 "~에 대항해서, 거슬러서"의 의미를 갖는다. 시간적으로 무렵을 뜻하기도 한다.

Das Auto fährt gegen einen Baum. (나무에 들이받다.)
gegen den Sturm schwimmen (대세를 거스르다.)

Gegen die Sonne ist die Erde nur ein kleiner Ball.
(태양에 비하면 지구는 작은 공에 불과하다.)
Gegen Mittag/5 Uhr (정오/5시쯤에)

entlang	영어의 along에 해당하며 항상 명사 뒤에 오기 때문에 전치사라기보다는 후치사라는 용어가 더 정확하다.

Ich fahre die Straße entlang. (길을 따라서)

2.3.4. 2격지배 전치사

während wegen trotz statt

대부분의 다른 전치사와 마찬가지로 2격지배 전치사도 본래의 2격의 의미인 "~의"라는 뜻과는 상관없이 쓰인다. 그러나 역사적으로 보면 이를 이해할 수 있다. 이 가운데 "wegen, trotz, statt"는 해당 명사에서 온 것으로, 그 뒤에 2격 명사가 오는 것은 자연스럽다. 예를 들면 "statt"는 "Statt(장소, 자리)"라는 명사에서 유래하였으며 "statt der Mutter"는 "어머니의 자리"라는 뜻에서 "어머니 대신"이라는 뜻으로 발전한 것이다. "während"는 동사 "währen"의 현재분사형으로 "eines Tages"와 같이 2격 명사가 부사적으로 쓰인 데서 유래한 것이다. 예를 들면 "während des Essens(식사 중에)"는 "währendes Essens(지속되는 식사에서)"라는 2격 구문에서 출발한 것이다. 이에 해당하는 영어의 전치사 "during"도 현재분사형이라는 점이 흥미롭다.

während	"~동안에"의 뜻이다.

während der Vorlesung (강의하는 동안에)
während des Essens (식사 중에)

wegen	"~때문에"의 뜻이다.

wegen der Krankheit **병 때문에)**
wegen des schlechten Wetters **(나쁜 날씨 때문에)**

trotz	"~에도 불구하고"의 뜻이다.

trotz des Regens **(비에도 불구하고)**
trotz der Müdigkeit **(피곤함에도 불구하고)**

statt	"~대신에"의 뜻이다.

statt der Mutter **(어머니 대신에)**
statt des Radios **(라디오 대신에)**

2.4. 관사, 대명사, 의문사와 전치사의 결합

전치사가 관사나 대명사 의문사 등과 결합할 때 흔히 축약이 일어난다. 먼저 관사와 결합하면서 다음과 같은 축약이 일어난다.

an dem Fenster → am Fenster
an das Fenster → ans Fenster
in dem Zimmer → im Zimmer
in das Zimmer → ins Zimmer
von dem Auto → vom Auto
zu der Schule → zur Schule
bei dem Essen → beim Essen
auf das Dach → aufs Dach

대명사나 의문사가 사물을 가리킬 때 전치사와 결합하면서 축약을 일으킨다. 대명사는 "da + 전치사", 의문사는 "wo + 전치사"의 형식으로 축약되며 전치사가 모음으로 시작할 때는 사이에 "r"를 첨가한다.

mit dem Mann → mit ihm
von der Dame → von ihr
an die Frau → an sie

mit dem Brief → damit
von dem Auto → davon
an dem Fenster → daran

Mit wem sprechen Sie?
An wen denken Sie?
Von wem sprechen Sie?

Womit schreiben Sie?
Woran denken Sie?
Wovon sprechen Sie?

연습문제

A 다음 빈칸에 알맞는 어미를 넣으시오.

1. Robert geht um 8 Uhr aus d__ Haus.
2. Er wohnt mit sein__ Freund zusammen.
3. Ich gehe zu mein__ Schwester.
4. Kommt der Brief von mein__ Mutter?
5. Ich bin schon seit ein__ Woche hier.
6. Nach d__ Essen besuchen wir Frau Meier.

B 다음 빈칸에 알맞는 어미를 넣으시오.

1. Heute gehe ich ohne mein__ Freund spazieren.
2. Wir fahren schnell durch d__ Stadt.
3. Die Familie sitzt um d__ Tisch.
4. Da ist ein Brief für dein__ Frau.

C 다음 빈칸에 알맞는 어미를 넣으시오.

1. Mein Fahrrad steht hinter d__ Haus.
2. Robert legt die Zeitung auf d__ Tisch.
3. Er stellt den Tisch an d__ Fenster.
4. Die Kinder spielen in d__ Zimmer.
5. Ich fahre in d__ Stadt.
6. Denkst du oft an dein__ Familie?
7. Er spricht über sein__ Eltern.

D 다음 빈칸에 알맞는 어미를 넣으시오.

1. Wegen d___ schlechten Wetters gehen wir nicht aus.
2. Während d___ Essens raucht man nicht.
3. Trotz d___ Zentralheizung ist das Zimmer kalt.
4. Statt d___ Mutter kocht die Tochter.

E 다음 물음에 대명사나 전치사 + 대명사의 형태로 대답하시오.

1. Spricht Peter mit dem Touristen?
2. Schreibt Marie mit dem Kugelschreiber?
3. Liegt das Buch auf dem Tisch?
4. Sitzt Herr Braun vor seiner Frau?
5. Denkt Monika an ihren Freund?
6. Freuen Sie sich auf den Ausflug?

F 다음과 같은 대답이 나오도록 전치사 + 의문사 혹은 wo + 전치사의 형식으로 의문문을 만들어 보시오.

1. Peter fährt mit dem Auto.
2. Marie fährt mit ihrem Freund.
3. Manfred spricht über das Wetter.
4. Hans arbeitet für Herrn Braun.
5. Paul denkt an den Ausflug.

3

동사편 (I)

언어표현의 기본단위는 문장이고 문장은 크게 명사와 동사로 이루어진다. 여기서 동사란 술어 부분을 말하는데 본 장은 이 술어 부분의 여러 가지 형식과 용법을 다룰 것이다. 현재, 과거, 미래 등의 시제(Tempus)의 문제, 완료, 진행 등의 상(Aspekt)의 문제, 명령, 가정, 조동사 등의 화법(Modus)의 문제가 이 분야에 속한다.

3.1. 동사변화의 원리

유럽 언어를 비롯한 많은 언어들에서 동사는 문장 속에 들어갈 때 문장의 시제나 주어의 인칭 및 수(단수, 복수)에 따라 그 형태가 변한다. 바꾸어 말하면 문장의 시제나 주어의 인칭 및 수에 따라 동사의 형태가 정해진다. 동사의 형태가 이렇게 변하기 전의 상태를 부정형(Infinitiv)이라 하고, 문장 속에 들어가 주위의 환경에 따라 변화된 상태를 정형 또는 정동사(finites Verb)라고 한다.

독일어의 동사는 크게 어간(Stamm)과 어미(Endung)로 이루어져 있는데 동사변화도 바로 이 어간의 변화와 어미의 변화로 나누어 볼 수 있다. 독일어의 동사들 가운데는 어미만 변하는 것이 있고 어미와 어간이 모두 변하는 것이 있다. 어미와 어간이 모두 변하는 경우 어미만 변화하는 경우보다 상대적으로 변화가 심하므로 강변화 동사라고 부르고 어미변화만을 일으키는 동사들을 약변화 동사라고 한다.

독일어 문법에서 강변화와 약변화의 구분은 동사변화 이외에 형용사와 명사변화에서도 찾아 볼 수 있는데 이 경우도 역시 변화의 정도에 따른 구분이다. 동사의 어간이 변화할 때는 어간의 자음이 변하는 경우는 거의 없고 모음만 변화하는 것이 보통이므로 어간의 변화를 어간모음변화라고 부르기도 한다. 강변화 동사는 어간모음이 변화하는 것 말고도 과거형과 과거분사형 변화에서 불규칙적인 점이 특징이다. 이상을 요약해서 우리는 독일어의 동사를 (1)과 같이 두 가지 부류로 나눌 수 있다.

(1) **약변화 동사**: 어미만 변화, 과거형·과거분사형 규칙적
강변화 동사: 어미와 어간이 변화, 과거형·과거분사형 불규칙

동사의 어미변화란 인칭에 따른 변화를 말하며, (2)와 같이 현재인칭변화, 과거인칭변화, 접속법의 인칭변화 등 세 가지가 있다.

(2) **동사의 세 가지 어미변화**

현재인칭변화			과거인칭변화			접속법인칭변화		
ich	--	e	ich	--	x	ich	--	e
du	--	st	du	--	st	du	--	est
er	--	t	er	--	x	er	--	e
wir	--	en	wir	--	en	wir	--	en
ihr	--	t	ihr	--	t	ihr	--	et
sie	--	en	sie	--	en	sie	--	en
Sie	--	en	Sie	--	en	Sie	--	en

위의 세 가지 어미변화를 자세히 들어다 보면 이들이 아주 다른 변화체계라기 보다 비슷한 변화체계라는 것을 알 수 있다. 즉 과거인칭변화는 현재인칭변화 어미와 같은데 1인칭과 3인칭 단수에서 어미를 취하지 않을 뿐이다. 또 접속법의 인칭변화는 과거인칭변화에 어미 "-e"를 더했을 뿐이다.

동사의 어간모음변화는 강변화 동사의 경우에만 해당되며 현재인칭변화, 명령문, 접속법 II식 등 세 군데서 일어난다. 이들의 변화는 각각 (3)과 같은데 여기에도 밀접한 연관이 있음을 알 수 있다. 즉 현재인칭변화에서

는 (3)의 어간모음변화가 모두 일어나고 접속법 II식에서는 맨 윗줄의 변화, 즉 a, o, u → ä, ö, ü만 일어나며 명령문에서는 아래 두 줄만 일어난다.

(3) **강변화 동사의 세 가지 어간모음변화**

현재 인칭 변화	접속법 II	a, o, u	→	ä, ö, ü
	명령형	e e:	→ →	i [i] ie [i:]

(3)의 변화표에는 독일어의 다섯 개의 기본모음 a, e, i, o, u가 모두 들어 있다. 이 다섯 개의 모음 중에서 변모음이 가능한 세 개의 모음 a, o, u는 각각 변모음 ä, ö, ü로 변화했고, 나머지 두 개의 모음 e, i 가운데서는 e가 i로 변하고 있다.

3.2. 현재인칭변화

3.2.1. 어미변화, 어간모음변화

독일어의 동사는 현재 시제에서 위의 (2)에서 보는 바와 같은 어미변화를 하며 약변화 동사의 경우 어간이 -t, -d로 끝나면 발음상의 편의를 위해 단수 2, 3인칭과 복수 2인칭에서 어미 -e를 덧붙인다((4)참조).

(4)

ich	wohne	kaufe	antworte	bade
du	wohnst	kaufst	antwortest	badest
er	wohnt	kauft	antwortet	badet
wir	wohnen	kaufen	antworten	baden
ihr	wohnt	kauft	antwortet	badet
sie	wohnen	kaufen	antworten	baden

강변화 동사의 경우 현재인칭변화에서 위와 같은 어미변화 이외에 단수 2, 3인칭에서 (3)에서 보는 바와 같은 어간모음의 변화가 일어나는데, 어간모음의 변화가 일어나는 동사에서는 어간이 -t, -d로 끝나더라도 어미에 -e를 덧붙이지 않는 것이 특징이다((5)참조). (5)에서 laden의 어간이 -d로 끝나지만 어간모음변화가 일어나는 단수 2, 3인칭에서는 어미에 -e를 덧붙이지 않았으며, 어간모음변화가 일어나지 않는 복수 2인칭에서는 어미 -e를 덧붙이고 있음을 볼 수 있다. 우연의 일치인지는 모르지만 어간모음변화가 일어나는 곳에서의 이와 같은 -e 모음 기피현상은 명령문에서도 나타난다.

(5)

	fahren	helfen	sehen	laden
ich du er	fahre fährst fährt	helfe hilfst hilft	sehe siehst sieht	lade lädst lädt
wir ihr sie	fahren fahrt fahren	helfen helft helfen	sehen seht sehen	laden ladet laden

Du fährst nach Seoul.
Herr Kim sieht Marie.
Das Kind hilft seiner Mutter.

halten이나 raten 등의 특이한 변화는 바로 어간모음변화 동사의 -e 모음 기피현상으로 설명된다. (6)에서 단수 2인칭은 어간모음변화가 일어났으므로 (5)에서와 마찬가지로 어미에 모음 -e가 첨가되지 않고 인칭변화어미 -st만 들어갔다. 이에 따르면 3인칭 단수형은 각각 어간에 어미 -t가 첨가된 hältt와 rätt가 되어야 하는데 이 때 발음상 필요가 없는 -t 하나를 생략하여 hält와 rät가 된 것이다. 한편, 이 경우도 어간모음변화가 일어나지 않는 복수 2인칭에서는 어미에 모음 -e가 첨가되었음을 볼 수 있다.

(6)

	halten	raten
ich	halte	rate
du	hältst	rätst
er	hält	rät
wir	halten	raten
ihr	haltet	ratet
sie	halten	raten

어간이 -s, -ss, -ß로 끝나는 동사들의 경우 단수 2인칭에서 인칭변화어미 -st가 들어가게 되면 -s가 겹치게 되므로 어미의 -s를 생략하는데 이 경우 단수 2인칭형과 3인칭형이 같은 형태를 갖게 된다. 어간이 -s, -ss, -ß로 끝나는 동사에서 단수 2인칭에서 어미의 -s를 생략하는 것은 강변화 동사와 약변화 동사에 모두 적용된다((7)의 변화표 참조).

(7)

	lesen	stoßen	heißen	grüßen
ich	lese	stoße	heiße	grüße
du	liest	stößt	heißt	grüßt
er	liest	stößt	heißt	grüßt
wir	lesen	stoßen	heißen	grüßen
ihr	lest	stoßt	heißt	grüßt
sie	lesen	stoßen	heißen	grüßen

동사의 부정형만 보고 강변화 동사와 약변화 동사를 구별할 수 있는 외형적인 기준은 없다. 독일어를 배우는 사람은 따라서 이들을 일일이 외워 두는 수밖에 없다. 이것은 마치 영어를 배우는 사람이 동사 go의 과거형은 goed가 아니라 went라고 외워야 하는 것과 같다. 영문법에서는 이러한 동사를 불규칙 동사라고 하는데 독문법에서도 어간모음 변화를 일으키는 강변화 동사를 불규칙 동사라고도 부르며, 이들은 과거형과 과거분사형이 불규칙적이다. 독일어 사전이나 이 책의 맨 끝에 부록으로 붙어 있는 불규칙 동사표(강변화 동사표)는 이러한 동사들을 실어 놓은 것이다.

우리는 독일어 문법책들이 현재인칭변화의 어간모음변화를 보통 (3)과 같이 설명하지 않고 다음 (8)과 같이 기술하고 있음을 볼 수 있다.

(8)

a, o, au	→	ä, ö, äu
e	→	i
e:	→	ie

(8)에서 au → äu의 변화는 a, o → ä, ö의 변화와 더불어 변모음 현상으로서 (3)의 변화표와 큰 차이가 없다. (3)에서는 au → äu의 변모음현상을 a → ä에 포함시켰을 뿐이다. 또 u → ü의 변화가 (3)에는 포함되어 있는데 반해, (8)에서 포함되어 있지 않은 점이 다르다.

독일어 동사 가운데 현재인칭변화에서 실제로 u → ü의 변화를 일으키는 경우는 없다. 이 점에서 보면 독일어의 현상을 정확히 기술하고 있는 쪽은 (8)이다. 그러나 이 두 가지 표를 비교할 때 독일어의 어간모음변화를 더 체계적으로 잘 설명하고 있는 쪽은 (3)이라고 볼 수 있다. 즉 (8)은 변모음이 가능한 모음 가운데서 u만을 제외시키면서 설명해야 하는 어려움이 있고, 또 현재인칭변화의 어간모음변화와 명령형 및 접속법 II식의 어간모음변화를 관련지어 설명할 수가 없다.

(8)의 변화표 대신 (3)을 받아들일 경우 한 가지 문제가 되는 것은 동사 tun과 rufen의 변화이다. 즉 독일어의 불규칙 동사 가운데 어간모음이 u인 경우는 이 두 개의 동사뿐인데 이들이 현재인칭변화에서 어간모음변화를 하지 않는 것이다. 독일어 문법서들이 보통 현재인칭변화의 어간모음변화를 (8)과 같이 기술하는 이유도 바로 여기에 있다.

tun과 rufen의 이와 같은 변화에도 불구하고 우리는 (3)을 독일어 동사의 어간모음변화표로 사용할 것이며 이 두 개의 동사는 이 변화표에 대한 예외 현상으로 취급할 것이다. tun과 rufen을 예외로 취급하는 데는 다음과 같은 두 가지 근거가 있다. 첫째, 위 (1)에서 우리는 독일어 강변화 동사의 특징 가운데 하나로 어간모음의 변화를 들었는데, 이에 따르면 강변화 동사의 경우 어간모음변화가 일어나는 것이 자연스럽고 일반적인 현상이며,

따라서 강변화 동사이면서도 어간모음변화가 일어나지 않는 tun과 rufen은 오히려 예외에 속한 것이다.

둘째, (8)의 표라고 해서 모든 강변화 동사에 예외 없이 적용되는 것이 아니고, 여기에도 이미 예외가 있기 때문에 tun과 rufen을 (3)에 대한 예외 현상으로 다루어도 큰 문제가 되는 것은 아니다. 이와 함께 한 가지 짚고 넘어갈 것은 현재인칭변화에서 어간모음이 o → ö로 변하는 동사는 stoßen 뿐이라는 점이다. (8)에서 o → ö는 동사 하나를 위한 규칙인 것이다.

3.2.2. 몇 가지 예외변화

(8)에 대한 예외 현상으로 stehen, gehen, kommen, nehmen, geben 등을 들 수 있는데 이들은 물론 (3)에 대해서도 예외 현상으로 남는다. stehen, gehen, kommen은 과거형과 과거분사형이 불규칙인 강변화 동사이므로 단수 2, 3인칭 현재형에서 어간모음변화가 일어날 것으로 기대되는데 (9)에서 보는 바와 같이 사실은 그렇지 않다.

(9)

	stehen	gehen	gehen
ich	stehe	gehe	komme
du	stehst	gehst	kommst
er	steht	geht	kommt

geben, nehmen은 강변화 동사이고, 또 어간모음이 장모음 -e이기 때문에 (8)에 따르면 단수 2, 3인칭 현재형은 giebst, giebt, niehmst, niehmt가 되어야 할 것 같은데 사실은 (10)과 같은 변화를 한다.

(10)

	geben	nehmen
ich	gebe	nehme
du	gibst	nimmst
er	gibt	nimmt

즉 geben은 단수 2, 3인칭에서 어간 모음이 장모음 -ie로 변하는 대신 단모음 -i로 변했는데 부정형이나 1인칭 등 다른 곳에서는 장모음인 geben의 어간모음이 왜 단수 2, 3인칭에서는 단모음으로 되는지는 설명할 길이 없으며, 따라서 예외 현상으로 처리할 수밖에 없다.

nehmen의 변화도 geben에서와 같은 현상이다. 즉 이 동사는 단수 2, 3인칭에서 niehmst, niehmt로 변하는 대신 nimmst, nimmt와 같이 변하고 있는데, 이들은 표기상으로 볼 때 많은 차이가 있는 것 같지만 자세히 관찰해 보면 어간모음이 길고 짧은 차이밖에 없다는 것을 알 수 있다. 이 동사도 마찬가지로 부정형이나 1인칭 등 다른 곳에서는 장모음인 어간모음이 왜 단수 2, 3인칭에서는 단모음으로 되는지는 설명할 길이 없다.

한편, nehmen 동사의 단수 2, 3인칭형 어간모음을 단모음으로 표기하기 위한 방법으로 우리는 (10)과 같은 방법 이외에 (11a, b)와 같은 방법을 생각해 볼 수 있는데 (11a)의 경우 어간의 h때문에 단모음이 될 수 없어서 이 목적에 부합하지 않는다. (11b)의 발음은 (10)에서와 차이가 없이 어간모음이 단모음임을 잘 나타내 주고 있다. 독일 사람들이 표기법을 제정할 때 (10)과 (11b)의 가능성을 둘 다 생각했으리라고 보며, (11b)를 선택했어도 큰 무리는 없었을 것이다. 독일 사람들이 (11b)를 선택하지 않고 굳이 어간에 m을 겹쳐 쓴 (10)의 표기방법을 택한 이유는 아마도 부정형인 nehmen과 어간의 글자 수를 맞추기 위한 것이 아닌가 싶다.

(11) a. du nihmst, er nihmt
b. du nimst, er nimt

위에서 우리는 동사의 변화에 어미변화와 어간모음변화가 있다고 했는데 이 말은 어간의 자음이 변하는 경우는 없다는 뜻이 된다. 실제로 현재인칭변화는 물론이고 동사의 과거형과 과거분사형에서도 어간의 자음이 변하는 경우는 흔하지 않다. 현재 인칭변화에서 어간의 자음이 변하는 동사는 sein 동사의 특수한 경우를 제외하면 두 개가 있는데 haben과 werden이 그것이다((12)참조).

(12)

	haben	werden
ich	habe	werde
du	hast	wirst
er	hat	wird
wir	haben	werden
ihr	habt	werdet
sie	haben	werden

(12)에서 보는 것처럼 haben, werden은 단수 2, 3인칭에서 불규칙이라는 점에서 다른 강변화 동사들과 같은데, 예외적으로 어간의 자음에 변화가 일어났다는 점에서 큰 차이를 보이고 있다. 즉 haben은 어미변화는 다른 동사와 같이 하면서 단수 2, 3인칭에서 어간의 자음 b가 탈락되었으며 이는 영어의 동사 have - has의 변화를 연상케 한다.

werden의 경우도 우리는 똑같은 설명을 할 수 있다. 이 동사는 어미변화와 어간모음변화를 다른 강변화 동사와 똑같이 하면서 단수 2, 3인칭에서 어간의 자음 d가 탈락되었다고 볼 수 있다. 여기서 엄밀히 말하면, 3인칭 단수형은 wirt가 되어야 하는데 이를 wird로 표기한 것은 Wirt(주인)라는 명사와 혼동을 피하기 위한 것이 아닌가 생각된다. -t로 써야 할 동사의 어미를 -d로 쓰는 예는 이밖에도 sein 동사의 인칭변화형 seid, sind가 있는데, 이 경우도 역시 전치사 seit등과의 혼동을 피하기 위한 것으로 보인다.

사람에 따라서는 werden의 3인칭 단수형에 대해 어간의 자음 -d는 그대로 있고 3인칭 단수형 어미 -t가 생략되어 wird로 표기되는 것으로 설명하는 경우가 있는데, 이와 같은 설명 방법은 두 가지 점에서 문제가 있다. 첫째, 이 설명 방법은 인칭변화어미의 생략이라는 특수한 예외 현상을 상정해야 한다. 즉 우리는 이 경우 werden을 독일어 동사 가운데 유일하게 3인칭 단수형에서 어미변화를 하지 않는 동사로 처리해야 하는데 이는 좋은 설명 방법이 못된다. 둘째, 이와 함께 werden을 2인칭 단수형에서는 어간의 자음이 탈락하는 동사로 처리해야 하는데, 이는 3인칭 단수형과 일관성 있게 설명할 수 없어서 또한 문제이다.

erlöschen 동사는 특이하게 2, 3인칭 단수형에서 어간모음 ö가 i로 변하는데 독일어 동사에서 이러한 변화를 하는 경우는 이 동사 하나밖에는 없다((13)참조).

(13) erlöschen **동사의 변화**

ich du er	erlösche erlischst erlischt	wir ihr sie	erlöschen erlöscht erlöschen

화법조동사와 wissen 동사는 위에서 말한 현재인칭변화의 어미 및 어간 모음변화를 따르지 않고 엉뚱하게 변화한다. (14)에서 보는 바와 같이 wissen 동사는 1인칭과 3인칭 단수형에서 어미를 취하지 않고 있으며, 또한 단수형에서 어간모음의 변화도 특이하다. 1인칭과 3인칭 단수에서 어미를 취하지 않는 것은 과거인칭변화의 어미변화와 같다((2) 참조). 따라서, 우리는 이 변화형들이 과거시제와 무슨 연관이 있지 않겠느냐는 생각을 할 수가 있는데, 역사적으로 볼 때 실제로 이들은 원래 wissen 동사의 과거형이었다고 한다. 화법조동사의 변화도 이와 같은 경우인데 이에 대해서는 3.5.에서 자세히 다루기로 한다.

(14) wissen **동사의 변화**

ich du er	weiß weißt weiß	wir ihr sie	wissen wisst wissen

3.2.3. 현재형의 쓰임

독일어의 현재형은 영어의 현재형과 몇 가지 용법상의 차이를 보인다. 먼저 영어에서는 현재진행형이 따로 있어서 현재형과 구별되어 사용되는데 독일어는 현재진행형이 따로 없어서 현재진행을 나타내고 싶을 때에도 현재형을 사용한다((15) 참조).

(15) a. Was machst du, Karl? Ich schreibe einen Brief.
b. Wohin gehen Sie? Ich gehe in die Stadt.
c. Wo ist Thomas? Er schläft in seinem Zimmer.

독일어의 현재형은 또 시간부사와 함께 과거에서 현재까지 이르는 사건을 나타낸다. 이 경우 영어에서는 완료형을 쓰는데 독일어에서는 현재완료형이 과거시제를 나타내기 때문에 (16)의 문장에 완료형을 쓸 수 없다.

(16) a. Seit 3 Jahren studiert er in Deutschland.
b. Wie lange sind Sie schon in Korea?
Ich bin schon sehr lange hier.
c. Wie lange warten Sie schon?
Ich warte schon 2 Stunden.

독일어의 현재형은 시간부사와 함께 또는 상황에 따라 미래의 일을 나타내기도 한다.

(17) a. Warum ziehst du deinen Mantel an?
Ich gehe jetzt in die Stadt.
b. Wie lange bleiben Sie in Seoul?
Ich bleibe zwei Monaten.
d. Am Abend besuche ich meinen Freund.
In zwei Stunden komme ich zurück.
c. Morgen habe ich keine Zeit.
Mein Freund kommt um 3 Uhr.

연습문제

A 다음 빈칸에 동사를 알맞게 변형시켜 넣으시오.

1. Ich _____ in Berlin. (wohnen)
2. Hans _____ seinen Lehrer. (fragen)
3. _____ du nach Hamburg? (fahren)
4. Herr Kim _____ dem Kind. (helfen)
5. Peter _____ das Buch. (lesen)
6. Der Zug _____ in Berlin. (halten)
7. Am Bahnhof _____ er ein Taxi. (nehmen)
8. Das Wetter _____ warm. (werden)

3.3. 분리동사와 비분리동사

3.3.1. 독일어 동사의 구조

총론편에서 잠깐 언급한 것처럼 독일어를 비롯한 게르만어의 중요한 특징 가운데 하나는 조어법에 있다. 즉 많은 유럽 언어들이 어휘면에서 절대적으로 라틴어의 영향을 받고 있는데 비해 게르만어인 독일어는 대부분의 낱말들을 쉬운 자기 나라 낱말을 짜맞추거나 파생시켜서 만든다.

이와 같은 사실은 영어나 우리말의 어휘를 독일어와 비교해 보면 잘 알 수 있으며 특히 우리의 언어 정책에 시사하는 바가 크다. 일본 및 동남아시아 지역의 언어들과 함께 우리말은 한자 문화권에 속해 있기 때문에 언어적으로 중국어의 영향을 많이 받고 있다. 중국어의 영향은 특히 어휘와 문자면에서 많이 나타나는데 이로 인해 우리말은 이중적인 어휘구조를 갖게 되었다.

즉, 하나의 개념을 나타내는데 우리말은 많은 경우 순수한 우리말과 한자어를 이중으로 가지고 있다. 예를 들면 "집에 가다 - 귀가하다," "잡아가다 - 연행하다," "밥 먹다 - 식사하다," "주다 - 수여하다" 등이 그것이며, 심지어 가장 기본적인 어휘라고 할 수 있는 숫자조차 이중으로 되어 있는 것은 웃지 못할 우리의 현실이다("하나, 둘, 셋,…;일, 이, 삼, 사,…"). 우리말의 이러한 이중적인 어휘구조는 언어생활을 어렵게 만들고 있으며 특히 자라는 아이들에게는 필요 없는 부담을 더해 주는 것 같다.

이러한 우리말의 어휘구조에 비해 독일어의 어휘구조는 이상적이다. 즉 독일어는 어려운 철학적인 개념들까지도 거의 모두 쉬운 자기 말로 나타내고 있으며, 일상언어의 어휘와 철학적인 학문의 어휘가 별 차이가 없다. 어려운 한자말을 써야 유식해 보이고 권위있게 보인다든가 국회에서 의원들의 이름패를 모두 한자로 써 놓는 우리의 언어 문화와 비교하면 독일의 언어문화는 사뭇 다르다.

이러한 독일어 조어법상의 특징은 특히 동사에서 잘 나타난다. 독일어의 동사를 우리는 크게 기본동사(Grundverben)와 복합동사(zusammengesetzte Verben)의 두 가지 유형으로 나눌 수 있다. 기본동사란 gehen, kommen, fahren 등과 같이 다른 동사에서 파생되지 않는 동사들로서 대개 1음절로 된 어간과 어미 -en으로 이루어져 있으며 그 수는 그렇게 많지 않다.

수적으로 독일어 동사의 대부분을 차지하고 있는 복합동사는 다음과 같이 기본동사에 간단한 전철(Vorsilbe;접두어)을 첨가해서 만들어진다. 기본동사에 첨가된다고 해서 전철을 동사첨가어(Verbzusatz)라고 부르기도 한다.

(18) **복합동사 = 전철 + 기본동사**

여기서 전철은 두 가지로 나눌 수 있다. 그 한 가지는 전철이 전치사나 부사, 형용사, 명사, 동사 등 독일어의 간단한 낱말을 이루는 경우이며, 다른 한 가지는 be-, ge-, er-, ver-, zer-, ent-, emp-, miss- 등 독일어의 낱말을 형성하지 못하는 특수한 접두사들이다. 독립적으로 독일어의 단어를 형성할 수 있는 전철들은 (19a)에서 보는 것처럼 문장 가운데 들어갈 때 기본동사와 떨어져서 문장 맨 끝으로 가기 때문에 이들을 분리동사라 한다. 반면에 독일어의 낱말을 형성하지 못하는 전철들은 문장 가운데서 기본동사와 분리되지 않은 채 쓰여서 이들은 비분리동사라고 부른다(예문 (19b)참조).

(19) a. ausgehen: Frau Kim geht heute mit ihrem Mann aus.
b. vergehen: Die Zeit vergeht sehr schnell.

이상을 정리하면 (20)과 같으며 여러 가지 품사에 따른 분리전철의 예는 다음 절에서 다루겠다.

(20) **동사**
- 기본동사: 1음절 어간+어미(*z.B. gehen, kommen* 등)
- 복합동사
  - 분리동사: 분리전철 + 기본동사
  - 비분리동사: 비분리전철 + 기본동사

3.3.2. 분리전철과 분리동사

분리전철에는 독일어의 관사, 접속사, 대명사를 제외한 거의 모든 품사가 쓰일 수 있다. 그 가운데 전치사가 가장 많이 쓰이며 부사, 형용사도 자주 쓰이는 편이다. 여러 가지 품사가 분리전철로 쓰이는 예는 (21)과 같다.

(21) **분리전철 및 분리동사의 예**

a. **분리전철이 전치사인 경우**
mitkommen: Ich komme heute auch mit.
anfangen: Der Unterricht fängt um 9 an.

b. **분리전철이 부사인 경우**
wiedersehen: Wann sehen wir uns wieder?
zurückkommen: Sie kommt morgen zurück.

c. **분리전철이 형용사인 경우**
freimachen: Pilatus macht Baraba frei.
fernsehen: Jeden Abend sieht er fern.

d. **분리전철이 명사인 경우**
heimkommen: Peter kommt um 7 heim.
teilnehmen: Ich nehme an dem Seminar teil.

e. **분리전철이 동사인 경우**
(1996년 이후 새 맞춤법에서는 이 때 두 개의 동사를 띄어 쓴다)
spazieren gehen: Nach dem Essen gehe ich immer spazieren.
stehen bleiben: Er bleibt 2 Stunden stehen.
kennen lernen: Im Ausland lernt man viele Leute kennen.

분리전철은 문장 가운데서 기본동사와 분리되어 문장의 맨 끝으로 가는데, 이 현상은 총론편에서 잠깐 언급한 것처럼 독일어 어순상의 일반원칙과 밀접한 연관이 있다. 즉 우리는 독일어 어순상의 일반 원칙으로 (22)와 같이 세 가지를 제시했는데 분리전철의 위치는 이 가운데 두번째 원칙과 연관이 있다.

(22) a. 정동사(finites Verb)는 문장의 두번째 자리에 온다.
b. 정동사에 가까운 요소일수록 문장의 끝으로 간다.
c. 정동사를 제외하면 우리말 어순과 같다.

예를 들면 (19a)에서 정동사 geht는 문장의 두번째 자리에 왔으며 이와 가장 가까운 aus가 맨 끝으로 갔다. 그밖에 의미적으로 geht에 가까운 mit ihrem Mann이 heute Abend보다 뒤에 왔다. 전체적으로 볼 때 이 문장요소들 사이의 순서는 정동사만 제외하면 "김여사는 오늘 저녁에 남편과 외출한다"는 우리말 문장의 어순과 같다.

분리동사 이외에도 독일어에는 특정한 문장요소가 맨 끝으로 가는 일이 종종 있다. 완료형에서 과거분사가 문장 끝으로 간다든가, 수동태 문장에서 과거분사가 문장 끝으로 간다든가, 조동사 구문에서 본동사가 문장 끝으로 간다든가 하는 것이 그 예인데 이들은 모두 위 (22b)의 원칙과 연관이 있다.

우리말의 "~하다" 동사도 어떤 의미에서 분리동사라고 볼 수 있다. "공부하다," "연구하다," "여행하다" 등을 하나의 낱말로 보아야 할지, 두 개의 낱말로 보아야 할지에 대해서는 논란의 여지가 있지만 어떻든 이들은 (23)에서 보는 바와 같이 문장 가운데서 분리하는 경우가 있다.

(23) a. 공부 열심히 잘 하고 다음 주에 만나자.
b. 여행 너무 길게 하지 말고 일주일 안에 돌아오너라.

분리전철이 기본동사와 떨어지는 현상은 이밖에도 과거분사나 부정사 구문, 그리고 명령문에서 나타나는데 ((24)참조), 이들에 대해서는 따로 자세히 다루게 될 것이다.

(24) a. ausgegangen, eingekauft, mitgefahren,
b. auszugehen, einzukaufen, mitzufahren,
c. Gehe sofort aus! Fahr doch mit!

3.3.3. 비분리전철과 비분리동사

분리전철 이외에 독일어 동사 어휘를 풍부하게 하는데 큰 몫을 하는 것이 be-, ge-, er-, ver-, zer-, ent-, emp-, miss- 등의 비분리전철들이다. 앞서 말한 대로 이들은 독립적으로 독일어의 낱말을 형성하지 못하며, 따라서 문장 가운데서 기본동사와 분리하지 않는다(예문 (25) 참조).

(25) a. bekommen: Er bekommt ein Buch.
b. gefallen: Sie gefällt mir gut.
c. erlauben: Der Arzt erlaubt mir die Reise nicht.
d. verstehen: Ich verstehe ihn nicht.
e. zerbrechen: Das Kind zerbricht das Glas.
f. entschuldigen: Entschuldigen Sie, bitte!
g. empfangen: Der Gastgeber empfängt die Gäste.
h. missachten: Er missachtet seine Frau.

위 여덟 개의 비분리전철 가운데서도 be-, er-, ver-, ent-가 널리 쓰이며 그 용법도 아주 다양하다. 이에 반해 ge-, zer-, emp-, miss-의 쓰임은 비교적 제한적이다. 특히 emp-는 ent-와 같은 어원이며 그 의미적 기능도 같다. 독일어의 어휘를 풍부하게 하는 이러한 비분리전철들이 역사적으로 어디서 어떻게 유래했는지 밝혀 보는 것도 매우 흥미있는 일일 것이다.

분리전철도 마찬가지이지만 이들 비분리전철들은 여러 기본동사들과 결합하면서 다양한 의미를 표현한다. 이들의 의미적 기능을 모두 소개하기 위해서는 따로 두꺼운 책 한 권이 필요할 정도이지만 여기서는 몇 가지 주요한 기능들만 간단히 살펴 보기로 한다.

(26) 비분리 전철들의 주요 의미 기능

be-	**자동사를 타동사로 바꾼다.** *bewohnen, beenden, benutzen* **다른 품사를 동사화한다.** *beleidigen, belasten, bekleiden*

er-	새로운 상태로의 진입이나 어떤 일의 완성을 나타낸다. *erwachen, erleichtern, erscheinen, erreichen, ermorden*
ent-	분리됨을 나타낸다. *entfernen, entnehmen, entreißen* 시작을 나타낸다. *entbrennen, entzünden*
emp-	어원적으로 ent-와 같으며 p나 f로 시작하는 기본동사 앞에 쓰인다. *empfehlen, empfinden*
ge-	특별한 의미적 기능은 없고 다만 약간의 문체상의 차이를 가져온다. 경우에 따라 본래의 동사와는 의미적으로 전혀 관계가 없는 동사를 만들기도 한다. *denken - gedenken, brauchen - gebrauchen, hören - gehören*
miss-	잘못됨이나 부정을 의미한다. *missachten, misstrauen*
ver-	"~하게 하다", "~되게 하다"의 뜻이 있다. *verbessern, verschönern, versichern, verwirklichen* 동작이나 상태의 최종 결과를 나타낸다. *verbrennen, verschließen, versinken, verderben* 명사 앞에 붙어서 그 상태로의 변화를 나타낸다. *verfilmen, verwitwet, vergolden* 부정적인 의미로 일이 잘못된 것을 뜻한다. *verschlafen, verführen, verkennen, versehen*
zer-	잘게 나누거나 부서짐을 뜻한다. *zerbrechen, zerstören, zerstreuen*

위에서 우리는 독립적으로 독일어의 낱말을 형성할 수 있는지의 여부를 분리동사와 비분리동사를 구분하는 기준으로 삼았다. 이 기준은 대부분의 경우 잘 맞아 들어가지만 가끔 예외적인 현상을 볼 수 있다. 물론 비분리전철이 분리전철로 쓰이는 경우는 없다. 그런데 가끔 독립적으로 독일어의 낱말을 형성할 수 있는 말들이 예외적으로 비분리전철로 쓰이는 수가 있다((27) 참조). 이러한 동사들에서는 전철이 본래의 구체적인 의미를 떠나 추상적인 의미를 갖는다고 설명하는 경우를 가끔 보는데 이는 아주 좋은 설명방법이라고는 생각되지 않으며 그때 그때 외워 익히는 것이 좋을 것 같다.

(27)a. wiederholen: Wir wiederholen die Übungen.

b. unterhalten: Wir unterhalten uns über die Kinder.

c. übersetzen: Er übersetzt den Brief ins Deutsche.

d. widersprechen: Deine Meinung widerspricht jeder Vernunft.

연습문제

A 다음 낱말들을 이용해서 문장을 만들어 보시오.

1. abfahren, Berlin, der Zug, von, um, 10:25 Uhr
2. Herr Breuer, pünktlich, in, Frankfurt, ankommen
3. ausgehen, mit, Frau Meier, ihrem Mann, heute Abend
4. zerbrechen, das Kind, das Glas
5. mir, der Arzt, erlauben, nicht, die Reise
6. Herr Neu, in, aussteigen, Heidelberg
7. Der Unterricht, heute, beginnen, um 9:00 Uhr

3.4. 명령법(Imperativ)

2인칭 대명사가 세 가지인 독일어에는 명령법도 세 가지 형태가 있다. 세 가지 2인칭 대명사에 따른 동사의 어미변화는 (28)과 같다. du에 대한 명령에서 어미 -e는 붙이지 않아도 상관없으며 오늘날 독일의 일상언어에서는 이를 잘 붙이지 않는다. 예문 (29)에서 보는 것처럼 du, ihr에서는 주어를 생략하고 Sie에서는 주어와 동사의 자리가 바뀐다.

(28) du: --(e)
ihr: --t
Sie: --en Sie

(29) a. Frag(e) deinen Lehrer!
Fragt euren Lehrer!
Fragen Sie Ihren Lehrer!

b. Geh(e) hinaus!
Geht hinaus!
Gehen Sie hinaus!

어간모음변화가 없는 약변화동사의 경우 (28)의 변화표로 충분하다. 한편, 강변화동사는 현재인칭변화에서와 마찬가지로 명령문에서도 어간모음변화를 일으킨다. 독일어 동사의 어간모음변화는 (30)과 같으며 명령문에서는 이 가운데 아래 두 줄만 해당한다.

(30)

<table>
<tr><td rowspan="2">현재
인칭
변화</td><td>접속법 II</td><td>a, o, u → ä, ö, ü</td></tr>
<tr><td>명령문</td><td>e → i
e: → ie</td></tr>
</table>

* 어간모음변화가 일어나면 어미 -e를 붙이지 않음

(31) a. Lies das Buch zweimal!
Lest das Buch zweimal!
Lesen Sie das Buch zweimal!

b. Sprich nicht so laut!
Sprecht nicht so laut!
Sprechen Sie nicht so laut!

c. Fahr(e) doch schnell!
Fahrt doch schnell!
Fahren Sie doch schnell!

어간모음변화가 일어나는 경우 어미 -e를 붙이지 않는 것은 현재인칭변화에서와 같다((31a, b) 참조). (31c)의 fahren은 원래 강변화 동사이지만 (30)에 따라 어간모음변화를 일으키지 않았으며, 따라서 어미에 -e는 붙혀도 무방하다.

복합동사의 명령형은 기본동사의 명령형을 따르며 문장 가운데서 분리전철은 기본동사와 떨어져서 쓰인다((32) 참조).

(32) Komm doch mit!
Fahren Sie jetzt ab!
Fangen Sie gerade an!
Verlassen Sie sofort!
Beginnen Sie um 9 Uhr!

강조하고 싶을 때는 명령문에서도 주어를 쓸 수 있다((33) 참조).

(33) Bring du mir das Buch!
Helft ihr der Dame!

영어의 "let's~"에 해당하는 구문으로 독일어에서는 (34)와 같이 복수 1인칭을 써서 "~하자"라는 의미의 명령을 할 수 있다. 이 경우 독일어에서는 보통 (34a~c) 와 같이 말한다.

(34) a. Gehen wir jetzt!
b. Bleiben wir noch!
c. Wollen wir gehen?
d. Lasst uns jetzt gehen!
e. Lasst uns noch bleiben!

연습문제

A 다음 술어표현을 가지고 세 가지 2인칭에 대해 명령문을 만드시오.

1. den Lehrer fragen
2. nicht zu spät kommen
3. immer fleißig arbeiten
4. schnell einsteigen
5. nicht so laut sprechen
6. das Buch zweimal lesen
7. der Frau die Uhr geben
8. das Fenster in 10 Minuten zumachen

3.5. 화법조동사

인간의 생각이나 감각은 복잡하고 섬세해서 간단한 동사 하나만으로 표현하기는 어렵다. 인간 언어에서 조동사는 본동사만으로 표현하기 어려운 우리의 생각이나 감각을 조금이라도 더 자세히 표현하기 위한 수단이다. 이 가운데 화법조동사(Modalverb)는 어떤 사실에 대한 가능성이나 말하는 사람의 입장 등을 나타내는 말이다. 사실에 대한 입장 등을 전문용어로 양상(Modalität)이라고 하며, 이를 표현하기 위해 쓰이는 동사를 곧 화법조동사라고 한다.

총론편에서 잠깐 언급한 것처럼 독일어는 화법조동사의 쓰임이 잘 발달되어 있는 언어이다. 영어에도 화법조동사가 있고 그 형태도 독일어와 비슷하지만 그 쓰임에 있어서는 독일어가 훨씬 다양하고 섬세하기 때문에 독일어를 전공한 사람들도 화법조동사를 쓰는데 어려움을 느끼는 경우가 많다. 더구나 우리말은 화법조동사가 발달해 있지 않기 때문에 독일어의 화법조동사는 우리에게 특별히 더 어렵게 느껴진다. 독일어에는 화법조동사 말고도 다른 조동사들이 더 있다. 미래조동사, 완료형 조동사, 수동문 조동사 등이 그 예이다.

화법조동사는 영어나 독일어 등 게르만어에 잘 발달해 있으며 같은 유럽 언어라도 로만스어나 슬라브 계통의 언어에서는 이러한 종류의 조동사가 특별하게 발달해 있지 않다. 한국어에도 화법조동사는 발달해 있지 않으며 이들을 "-할 수 있다, -해야 한다, -일지도 모른다" 등으로 표현한다. 한국어에는 다른 조동사들이 있으나 형태적으로 본동사와 특별히 차이를 보이지는 않는다. 예를 들면 "문을 열어 주다, 어중간해서 먹어 버리다" 등에서 "주다, 버리다"가 조동사이다.

3.5.1. 화법조동사의 현재인칭변화

독일어에는 여섯 개의 화법조동사가 있는데 (35)에서 보는 바와 같이 현재인칭변화가 특이하다. 동사변화의 개관에서 말했듯이 독일어의 동사변화에는 어미변화와 어간모음변화가 있으며, 어미변화는 현재형, 과거형, 접속법 등 세 가지가 있고 어간모음변화도 세 가지가 있다((36)~(37) 참조).

(35) **화법조동사의 현재인칭변화**

	dürfen	können	mögen	müssen	sollen	wollen
ich	darf	kann	mag	muss	soll	will
du	darfst	kannst	magst	musst	sollst	willst
er	darf	kann	mag	muss	soll	will
wir	dürfen	können	mögen	müssen	sollen	wollen
ihr	dürft	könnt	mögt	müsst	sollt	wollt
sie	dürfen	können	mögen	müssen	sollen	wollen

(36) **독일어 동사의 세 가지 어미변화**

현재인칭변화	과거인칭변화	접속법인칭변화
ich --- e	ich --- x	ich --- e
du --- st	du --- st	du --- est
er --- t	er --- x	er --- e
wir --- en	wir --- en	wir --- en
ihr --- t	ihr --- t	ihr --- et
sie --- en	sie --- en	sie --- en

(37) **독일어 동사의 세 가지 어간모음변화**

현재 인칭 변화	**접속법 II**	a, o, u → ä, ö, ü
	명령형	e → i e: → ie

(35)와 (36)~(37)을 비교하면 독일어의 화법조동사는 특이한 변화를 한다는 것을 알 수 있다. (35)를 자세히 들여다 보면 어미변화도 일어나고 어간모음변화도 일어나고 있지만 이 변화들은 (36)에도 맞지 않고 (37)에도 맞지 않다. 즉 (35)는 특이한 어간모음변화를 하고 있으며, 그 가운데 앞의 세 개 동사는 어간의 변모음이 모두 ü, ö → a와 같이 변한다. 또 어미변화도 1인칭과 3인칭에서 일어나지 않아서 이는 (36)의 현재인칭변화 어미가 아니

라 오히려 과거인칭변화의 어미와 같다. 이러한 복잡한 변화에도 불구하고 어간의 자음은 물론 변동이 없다.

현재형에서 어미변화를 과거인칭변화와 같이 하고 어간모음도 특이하게 변화하는 동사는 위의 여섯 개 조동사 말고도 wissen 동사가 있는데((38) 참조), 여기에는 역사적인 설명이 필요하다. 즉 이 일곱 개 동사의 단수 현재형은 원래 이들의 과거형이었다. 그래서 독문법에서는 이들을 과거현재형동사(Präterito-Präsentia)라고 부른다. 원래 과거형이었던 이들이 오늘날까지 과거형 어미를 유지하고 있으며, 어간모음변화도 또한 과거형의 어간모음변화를 그대로 유지하고 있는 것이다.

(38) wissen 동사의 현재 인칭변화

ich	weiß	wir	wissen
du	weißt	ihr	wisst
er	weiß	sie	wissen

3.5.2. 화법조동사의 쓰임

앞서도 말한 것처럼 독일어 화법조동사의 쓰임은 매우 섬세하고 복잡해서 이들을 한정된 지면에서 모두 기술하기는 불가능하므로 여기에서는 그 대표적인 용법들만 몇 가지 살펴 보기로 한다.

영어나 다른 유럽 언어를 배운 사람은 대부분의 조동사가 언뜻 보기에 두 가지의 아주 다른 의미를 가지고 있다고 느낄 것이다. 예를 들면 영어의 must는 "~해야 한다"는 의미와 "~임에 틀림없다"는 두 가지 의미를 가지고 있다. 이 두 가지 의미가 역사적으로 어떻게 연관되어 하나의 동사로 표현되는 것인지, 또 논리학이나 깊은 의미분석의 단계에서는 이 두 가지 의미의 관계가 어떻게 설명되는지 알 수 없지만 보통 사람에게는 이들이 두 가지의 다른 의미임에 분명하다. 학자에 따라 조동사의 이 두 가지 용법에 대해 여러 가지 전문용어를 써서 설명하기도 하는데, 이 가운데 하나는 "~임에 틀림없다," "~일지도 모른다," "~일 수도 있다" 등 어떤 사실에 대한 말하는 사람의 확신의 정도를 나타낸다는 것이다. 독일어 화법조동사에 따른 확신의 정도는 다음 (39)와 같다.

(39) a. Der Kanzler muss krank sein. (총리가 아픔에 틀림없다.)
b. Der Kanzler kann krank sein. (총리가 아플 수도 있다.)
c. Der Kanzler dürfte krank sein. (총리가 아플지도 모른다.)
d. Der Kanzler mag krank sein. (총리가 아플지도 모른다.)
e. Der Kanzler soll krank sein. (총리가 아프다는 말이 있다.)
f. Der Kanzler will krank sein.
(총리가 아프다고 (본인이) 주장하는데 사실은 그렇지 않는 것 같다.)

앞에서도 말한 것처럼 독일어 화법조동사의 쓰임은 영어에서와는 다르다. 예를 들면 (39a~d)는 영어에서도 쉽게 찾아 볼 수 있는 용법이지만 (39e~f)는 그렇지 않다. 또 화법조동사가 잘 발달되어 있지 않는 우리말로 독일어의 화법조동사의 의미를 표현하기는 더욱 어렵다. 예를 들면 (39c, d)의 의미를 우리말로 구별하기는 어렵고 (39e, f)의 의미도 우리말로 정확히 표현하기도 어렵다.

독일어 화법조동사의 어려움은 이 정도에서 그치는 것이 아니며, (39)의 예문 정도는 오히려 분명한 경우라고 볼 수 있다. 이들의 몇 가지 중요한 쓰임을 보면 다음과 같다.

[können의 쓰임]

a. 능력을 나타낸다.
Sie kann Klavier spielen.
Ich kann Deutsch sprechen.

b. 가능성을 나타낸다.
Der Kanzler kann krank sein.
Morgen kann es regnen.

c. 허락을 나타낸다.
Du kannst heute ins Kino gehen.
Peter kann mitkommen.

〔dürfen의 쓰임〕: 영어의 may / might에 해당한다.

a. 허락을 나타낸다.

Der Mann darf etwas essen.
Du darfst nach Hause gehen,
wenn du mit der Arbeit fertig bist.

b. 부정소와 함께 금지를 나타낸다.

Das Kind darf nicht auf der Straße spielen.
Hier darf man nicht parken.

c. 접속법 II식 형태로 쓰이면서 추측을 나타낸다.

Der Kanzler dürfte krank sein.
Jetzt dürfte er in der Stadt sein.

〔müssen의 쓰임〕

a. 당위를 나타낸다.

Kinder müssen in die Schule gehen.
Wir müssen uns beeilen, sonst versäumen wir den Zug.

b. 부정소와 함께 쓰이면서 müssen에 강세를 주면 "꼭 ~할 필요는 없다"는 뜻을 나타낸다. 부정소와 함께 쓰이는 dürfen 및 brauchen과 밀접한 연관이 있다.

Meine Mutter muss mir kein Geld schicken.
(내 어머니는 나에게 꼭 돈을 보내야 하는 것은 아니다.)
Meine Mutter darf mir kein Geld schicken.
(내 어머니는 나에게 돈을 보내서는 안된다.)
Meine Mutter braucht mir kein Geld zu schicken.
(내 어머니는 나에게 꼭 돈을 보낼 필요가 없다.)

c. 확신을 나타낸다.

Der Kanzler muss krank sein.
Er muss der Täter sein.

[mögen의 쓰임]

a. 추측을 나타낸다. 이 경우 영어의 may에 해당한다.
Der Kanzler mag krank sein.
Das mag wahr sein.

b. 본동사 없이 바로 목적어를 취하면서 좋아함을 나타낸다.
Ich mag moderne Musik.
Magst du Fisch?

c. 접속법 II식형으로 쓰이면서 바램을 나타낸다. 이 경우 möchte는 의미적으로 영어의 want에 가까우며 흔히 본동사 없이 쓰이기도 한다.
Ich möchte Kaffee (trinken).
Möchten Sie Kaffee (trinken)?

möchte는 일상 독일어에서 아주 자주 쓰이기 때문에 사람에 따라서는 별개의 조동사로 다루기도 하는데, 원래 접속법 II식형이기 때문에 접속법의 어미변화를 따라 다음과 같이 인칭변화한다.

ich	möchte	wir	möchten
du	möchtest	ihr	möchtet
er	möchte	sie	möchten

[sollen의 쓰임]

a. 도덕적 당위를 나타낸다. 영어의 should에 해당한다.
Du sollst deine Eltern ehren.
Katholiken sollen jeden Sonntag die Messe besuchen.

b. 들은 이야기를 자기의 입장표명 없이 그대로 전할 때 쓰인다.
Der Kanzler soll heute nach Berlin fahren.
Der Herr soll Direktor in einer großen Firma sein.

[wollen의 쓰임]

a. 의지를 나타낸다.
Wir wollen morgen nach Berlin fahren.
In diesem Jahr will er die Prüfung machen.

b. 믿기 어려운 주장을 나타낸다.
Er will 54 Jahre alt sein.
Sie will in Deutschland leben,
und spricht so schlecht Deutsch.

3.5.3. 독일어 화법조동사의 특징

같은 유럽언어이고 특히 형태가 비슷하기 때문에 우리는 독일어 화법조동사의 쓰임이 영어와 비슷하리라고 기대하기 쉽겠지만 사실은 많은 차이가 있다. 우리는 그 의미적인 차이의 일면을 위에서 보았는데 문법적인 쓰임에서도 두 언어의 조동사는 많은 차이를 보이고 있다.

3.5.3.1. 독일어의 경우 화법조동사가 쓰이면 본동사는 문장 끝으로 간다. 이러한 현상은 정동사는 두번째 자리에 오고 정동사에 가까운 요소일수록 뒤로 간다는 독일어 어순의 일반원칙에 따른 것이다.

a. Ich spreche Deutsch.
Ich kann Deutsch sprechen.

b. Ich stehe morgen um 7 Uhr auf.
Ich muss morgen um 7 Uhr aufstehen.

3.5.3.2. 독일어 화법조동사는 본동사 없이 쓰일 수 있다. 이 때 생략된 본동사는 미루어 짐작할 수 있는 것이라야 한다.

a. Ich kann Deutsch sprechen.
Ich kann Deutsch.

b. Ich darf es nicht tun.
Ich darf es nicht.

c. Ich möchte Kaffee trinken.
Ich möchte Kaffee.

d. Du musst nach Hause gehen.
Du musst nach Hause.

e. Er soll nach Wien fahren.
Er soll nach Wien.

f. Das will ich nicht tun.
Das will ich nicht.

3.5.3.3. 독일어의 화법조동사는 부정사(zu-Infinitiv) 형태를 취할 수 있다. 부정사에 대해서는 다음에 더 자세히 다루기로 한다.

a. Ich hoffe, in Deutschland studieren zu können.

b. Seine Hoffnung, in diesem Jahr seine Familie treffen zu können, ist zerstört.

c. Es macht mich traurig, jeden Tag das tun zu müssen.

3.5.3.4. 한 문장에 둘 이상의 조동사가 쓰일 수 있다는 것도 독일어의 특징이다.

a. Du musst gut rechnen können.

b. Er muss kommen wollen.

c. Du wirst gut Deutsch sprechen können.

3.5.3.5. wollen과 möchte는 부문장(종속절)을 취할 수가 있다.

a. Ich will nicht, dass er so früh heimgeht.
b. Ich möchte nur, dass sie mir glauben.

3.5.3.6. 독일어의 조동사는 완료형을 만들 수 있으며, 이들은 의미적 쓰임에 따라 두 가지 형태를 취한다. 즉 확신의 정도를 나타내는 경우와 그 밖의 경우가 완료형에서 구별되는데 영어에서는 확신의 정도를 나타내는 경

우만 완료형이 가능하다.

a. Er hat Deutsch lernen müssen.
(그는 독일어를 배워야 했었다).
Er muss Deutsch gelernt haben.
(그는 독일어를 배웠음에 틀림없다.)

b. Sie hat Deutsch lernen wollen.
(그녀는 독일어를 배우려고 했었다.)
Sie will Deutsch gelernt haben.
(그녀는 독일어를 배웠다고 주장한다.)

3.5.3.7. 조동사 완료형의 또 한 가지 특징은 위에서 보는 바와 같이 본동사가 있을 때는 완료형에서 과거분사를 쓰지 않고 원형을 쓴다는 점이다. 이 때 본동사가 쓰이지 않으면 물론 과거분사형이 쓰이게 된다. 이것은 화법조동사에만 나타나는 현상이 아니며 다른 동사들에서도 찾아볼 수 있다. 완료형에 대한 더 자세한 것은 다음에서 다루기로 한다.

a. Er hat Deutsch sprechen können.
Er hat Deutsch gekonnt.

b. Sie hat an die See fahren wollen.
Sie hat an die See gewollt.

3.5.4. 그 밖의 조동사들

독일어에는 화법조동사 말고도 다른 조동사들이 많이 있다. 예를 들면 미래 조동사와 수동문 조동사로 쓰이는 werden이나 완료조동사 haben, sein이 그것이다.

〔werden의 쓰임〕

a. 본동사로 쓰이면서 "~이 되다"라는 뜻을 나타낸다.

Ich will Professor werden.
Im Winter wird das Wetter kalt.

b. 미래를 나타내는 조동사로 쓰인다.
Er wird morgen an die See fahren.
Sie wird Chemiker werden.

c. 수동문 조동사로 쓰인다. 수동문에 대해서는 다음에 자세히 다룰 것이다.
Das Fenster wird um 19:00 Uhr geschlossen.
Der Student wird von dem Professor gelobt.

d. 미래조동사의 뜻이 약화되어 추측의 뜻을 나타낸다. 이 경우 접속법 II식을 쓰는 수가 있다.
Er wird das nicht tun. (그는 그 일을 하지 않을 것이다.)
Ich würde das nicht tun. (나 같으면 그 일을 하지 않겠다.)

〔sein의 쓰임〕

a. 완료조동사로 쓰인다. 완료에 대해서는 다음에 자세히 다룰 것이다.
Der Bus ist schon abgefahren.
Er ist gestern in Bonn angekommen.

b. 수동문 조동사로 쓰인다.
Die Tür ist geschlossen.
Das Fenster ist zerbrochen.

c. zu-Infinitiv와 함께 미래적인 뜻으로 쓰인다. 이 용법은 영어의 "be to" 용법과 같다. 부정사 구문에 대해서는 다음에 자세히 다룰 것이다.
Das Auto ist zu verkaufen.
Wir sind morgen am Bahnhof zu treffen.
Das Buch ist im nächsten Semester bei Prof. Song zu lesen.

〔haben의 쓰임〕

a. 완료조동사로 쓰인다.
Ich habe ein Auto gekauft.
Wir haben Marie besucht.

b. zu-Infinitiv와 함께 당위의 뜻으로 쓰인다. 이 용법은 영어의 “have to” 용법과 같다.

Wir haben morgen Marie zu besuchen.
Er hat vom Bahnhof seinen Vater abzuholen.

독일어, 영어의 전치사 zu/to와 부정사 구분에 쓰이는 zu/to는 근본적으로 같은 것이다. 전치사에서는 목표지점을 가리키는데 목표지점이란 앞에 있는 것이고, 시간적으로 보면 이는 미래에 해당한다. 부정사 구문은 따라서 기본적으로 미래의 사건을 나타낸다. “I want to go home”이라는 영어 문장에서 “to go home”은 아직 일어나지 않은 미래의 사건이다. 위의 sein + zu-Infinitiv 구문, haben + zu-Infinitiv 구문을 이러한 관점에서 보면 쉽게 이해된다. sein이나 haben에 특별한 의미가 있는 것은 아니며, 이들이 미래를 나타내는 zu-Infinitiv와 결합하면서 여러 가지 의미로 발전한 것이다.

연습문제

A 다음 괄호 속의 조동사를 알맞게 바꾸어 넣으시오.

1. Er kommt heute. (können)
2. Paul geht nach Hause. (müssen)
3. Bist du gegen 7 Uhr bei Peter? (können)
4. Wir sehen unsere Freunde bald wieder. (wollen)
5. Ich kaufe jetzt die Geschenke ein. (möchte)

B 다음 낱말들을 이용해서 문장을 만드시오.

1. wollen, Peter, werden, Professor
2. sollen, ich, das Fenster, aufmachen
3. du, das Buch, lesen, dürfen
4. können, morgen, ich, Marie, besuchen
5. In Heidelberg, ihr, können, ansehen, das Schloss

3.6. 과거형

독일어의 동사에는 강변화 동사와 약변화 동사가 있는데 강변화 동사의 두 가지 특징은 과거형과 과거분사형이 불규칙적이라는 점과 어간모음이 변화를 일으킨다는 점이다.

(40) 동사
- **강변화: 어간모음변화, 과거 · 과거분사 불규칙**
- **약변화: 어간모음변화 없음, 과거 · 과거분사 규칙적**

약변화 동사의 과거형은 동사의 어간에 -te를 붙여서 만든다.

(41) sagen - sagte, fragen - fragte, wohnen - wohnte

강변화 동사의 과거형은 이와 같은 규칙을 따르지 않으며 여러 유형의 불규칙 변화를 한다.

(42) gehen - ging, geben - gab, fahren - fuhr, rufen - rief

복합동사의 과거형은 기본동사의 과거형에 전철을 붙이면 된다.

(43) absagen - absagte, aufsuchen - aufsuchte
verkaufen - verkaufte, zerstören - zerstörte
ausgehen - ausging, abfahren - abfuhr
bekommen - bekam, vergehen - verging,

동사의 부정형만 보고 그것이 약변화 동사인지 강변화 동사인지 알아볼 수는 없으며, 또 강변화 동사라고 하더라도 그것이 어떤 과거형을 가질지 예측할 수 없다. 독일어를 배우는 사람은 이들을 일일이 외워 두는 수밖에 다른 도리가 없는데 이것은 영어를 배우는 사람이 go의 과거형이 goed가 아니고 went라고 외워야 하는 것과 마찬가지이다.

강변화 동사의 과거형이 불규칙이라고 해서 아무런 원칙도 없는 것은 아니다. 먼저 강변화 동사의 과거, 과거분사는 몇 가지 경우를 제외하고는 어간모음에서만 변화가 일어난다. 즉 강변화 동사의 과거, 과거분사형은 gehen - ging - gegangen과 같은 몇 가지 경우에 어간의 자음이 변하는 일이 있지만 대부분의 경우 어간의 자음은 변하지 않는다.

(44) a. finden - fand - gefunden
b. fahren - fuhr - gefahren
c. kommen - kam - gekommen
d. backen - buk - gebacken
e. greifen - griff - gegriffen
f. nehmen - nahm - genommen

(44a, b)의 경우 어간의 자음이 그대로 보존되고 있다는 것을 한눈에 알 수 있다. (44c~f)에서는 언뜻 어간의 자음이 변한 것 같이 보이는데 자세히 들여다 보면 그렇지 않다. (44c)의 부정형과 과거분사에서 어간의 자음 m을 겹쳐 쓰는 이유는 어간의 모음이 짧게 소리 나기 때문이며, 과거형에서 이 자음을 하나만 쓰는 이유는 어간의 모음이 길게 소리 나기 때문이다.

(44d)의 경우도 (44c)와 마찬가지이다. (44c)와 차이가 있다면 독일어 표기법의 원칙에 따라 부정형과 과거분사에서 어간의 자음을 kk로 겹쳐 쓰는 대신 ck로 쓴 점이다.

(44e)의 greifen 동사는 과거, 과거분사에서 어간의 자음이 겹쳐서 쓰이고 있는데, 이 역시 어간의 모음이 짧게 소리 나기 때문이다. (44f)도 역시 어간 모음의 길이의 차이에 따른 현상이다. 특히 (44f)에서 부정형과 과거형 어간의 h는 자음이 아니고 어간의 모음이 길게 소리 난다는 표시임을 유의해야 한다.

이와 같이 강변화 동사는 불규칙 동사라고는 하지만 어간의 자음은 잘 변하지 않으며, 또 어간의 모음도 아무렇게나 변하는 것이 아니고 몇 가지 변화유형이 있다. 이 변화유형의 예를 보면 (45)와 같다.

(45) a. a - u - a 유형
backen - buk - gebacken

fahren - fuhr - gefahren
graben - grub - gegraben

b. a - i - a **유형**
fangen - fing - gefangen
fallen - fiel - gefallen
halten - hielt - gehalten

c. e - a - o **유형**
gelten - galt - gegolten
nehmen - nahm - genommen
stehlen - stahl - gestohlen

이밖에도 독일어 불규칙 동사의 모음변화 유형은 몇 개 더 있다. 그러나 이러한 유형이 몇 개인지 또 어떤 동사가 어느 유형에 속하는지가 중요한 것은 아니며, 이상에서 언급한 불규칙 동사의 일반적인 특징을 파악하고 이해하는 것이 중요할 것이다.

이상을 요약하면, 독일어 불규칙 동사에서 어간의 자음은 대개 변하지 않으며 어간의 모음의 변화도 몇 가지 유형이 있다. 불규칙 동사의 과거형은 또 대개 특별한 어미를 따로 취하지 않으며, 과거분사형은 보통 ge ~ en의 형태를 갖는다는 점도 특징적이라 할 수 있다. 독일어 불규칙 동사의 수가 상당히 많지만 이들을 외우는 것이 생각보다 어렵지 않은 이유는 이러한 공통된 특징 때문일 것이다. 동사의 과거형은 이제 문장 가운데 들어가 주어의 인칭에 따라 (46)과 같이 어미변화를 한다.

(46) **과거인칭변화**

ich ---	wir --- en
du --- st	ihr --- t
er ---	sie --- en

Herr Meier wohnte in diesem Haus.
Er heiratete 1990.
Ich traf ihn in Bern.
Sie ging jeden Abend aus.

In Bonn stieg der Mann ein.
Wo wart ihr vor zehn Jahren?
Ich hatte nur wenig Geld.

연습문제

A 다음 문장을 과거시제 문장으로 만드시오.

1. Frau Schmidt wohnt in Berlin.
2. Hans studiert in Heidelberg.
3. Du kaufst die Fahrkarte.
4. Herr Schmidt besucht einen Freund.
5. Ich habe keine Zeit dazu.
6. Der Kaufmann steigt in Frankfurt aus.
7. Du willst Auto fahren.

3.7. 완료형

완료형은 유럽 언어가 갖는 특징 가운데 하나이다. 영문법의 경우 완료형은 과거형과 엄격히 구분되어 중요한 문법범주로 여겨지며 그 쓰임도 상당히 복잡하다. 반면에 현대 독일어에서는 완료형이 대개 과거형과 비슷한 용도로 쓰이며, 그 용법도 따라서 영어에서 만큼 섬세하거나 복잡하지 않다.

과거의 한 시점에서 일어났던 일이면 우리는 과거형을 써서 나타낼 수 있고, 현재의 사건이면 현재형이나 현재진행형을 써서 나타낼 수 있다. 완료형이란 어떤 일이 과거에서부터 현재에까지 걸쳐 있을 때 쓰는 문법 범주이다. 예를 들면 어떤 사람이 사흘 전부터 지금까지 앓아 누워 있을 때 단순히 사흘 전에 아팠다고만 말할 수도 없고 그렇다고 지금 앓아 누워 있다고만 말해도 그 사람의 앓는 시간에 대해서 정확히 이야기한 것이 못된다. 완료형을 바로 이러한 상황에서 가장 적절하게 쓰인다.

그러나 위에서 말한 것처럼 현대 독일어에서는 완료형이 그렇게 섬세하게 쓰이지 않으며 대개 과거형의 대용으로 쓰인다. 독일어의 완료형은 (47)과 같이 두 가지 형식이 있다.

(47) a. haben + … + PP(과거분사)
b. sein + … + PP(과거분사)

3.7.1. 과거분사

분사란 원래 동사를 형용사로 만드는 기능을 하며 동사의 형용사화라고 할 수도 있다. 즉 동사는 그 자체로는 명사를 꾸밀 수가 없기 때문에 명사를 꾸밀 수 있도록 그 형태를 변화시키는 것이 바로 분사라고 할 수 있다.

분사는 시제에 따라 현재분사, 과거분사, 미래분사의 세 가지로 나눌 수 있다. 현재분사는 어떤 일이 현재 진행되고 있음을 나타내고, 과거분사는 어떤 일이 과거에 일어났음을 나타내고, 미래분사는 어떤 일이 앞으로 일어날 것임을 나타낸다((48) 참조). 분사의 쓰임에 대해서는 다음에 더 자세히 다루기로 한다.

(48) a. ein schlafendes Kind (잠자는 아이)
b. ein zerbrochenes Fenster (깨진 창문)
c. ein zu verkaufendes Haus (팔 집)

약변화 동사의 과거분사는 (49)와 같이 "ge + 어간 + t"와 같은 형식을 취한다.

(49) **약변화 동사의 과거분사**
sagen - gesagt
kaufen - gekauft
fragen - gefragt

강변화 동사의 과거분사형은 불규칙적인데 앞에서 말한대로 여기에도 몇 가지 원칙이 있다. 우선 어간의 자음은 일반적으로 변하지 않으며, 어간모음의 변화에는 몇 가지 변화유형이 있고, 어미는 대개 -en으로 끝난다.

(50) **강변화 동사의 과거분사**
fahren - gefahren
kommen - gekommen
finden - gefunden

비분리동사의 과거분사에는 접두사 ge-를 붙이지 않는다((51) 참조). 이와 같은 현상은 기왕에 접두사(전철)가 붙은 동사에 별로 큰 의미도 없는 접두사 ge-를 또 덧붙임으로 해서 일어나는 번잡성을 피하려는데 이유가 있지 않는가 생각된다.

(51) **비분리동사의 과거분사**
beenden - beendet
verkaufen - verkauft

bekommen - bekommen
verstehen - verstanden

분리동사의 과거분사에서는 접두사 ge-를 분리전철과 기본동사 사이에 넣는다((52) 참조). 분리전철은 독일어의 독립적인 단어를 형성하고 또 실제로 문장 가운데서 기본동사와 떨어지기 때문에 그와 결합하는 기본동사도 독립적인 단어라고 생각해서 접사 ge-를 이들 사이에 넣는 것 같다.

(52) **분리동사의 과거분사**
ausfragen - ausgefragt
absagen - abgesagt
ankommen - angekommen
ausgehen - ausgegangen

어미가 -ieren으로 끝나는 동사는 과거분사에서 접사 ge-를 붙이지 않는다((53) 참조). 이 어미를 가진 동사들은 본래 외래어에서 온 말들인데 과거분사의 형태도 그 언어의 영향을 받은 것 같다.

(53) **-ieren으로 끝나는 동사의 과거분사**
studieren - studiert
probieren - probiert
diskutieren - diskutiert

3.7.2. 현재완료

독일어의 현재완료형은 (47)에서 보는 것처럼 두 가지 형태가 있다. 이 두 가지 형태를 쓰는 기준이 애매한데 대강 (54)와 같이 구분된다.

(54) a. sein + … + PP(**과거분사)를 쓰는 경우: 장소나 상태의 변화를 나타내는 자동사와** sein, werden, bleiben **동사**
Peter ist gerade angekommen.
Marie ist heute nach Seoul gefahren.

Mein Vater ist vor 10 Jahren gestorben.
Das Kind ist um 10 Uhr eingeschlafen.

b. haben + … + PP(**과거분사)를 쓰는 경우: 타동사, 비인칭동사, 조동사, 상태나 지속적인 의미의 자동사 등** (54a)**에 속하지 않는 모든 동사**
Ich habe das Buch gekauft.
Marie hat eine Stunde geschlafen.
Es hat den ganzen Tag geregnet.
Er hat Deutsch gekonnt.
Herr Kim hat nach Berlin gehen wollen.
Er hat in Heidelberg studiert.
Die Frau hat in dieser Firma gearbeitet.

위에서도 말한 것처럼 (54)의 기준은 대강의 기준이며, 이 두 가지 완료형태를 결정하는 정확한 기준은 사실상 분명하지 않다. 그래서 독일어 사전에는 동사마다 일일이 (s) 혹은 (h)라고 표시해서 그 동사가 완료형에서 sein을 써야 할지, 아니면 haben을 써야 할지를 밝혀 주고 있는 것이다. 이 두 가지의 완료조동사를 함께 쓰는 동사는 물론 없다.

영어의 완료형에 비해 독일어의 완료형은 쓰임이 그다지 복잡하지 않으며 보통 과거시제를 나타내기 때문에 과거를 나타내는 부사들과 자유롭게 결합할 수 있다((55) 참조).

(55) Ich habe gestern Marie getroffen.
Vor drei Tagen ist er nach Berlin geflogen.

3.7.3. 조동사와 완료

영어와는 달리 독일어는 조동사 구문을 완료형으로 만들 수 있는 특징이 있다((56) 참조).

(56) a. Er kann Deutsch.
b. Er hat Deutsch gekonnt.

c. Er kann Deutsch sprechen
d. Er hat Deutsch sprechen können

(56a)와 같이 조동사가 본동사 없이 쓰일 수 있는 점도 독일어의 특징인데, 이 경우 완료형은 (56b)에서 보는 것처럼 일반 타동사와 같이 만든다. (56c)와 같이 조동사가 본동사를 취할 때는 완료형에서 조동사의 과거분사를 쓰는 것이 아니고 부정형을 쓴다((56d) 참조).

완료형에서 과거분사 대신 부정형을 쓰는 일은 조동사 구문에서 뿐만 아니라 동사의 원형을 쓰는 모든 구문에서 나타난다((57) 참조).

(57) a. Ich höre Musik.
b. Ich habe Musik gehört.

c. Ich höre Marie singen.
d. Ich habe Marie singen hören.

e. Ich habe mir einen Anzug machen lassen.
f. Die Mutter hat Fritz nicht ausgehen lassen.
g. Er hat den Brief nicht zu schreiben brauchen.

조동사 완료구문의 또 한 가지 특징은, 조동사의 의미(쓰임)에 따라 두 가지의 완료형이 가능하다는 점이다. 예를 들면 (58a)는 그 의미로 보아 (58b)와 같은 완료형이 주로 쓰이며, (58c)와 같은 형태도 가능하다. 한편, (58d)는 그 의미로 보아 (58e)와 같은 완료형만 가능하고 (58f)와 같은 형태는 불가능하다. ((58f)의 *표는 틀린 문장을 나타낸다.)

(58) a. Peter kann Deutsch sprechen.
b. Peter hat Deutsch sprechen können.
(페터는 과거에 독일어를 할 줄 알았다.)
c. Peter kann Deutsch gesprochen haben.
(페터는 독일어로 말했을 가능성이 있다.)
d. Peter kann krank sein.
e. Peter kann krank gewesen sein.
(페터는 아팠을 가능성이 있다.)
f. * Peter hat krank sein können.

완료와 조동사는 기본 문장에 첨가된 2차적 문법범주라고 볼 수 있다. 즉 (59a)와 같은 기본 문장에 조동사가 첨가되면 (59b)가 되고, 완료가 첨가되면 (59c)가 된다.

(59) a. Peter spricht Deutsch.
b. Peter kann Deutsch sprechen.
c. Peter hat Deutsch gesprochen.

(58b, c)는 (59a)와 같은 기본 문장에 조동사와 완료가 모두 첨가된 문장이라고 할 수 있는데, 이 두 문장의 차이는 조동사와 완료가 첨가된 순서가 다르기 때문에 생긴 것이다. 즉 (58b, c)는 각각 (60a, b)와 같은 과정을 밟아서 생성되었다고 볼 수 있다.

(60) a. Peter spricht Deutsch.
⇓ ←―――― 조동사
Peter kann Deutsch sprechen.
⇓ ←―――― 완 료
Peter hat Deutsch sprechen können.

b. Peter spricht Deutsch.
⇓ ←―――― 완 료
Peter hat Deutsch gesprochen.
⇓ ←―――― 조동사
Peter kann Deutsch gesprochen haben.

조동사 müssen도 (61)과 같이 두 가지 완료형을 만들 수 있다.

(61) a. Peter besucht seine Mutter.

⇓ ←———— 조동사

Peter muss seine Mutter besuchen.

⇓ ←———— 완 료

Peter hat seine Mutter besuchen müssen.

b. Peter besucht seine Mutter.

⇓ ←———— 완 료

Peter hat seine Mutter besucht.

⇓ ←———— 조동사

Peter muss seine Mutter besucht haben.

우리는 또 조동사와 완료의 적용 순서를 바꿈에 따라 (62a)로부터 (62b, c)와 같이 두 가지의 문장을 유도해 낼 수 있다.

(62) a. Peter fährt an die See.

b. Peter fährt an die See.

⇓ ←———— 완 료

Peter ist an die See gefahren.

⇓ ←———— 조동사

Peter muss an die See gefahren sein.

(페터는 바다에 갔음에 틀림없다.)

c. Peter fährt an die See.

⇓ ←———— 조동사

Peter muss an die See fahren.

⇓ ←———— 완 료

Peter hat an die See fahren müssen

(페터는 바다에 갈 수밖에 없었다.)

영어의 경우 (63a, b)와 같이 완료구문에 조동사가 들어 간 것은 가능한데 (63c, d)처럼 조동사 자체를 완료형으로 만드는 것은 불가능하다. ((63c, d)의 *표는 틀린 문장임을 나타낸다.)

(63) a. He should have visited his mother.
b. He could have solved the problem.
c. *He has should visit his mother.
d. *He has could solve the problem.

3.7.4. 과거완료와 미래완료

어떤 일이 과거의 한 시점보다 앞선다는 것을 표시할 때 과거완료를 쓰고, 어떤 일이 미래의 한 시점에서 끝나리라는 것을 나타낼 때는 미래완료를 쓴다((64) 참조).

(64) a. Marie hat gestern ihre Mutter besucht. Davor hatte sie mit ihrem Vater sehr lange gesprochen.
b. Wenn du morgen zu mir kommst, werde ich schon diese Arbeit beendet haben.

연습문제

A 다음 문장을 현재완료형으로 고치시오.

1. Peter kauft ein Buch.
2. Wir fahren mit dem Auto.
3. Mein Bruder studiert in Berlin.
4. Es regnet den ganzen Tag.
5. Das Kind schläft um 10 Uhr ein.
6. Frau Kim schreibt mir einen Brief.
7. Ich kann Deutsch.
8. Hans muss Deutsch lernen.
9. Inge will an die See fahren.
10. Ich lasse mir ein Glas Bier bringen.

3.8. 수동태

3.8.1. 수동의 개념과 형식

수동태는 주어가 어떤 동작을 행한 것이 아니라, 동작을 입었다는 것을 나타내기 위한 것으로 언어에 따라 이를 표현하는 방법이 다를 수 있으며, 한 언어 안에서도 여러 가지 방법이 있을 수 있다. 예를 들면 우리말은 (65)와 같이 여러 가지 형태의 수동문을 가지고 있다.

(65) a. 고양이가 쥐에게 잡혔다.
b. 학생이 경찰에 연행되었다.
c. 전쟁으로 나라가 둘로 나누어졌다.
e. 차우세스크는 아내와 함께 처형당했다.
f. 만델라는 미국 의회에서 국빈으로 대접받았다.

독일어를 비롯한 유럽 언어들은 수동문을 표현하기 위해 보통 과거분사를 쓴다. 독일어의 수동태는 (66)과 같이 두 가지 형태를 갖는다.

(66) 독일어 수동태의 두 가지 형태
동작수동: werden + ……. + PP(과거분사)
상태수동: sein + ……. + PP(과거분사)

a. Das Fenster wird geschlossen.(창문이 닫힌다.)
b. Das Fenster ist geschlossen.(창문이 닫혀 있다.)

독일어에서 werden 동사는 "~되다"라는 뜻으로 상태의 변화를 나타내고 sein 동사는 상태 자체를 나타내는 연결사이기 때문에 (66a, b)의 의미는 이 두 가지 동사와 과거분사가 결합되어 나온 것이다.

(66a, b)는 완벽한 수동태 문장이며, 필요에 따라 여기에 여러 가지 부가어를 첨가할 수 있다((67) 참조). 이 때 문장의 어순은 독일어 어순의 일반원리를 따르면 된다(총론의 어순편 참조).

(67) a. Das Fenster wird um 7 Uhr geschlossen.
b. Das Fenster wird jeden Tag um 7 Uhr geschlossen.
c. Das Fenster wird von dem Hausmeister geschlossen.
d. Das Fenster ist den ganzen Tag geschlossen.

(67c)에서 우리는 행동주를 가리키는 von dem Hausmeister도 다른 부가어들과 함께 단순한 부사구로 취급하고 있다. 이에 대해 여러 가지 다른 의견이 있을 수 있겠지만, 위의 방법은 유럽 언어의 수동태를 소개하는데 별 문제가 없는 것 같다. 한편, 이 방법은 수동태의 개념을 단순화시키고 있기 때문에 오히려 종래의 방법보다 수동태를 쉽게 가르치고 배우는 데 도움이 될 것이다.

유럽 언어를 다루는 대부분의 문법책들이 수동태를 설명하기 위해 먼저 능동문을 끌어들이고 이로부터 복잡한 과정을 거쳐 수동문을 끌어내는 방법을 쓰고 있는데, 필자가 보기에 이 방법은 수동태를 소개하고 가르치는 데에 필요 이상의 시간과 노력을 요구하는 것 같다.

3.8.2. 자동사의 수동

영어에 친숙한 우리나라 사람들에게는 자동사의 수동은 좀 특이한 현상으로 보인다. 그 이유는 영어문법에서 타동사만 수동이 가능한 것으로 배워 왔고, 또 우리말에 자동사의 수동이 잘 쓰이지 않기 때문이다. 그러나 자동사의 수동은 결코 독일어의 특수한 현상이 아니며 다른 나라말에서도 많이 나타나는 현상이다. 영어에 자동사의 수동이 없는 것이 오히려 우연이라고 말할 수도 있다.

일반적으로 수동태의 기능을 행동주를 주어로 내세우지 않는 문장 형식이라고 보는 견해도 있는데, 자동사의 수동도 이러한 관점에서 이해하면 될 것 같다. 즉 자동사의 행동주를 주어로 세우고 싶지 않을 때 자동사의 수동을 쓴다고 볼 수 있다.

독일어 문법에서는 4격 목적어를 취하지 않는 동사를 자동사로 본다. 따라서 자동사의 수동이란 4격 목적어를 취하지 않는 동사의 수동태를 말하며 (68)과 같은 형식을 갖는다.

(68) **자동사의 수동** : Es wird + … + PP(**과거분사**)
a. Man tanzt heute.
b. Es wird heute getanzt.
c. Man arbeitet samstags nicht.
d. Es wird samstags nicht gearbeitet.
e. Man hilft dem Kind.
f. Es wird dem Kind geholfen.

자동사의 수동문에서는 비인칭대명사 es가 주어로 쓰이는데, 이는 자동사 구문의 어떤 명사도 수동태의 주어로 올 수 없기 때문이다. 즉 독일어에서는 2격, 3격 목적어는 수동태의 주어가 될 수 없으며, 능동문의 4격 목적어만 수동태의 주어로 올 수 있다. 영어의 경우 문장 (69a)는 (69b, c)와 같이 두 가지로 수동문을 만들 수 있는데, 독일어에서는 3격 목적어를 수동문의 주어로 만드는 (70c)와 같은 문장이 불가능하다.

(69) a. Peter gave Mary a book.
b. A book was given to Mary by Peter.
c. Mary was given a book by Peter.

(70) a. Die Frau gab dem Mann ein Buch.
b. Ein Buch wurde dem Mann von der Frau gegeben.
c. * Der Mann wurde ein Buch von der Frau gegeben.

주어로 비인칭대명사가 오기 때문에, 자동사의 수동을 흔히 비인칭 수동이라 부르기도 한다. 이 비인칭 주어는 다른 문장 요소가 문장의 앞으로 나오면 생략된다((71)참조).

(71) a. Heute wird getanzt.
b. Samstags wird nicht gearbeitet.
c. Dem Kind wird geholfen.

3.8.3. 수동태, 완료, 조동사

수동문을 완료형으로 만든다든가, 조동사 구문으로 만들 때는 일반 능동문을 완료형이나 조동사 구문으로 만드는 방법을 그대로 따르면 된다. 예를 들어 문장 (72a)를 조동사 구문으로 만들면 (72b)와 같다.

(72) a. Das Fenster wird um 7 Uhr geschlossen.
b. Das Fenster muss um 7 Uhr geschlossen werden.

(72a)을 완료형으로 만들면 원래 (73a)와 같이 되어야 하지만, 독일 사람들은 이렇게 쓰지 않고 (73b)와 같이 쓴다.

(73) a. Das Fenster ist um 7 Uhr geschlossen g e w o r d e n.
⇓
b. Das Fenster ist um 7 Uhr geschlossen w o r d e n.

인간 언어에는 일반적으로 같은 요소의 반복을 피하려는 경향이 있다. 독일어에서 (73b)와 같이 쓰는 것도 반복되는 전철 ge-를 피하기 위한 것으로 보인다. 즉 수동문을 완료로 고칠 때는 과거분사를 두 번 써야 되는데, 과거분사에 붙는 전철 ge-의 반복을 피하기 위해 geworden에서 ge-를 빼고 worden으로 쓰는 것이다.

위에서 보는 것처럼 수동문을 완료형이나 조동사 구문으로 바꾸는 것은 그리 어려운 일이 아니다. 문제는 (74)와 같이 이미 조동사나 완료가 들어 있는 능동문을 수동문으로 고치려고 할 때 생긴다.

(74) a. Peter muss um 7 Uhr das Fenster schließen.
b. Peter hat um 7 Uhr das Fenster geschlossen.

이 경우 우리는 먼저 (75)와 같이 조동사나 완료를 뺀 단순한 능동문을 수동문으로 고친 다음, 여기에 조동사나 완료를 첨가해야 한다.

(75) a. Peter schließt um 7 Uhr das Fenster.
⇓ ←———— 수동태
Das Fenster wird um 7 Uhr von Peter geschlossen.
⇓ ←———— 조동사
Das Fenster muss um 7 Uhr von Peter geschlossen werden.

b. Peter schließt um 7 Uhr das Fenster.
⇓ ←———— 수동태
Das Fenster wird um 7 Uhr von Peter geschlossen.
⇓ ←———— 완 료
Das Fenster ist um 7 Uhr von Peter geschlossen worden.

우리는 앞장 완료형의 설명에서 완료형와 조동사 구문의 적용 순서가 바꾸어 질 수도 있고, 그 결과 다른 문장이 생성되는 것을 보았다. 그러나 수동태와 조동사 혹은 수동태와 완료의 관계는 이와 다르다. 즉 수동태는 능동문과 다를 바 없는 기본 문장이며, 여기에 완료나 조동사가 더해지는 것이지, 완료구문이나 조동사 구문이 먼저 있고 여기에 수동이 가해지는 것은 아니다. 따라서 어떤 문장이든지 수동문으로 바꾸어야 할 때는 (75)에서와 같이, 먼저 단순한 수동문으로 고쳐 놓고 여기에 조동사 구문, 완료형 등 다른 문장형식을 첨가해야 한다.

3.9. 과거분사, 완료, 수동의 관계

앞에서 우리는 과거분사가 어떤 일이 끝났음을 나타내는 분사라고 했는데, 이 장에서는 이러한 과거분사가 어떻게 완료구문과 수동문에서 동시에 쓰이게 되었는지에 대해 알아본다.

앞서 말한대로 분사는 동사의 형용사화라고 할 수 있으며, 이 가운데 과거분사는 어떤 일이 이미 끝났다는 것을 나타낸다. 한편, 독일어나 영어의 경우 형용사는 명사와 결합해서 바로 문장을 이루지 못하고 sein 동사나 be 동사 등의 연결사가 있어야 하는데, 문장 (76)은 바로 이 구조를 이루고 있다.

(76) a. Das Fenster ist geschlossen.
b. Peter ist gekommen.

(76)에서 과거분사 gekommen이나 geschlossen은 모두 동작이 끝났음을 나타내며, 원래 이 두 문장은 다 같이 단순한 "sein + PP(과거분사)" 구문이었다고 한다. 이 두 문장 가운데 하나는 수동으로 다른 하나는 완료로 이해되는 것은 두 개의 과거분사가 갖는 의미상의 차이, 즉 자동사와 타동사의 차이 때문이다. (76)의 연결사 sein대신에 상태의 변화를 나타내는 werden 동사를 쓰면 (77)과 같이 소위 동작 수동이 되는 것이다.

(77) Das Fenster wird geschlossen.

(76a, b)는 결국 역사적으로 같은 구문이라고 할 수 있으며, (77)도 연결사가 상태의 변화를 나타내는 것만 다를 뿐 그 구조는 (76a, b)와 같은 것이라고 할 수 있다.

(76b)와 함께 오늘날 또 하나의 완료구문으로 쓰이고 있는 (78)의 문장도 원래 역사적으로는 단순한 타동사 구문이었다고 한다.

(78) a. Ich habe ein Buch gekauft.
b. Ich habe mein Radio repariert.

즉 (78a)는 타동사 haben과 목적어 ein Buch가 결합된 문장에 동작의 완료를 나타내는 과거분사 gekauft가 첨가된 것이다. gekauft는 역사적으로 목적어 Buch를 꾸미는 형용사로서, 이 목적어의 성, 수, 격에 따라 어미변화를 했다고 한다. (78a)는 따라서 원래 "책 한 권을 사는 일이 끝난 상태로 가지고 있다"는 뜻이었다.

(78)과 같은 구문은 원래 명사가 haben의 목적어로 쓰일 수 있는 경우에 국한되어 나타났는데 나중에 그 쓰임이 점점 확대되면서 (79)와 같이 haben의 목적어가 될 수 없는 명사에서도 쓰이게 되었다. 이러한 구문은 그후 더 확대되어 (80)과 같이 자동사 구문에까지 적용되기에 이르렀다.

(79) a. Ich habe die alte Stadt besucht.
b. Ich habe Bundeskanzler gesehen.

(80) a. Ich habe geschlafen.
b. Ich habe gearbeitet.

한편, (78~80)의 구문과 함께 (76b)의 구문이 공존하면서 동사에 따라 이 두 가지 구문을 골라 쓰게 되었고, 결과적으로 독일어는 오늘날과 같은 두 가지 완료형으로 정착된 것이다.

연습문제

A 다음 문장을 수동태 문장으로 바꾸어 보시오.

1. Inge kauft ein Buch.
2. Das Kind bringt einen Brief.
3. Hans gibt mir ein Buch.
4. Die Frau hat den Dieb gesehen.
5. Du kannst den Bleistift bringen.
6. Man arbeitet samstags nicht.
7. Heute tanzen wir bis 12 Uhr.
8. Dieter hat mir nicht geantwortet.
9. Hier darf man nicht rauchen.

4

명사편(II)

문장을 이루는 두 가지 중요한 요소는 명사와 동사이다. 명사편 (I)에 이어 이 장에서는 명사나 대명사와 관련된 그밖에 문제들을 다루고자 한다.

4.1. 재귀대명사

4.1.1. 독일어와 재귀대명사

총론에서 우리는 이미 독일어의 재귀대명사에 대해 잠깐 이야기한 바 있다. 한 언어의 문법 현상을 소개하거나 배우면서 그와 비슷한 다른 언어의 현상을 비교하거나 생각하는 것은 많은 도움이 될 것이다. 그러나 이렇게 외국어를 배우면서 다른 외국어의 현상을 비교하는 것이 꼭 좋은 영향만 미치는 것은 아니다. 즉 하나의 외국어를 배울 때 먼저 배웠던 외국어는 자칫 하나의 굴레가 되어, 학습자는 이 굴레를 벗어나지 못하고 계속 그 외국어의 관점에서 다른 외국어를 바라보고 있는 경우가 많다.

같은 이름의 문법 현상이라 하더라도 언어에 따라 아주 다른 경우가 많다. 한 언어의 현상을 제대로 파악하려면, 먼저 그 언어 안으로 들어가는 것이 중요하며, 만일 다른 외국어의 굴레에서 벗어나지 못하고 있으면 이는 외국어 학습에 아주 좋지 않은 영향을 미칠 것이다.

재귀대명사도 영어와 독일어가 차이를 보이는 대표적인 현상이다. 독일어는 재귀대명사를 아주 많이 쓰는 언어 가운데 하나인데 반해 영어는 유럽 언어 가운데서 재귀대명사를 가장 적게 쓰는 언어이다. 이러한 차이를 무시하고 독일어 재귀대명사의 쓰임을 영어의 재귀대명사 정도로 생각하면 독일어의 현상을 크게 잘못 파악한 것이다. 우리말도 역시 재귀대명사를 거의 쓰지 않는 언어이기 때문에 영어나 우리말만 생각하면 재귀대명사를 많이 쓰는 언어라는 말이 쉽게 이해되지 않을 것이다.

독일어에 재귀대명사가 많이 나타나는 이유는 영어나 우리말에서는 다른 문법 형식으로 나타내는 표현을 독일어에서는 재귀대명사 구문으로 나타내는 경우가 많기 때문이다. 예를 들면 우리말에서는 "놀라다," "기뻐하다" 등 자동사로 표현하는 말을 독일어는 sich freuen, sich erstaunen과 같이 재귀대명사를 써서 나타낸다. 이에 대한 다른 예를 몇 가지 들어보면 (1)과 같다.

(1) sich setzen (**앉다**) sich erkälten (**감기 들다**)
sich waschen (**목욕하다**) sich ändern (**변하다**)
sich ärgern (**화내다**) sich fürchten (**무서워하다**)

앞서 말했듯이 영어나 우리말은 재귀대명사를 잘 쓰지 않는 언어이다. 독일어를 읽을 때 영어에서보다 훨씬 재귀대명사가 많이 나타난 것을 관찰할 수 있는데, 이는 두 언어의 큰 차이인 것이다. 사실 유럽 언어 가운데 영어만 재귀대명사를 잘 쓰지 않으며 프랑스어나 슬라브 계통의 언어에서도 재귀대명사가 많이 나타난다.

독일어에 재귀대명사가 많이 나타나는 현상은 독일어 동사들의 의미적 특징에 기인한다고 볼 수 있다. 즉 독일어의 동사는 기본적으로 "~하게 하다"라는 사역적인 뜻을 담고 있는 경우가 많다. 예를 들면 독일어에는 "앉다"라는 뜻을 가진 동사는 없고 "앉게 하다, 앉히다"라는 뜻을 가진 동사 setzen만 있다. 여기에 재귀대명사가 붙어야 비로소 "자기 자신을 앉히다," 즉 "앉다"라는 표현이 가능해진다. 위 (1)의 예들은 모두 같은 특성을 나타낸다. 이러한 점에서 독일어를 사역동사적인 언어 혹은 재귀대명사적인 언어라고 볼 수 있다.

4.1.2. 재귀대명사의 형태와 쓰임

독일어의 재귀대명사는 주로 3격과 4격이 쓰인다. 1인칭과 2인칭에서는 인칭대명사와 같은 형태를 취하고 3인칭에서는 성, 수, 격에 상관없이 sich를 쓴다((2) 참조).

(2) **재귀대명사의 형태**

	ich	du	wir	ihr	er/sie/es	sie	Sie
3격	mir	dir	uns	euch	sich	sich	sich
4격	mich	dich	uns	euch	sich	sich	sich

어느 경우에 3격을 쓰고, 어느 경우에 4격을 써야 할 것인가는 다음 (3)의 원칙에 따라 결정한다. (3)에서 전치사 목적어란 (4a)의 "auf den Ausflug"와 같이 전치사를 동반한 목적어를 말한다.

(3) **재귀대명사의 3격과 4격**

문장 가운데 4격 목적어가 있으면 재귀대명사는 3격을 쓰고, 문장 가운데 4격 목적어가 없으면 재귀대명사는 4격을 쓴다. 이 때 전치사 목적어는 4격 목적어로 치지 않는다.

(4) **4격 재귀대명사의 예**

a. Ich freue mich auf den Ausflug.
b. Er kann sich nicht mehr ändern.
c. Wo wollen wir uns treffen?
d. Ich setze mich auf den Stuhl.
e. Ute und Dieter wollen sich trennen.
f. Mein Kind fürchtet sich vor dem Hund.

(5) **3격 재귀대명사의 예**

a. Ich kaufe mir ein neues Radio.

b. Wünscht du dir noch ein Kind?
c. Ich suche mir eine Wohnung.
d. Ich bestelle mir ein Glas Bier.
e. Ich wasche mir die Hände.
f. Wir werden uns den Dom ansehen.

(4)의 예문 가운데 우리말의 언어 감각으로 꼭 필요한 재귀대명사는 하나도 없으며, 이 점은 (5)에서도 마찬가지이다. 우리나라 사람들에게는 특히 (5)의 재귀대명사들은 빼버려도 괜찮을 것 같은 느낌이 들지만, 독일 사람들이 생각할 때는 그렇지 않다. 예를 들면 (5e)의 문장을 (6)과 같이 쓰면 독일 사람들이 알아듣기는 하지만 그것은 바른 표현법이 아니라고 하면서 (5e)와 같이 고쳐 준다.

(6) ? Ich wasche meine Hände.

3격 재귀대명사는 흔히 (7)과 같이 3격 명사로 바꾸어 써도 문장이 된다. 이 때 3격명사는 "누구를 위해서"라는 의미가 담겨져 있는데, (5)의 3격 재귀대명사도 결국 이와 비슷한 의미를 담고 있다고 보아야 할 것이다.

(7) a. Ich kaufe meiner Mutter ein neues Radio.
b. Ich suche meinem Freund eine Wohnung.
c. Ich bestelle meiner Tochter ein Glas Bier.
d. Ich wasche dem Kind die Hände.

전치사편에서 우리는 독일어에 별 의미 없이 형식적으로만 쓰이는 전치사가 많다는 것을 보았다. 그런데 이러한 전치사가 특히 재귀대명사와 결합되는 경우가 많아서 이들은 독일어에 독특한 술어군을 이룬다((8) 참조).

(8) a. Sie kümmert sich um die Kinder.
b. Ich freue mich sehr auf die Reise.
c. Ich erinnere mich noch gut an den Vorfall.
d. Er hat sich noch nicht an das Klima gewöhnt.
e. Der Student fürchtet sich vor der Prüfung.

f. Interessieren Sie sich für die Medizin?
g. Er beschäftigt sich mit deutscher Literatur.

우리의 언어 감각으로는 (8)의 재귀대명사도, 전치사도 별로 필요한 것 같지 않은데, 독일 사람들은 꼭 이들을 쓰고 있고 이러한 점들 때문에 바로 독일어가 우리에게 독특하고 낯설게 보이는 것이다. 그렇다고 해서 독일어를 탓할 수는 없는 노릇이고 중요한 것은 독일어의 체계 안에 들어가서 독일어를 이해해야 한다는 점이다. 이렇게 독특하고도 중요한 독일어의 재귀대명사 현상을 영어의 재귀대명사 정도로 이해하려고 한다면 큰 잘못일 것이다.

4.1.3. 재귀대명사의 특별한 쓰임

이밖에도 독일어의 재귀대명사는 몇 가지 특별한 쓰임이 있는데 이들 역시 영어에서는 찾아 볼 수 없는 독일어의 독특한 현상이라고 할 수 있다. 먼저 독일어의 재귀대명사는 (9)와 같이 타동사와 결합하여 수동의 의미를 나타내는 수가 있다. 이때 쓰이는 타동사는 보통 때에 재귀대명사를 취하지 않는 동사들이다.

(9) a. Der Vorhang öffnet sich.
b. Das Buch verkauft sich gut.
c. Diese Schuhe tragen sich schlecht.
d. Die Maschine bedient sich leicht.
e. Deutsch lernt sich leicht.

둘째, 독일어의 재귀대명사는 자동사와 결합하여 그 동사의 결과를 표현할 수가 있다.

(10) a. Er schläft sich gesund.
b. Essen Sie sich satt!

c. Er hat sich heiser geschrien.
d. Der Mann hat sich müde gearbeitet .

셋째, 자동사와 결합하면서 상황을 나타내는데 이때 주어는 비인칭대명사 es를 쓴다.

(11) a. Es sitzt sich hier bequem. (여기는 앉기에 편하다.)
b. Auf dieser Straße fährt es sich gut. (이 길은 운전하기가 좋다.)
c. Auf dem Lande lebt es sich angenehm. (시골은 살기에 편하다.)

연습문제

A 다음 빈칸에 알맞는 재귀대명사를 넣으시오.

1. Kann ich _____ ein Bier holen?
2. Sollen wir _____ über die Arbeit diskutieren?
3. Ich suche _____ eine Wohnung.
4. Willst du _____ von deiner Frau trennen?
5. Wann trefft ihr _____ wieder?
6. Wo kann ich _____ die Hände waschen?
7. Peter freut _____ auf den Ausflug.

B 다음 빈칸에 알맞는 재귀대명사와 전치사를 넣으시오.

1. Ich kümmere _____ _____ die Kinder.
2. Erinnerst du _____ _____ die Reise?
3. Ich beschäftige _____ _____ Deutsch.
4. Er hat _____ noch nicht _____ das Klima gewöhnt.
5. Das Kind fürchtet _____ _____ der Prüfung.

4.2. 비인칭대명사

비인칭대명사도 독일어의 특징적인 현상 가운데 하나이다. 즉 영어의 경우 비인칭대명사는 (12)와 같은 자연 현상이나 시간, 거리 등을 나타내는 구문에 형식적인 주어로 쓰이는 것이 고작이지만, 독일어의 비인칭대명사는 이밖에도 여러 가지의 쓰임이 있다.

(12) **자연현상, 거리 시간 등을 나타내는 경우**

a. Es regnet(blitzt, donnert, friert).
b. Es ist heute sehr kalt.
c. Es ist 7 Uhr.
d. Wie weit ist es?

독일어는 (13)과 같이 감정, 감각 등을 나타낼 때도 비인칭대명사를 쓴다. 독일 사람들은 이런 종류의 감정, 감각 등도 역시 자연현상이라고 생각하기 때문이 아닌가 싶다.

(13) **감정 감각 등을 나타내는 경우**

a. Es hungert mich.
b. Es friert mich.
c. Es ärgert mich.
d. Es dürstet mich.
e. Es graut mir.
f. Es ahnt mir.

감정, 감각을 나타내는 비인칭대명사는 다른 문장 요소가 문장의 앞에 오면 생략된다.

(14) a. Mich hungert sehr.
b. Mir graut vor dem Hund.

주어가 분명하지 않을 때, 독일어는 (15)와 같이 비인칭대명사를 쓰는 수가 있다.

(15) **주어가 확실하지 않을 때**

a. Es klopft an die Tür. (**문 두드리는 소리가 난다.**)
b. Es lärmt auf der Straße. (**거리가 시끄럽다.**)
c. Es klingelt. (**초인종, 전화벨 등이 울린다.**)

다음 (16)의 예는 독일어 비인칭대명사의 아주 특수한 쓰임이다. 영어의 경우 be동사 구문 등에서 제한적으로 there가 별 의미 없이 문장 앞에 오는 수가 있는데, (16)의 독일어 비인칭대명사는 이와 비슷한 기능을 하지만 그 쓰이는 범위가 특정한 동사에 제한되어 있지 않고 널리 쓰인다. 문장의 맨 앞에 오는 요소를 우리는 보통 주제(Thema;Topic)라고 부르는데, 독일어에서는 특별히 문장의 주제가 없을 때 (16)과 같은 구문을 쓰는 것 같다.

(16) **주제가 없는 문장을 유도할 때**

a. Es irrt der Mensch, solange er strebt.
b. Es wartet mein Freund auf der Straße.
c. Es kommen sonntags viele Leute in die Stadt.
d. Es wird in dieser Straße ein neues Haus gebaut.

다른 문장 요소가 문장 앞에 나와 주제가 되면, 물론 (16)의 비인칭대명사는 생략된다.

(17) a. Der Mensch irrt, solange er strebt.
b. Mein Freund wartet auf der Straße.

이밖에도 독일어에는 비인칭대명사를 이용한 관용구들이 많은데((18) 참조) 이 점도 아주 특징적이며, 일반적으로 독일어는 재귀대명사와 함께 비인칭대명사를 많이 쓰는 언어라고 볼 수 있다.

(18) a. Wie geht es deiner Mutter?
b. Es gefällt mir in dieser Stadt.
c. Es gelingt uns nicht.
d. Es gibt drei Universitäten hier.
e. Es kommt auf deine Arbeit an.
f. Ich habe es eilig.

(18)의 경우 비인칭대명사는 전반적인 상황을 가리킨 것 같은데, 어떻든 다른 언어 같으면 비인칭대명사를 쓰지 않을 곳에서 독일어는 비인칭대명사를 쓰는 경우가 많다.

연습문제

A 다음 물음에 비인칭대명사를 써서 답해 보시오.

1. Wie ist das Wetter heute?
2. Klopft jemand an die Tür?
3. Wie gefällt es dir in Korea?
4. Hast du Hunger?
5. Wie geht es Ihnen?

4.3. 관계대명사

4.3.1. 독일어 격변화 체계와 관계대명사

언어는 문장을 기본단위로 하고 문장은 명사와 동사가 그 근간을 이룬다. 그러나 명사와 동사만 있으면 문장이 다 되는 것은 아니고 여기에는 몇 가지 요소가 더 첨가되어야 한다. 이 가운데 명사는 한정사(관사류)와 격 표시가 있어야 한다. 대개 한정사는 언어마다 명사 앞에 오는데 명사의 기능(격)을 표시하는 방법은 언어에 따라 다를 수 있다. 우리말은 명사 뒤에 붙은 조사를 통해 격을 표시하며, 영어는 명사의 어순을 가지고 격을 나타낸다. 독일어는 한정사(관사류)의 어미를 변화시킴으로써 명사의 격을 표시하는데, 이 어미변화 체계는 (19)와 같다.

(19) 독일어의 격표시 체계

	남 성	여 성	중 성	복 수
1 격	der	die	das	die
2 격	des	der	des	der
3 격	dem	der	dem	den
4 격	den	die	das	die

명사편(I)에서 본 것처럼 (19)의 변화체계는 정관사 변화체계이며, 관사류나 대명사류 형용사 변화 등에서 나타나는 독일어의 모든 격변화 체계는 이를 바탕으로 이루어진다.

(19)의 체계를 약간 변형하면 (20)과 같은 지시대명사 변화 체계가 된다(지시대명사에 대한 자세한 것은 1.6.2. 참조).

(20) 독일어의 지시대명사 체계

	남 성	여 성	중 성	복 수
1 격	der	die	das	die
2 격	dessen	deren	dessen	deren
3 격	dem	der	dem	denen
4 격	den	die	das	die

a. Kennst du die Frau da?
Ja, die kenne ich gut.
b. Hin und wieder kommt ein Mann.
Den kenne ich schon.
c. Ich habe den Studenten und dessen Eltern besucht.

독일어의 관계대명사는 (20)의 지시대명사 변화체계를 그대로 이용한 것으로 지시대명사의 특수한 용법이라고 볼 수도 있을 것 같다. 즉 독일어 관계대명사절은 지시대명사가 들어 있는 문장을 부문장으로 만들어 명사를 꾸미도록 한 것으로 볼 수 있다.

(20') 독일어의 관계대명사 변화체계(I)

	남 성	여 성	중 성	복 수
1 격	der	die	das	die
2 격	dessen	deren	dessen	deren
3 격	dem	der	dem	denen
4 격	den	die	das	die

(21) a. Da ist der Mann.
b. Der hat mich gestern besucht.
c. Da ist der Mann, der mich gestern besucht hat.

(21c)의 관계절은 지시대명사가 들어 있는 (21b)를 부문장으로 만들어 (21a)의 명사 der Mann을 꾸미도록 한 것이다. 관계절은 부문장이기 때문에 자연히 동사가 문장의 끝으로 가는 것이다. 이러한 관점에서 관계절을 만

드는 절차를 정리하면 (22)와 같다.

(22) **관계절 만드는 순서**
  a. **두 문장 가운데 한 문장을 지시대명사 문장으로 만든다.**
  b. **지시대명사를 그 문장 맨 앞으로 옮기고 동사를 문장의 끝으로 옮긴다.**
  c. **위 변형된 문장을 꾸미는 명사(선행사)의 뒤에 붙이고 주문장과 관계절의 경계에 콤마를 찍는다.**

(22b, c)에서 동사를 문장 끝으로 옮기는 일이나 콤마를 찍는 일은 관계절 뿐만 아니라 모든 부문장(종속절)에 적용되는 것이다. 예를 들면 (23a, b)를 관계절로 연결하는 과정은 (23c~e)와 같다.

(23) a. Der Arzt ist bekannt.
  b. Er kommt heute.
  c. Der kommt heute. .... ((22a) **참조**)
  d. der heute kommt. .... ((22b) **참조**)
  e. Der Arzt, der heute kommt, ist bekannt. ....((22c) **참조**)

관계대명사에 전치사가 딸린 경우 독일어에서는 전치사가 관계대명사와 함께 움직인다.

(24) a. Der Herr ist mein Lehrer.
  b. Ich habe mit ihm gesprochen.
  c. Ich habe mit dem gesprochen. .... ((22a) **참조**)
  d. mit dem ich gesprochen habe .... ((22b) **참조**)
  e. Der Herr, mit dem ich gesprochen habe,
    ist mein Lehrer. .... ((22c) **참조**)

다음 (25)는 관계대명사 2격에 대한 예이다. 관계대명사 2격은 형태와 쓰임이 지시대명사 2격과 같다. 지시대명사 2격은 소유의 의미를 나타내는데, 소유대명사에 비해 지시성이 강하며 명사의 성, 수, 격에 따라 어미변화를 하지 않는 것이 특징이다(이에 대해 자세한 것은 1.6.3. 참조).

(25) a. Ich habe mit dem Mann gesprochen.
b. Seine Frau arbeitet in dieser Firma.
c. Dessen Frau arbeitet in dieser Firma. .... ((22a) 참조)
d. dessen Frau in dieser Firma arbeitet .... ((22b) 참조)
e. Ich habe mit dem Mann gesprochen,
dessen Frau in dieser Firma arbeitet. .... ((22c) 참조)

한편 (25)에서와 같이 선행사 다음에 과거분사나 동사 원형만 오면 관계절은 선행사 바로 뒤에 오지 않고 문장 끝으로 간다. 이는 (22c)에 대한 예외 규정이라고 볼 수 있다.

꾸미는 명사(선행사)가 장소를 나타내는 말일 때는 관계대명사 대신 관계부사 wo를 쓰는 수가 있다((26) 참조). 이 용법은 특히 선행사가 성(Genus)을 알 수 없는 지명일 때 효과적으로 쓰인다((27) 참조).

(26) a. Hier ist die Gartenstraße.
b. Ich wohne seit einem Jahr in dieser Straße.
c. Hier ist die Gartenstraße,
in der ich seit einem Jahr wohne.
d. Hier ist die Gartenstraße,
wo ich seit einem Jahr wohne.

(27) a. Ich fahre nach Bonn.
b. Ich habe dort vier Jahre studiert.
c. Ich fahre nach Bonn,
wo ich vier Jahre studiert habe.

오늘날 독일어는 관계대명사로 위 (20)과 같은 지시대명사 체계를 쓰는 것이 보통이지만, 가끔 문어체에서 영어의 which에 해당하는 (28)의 체계를 쓰기도 한다.

관계절은 기본적으로 형용사절이다. 형용사절을 만드는 방법은 언어에 따라 다를 수 있다. 유럽언어들은 이때 관계대명사를 사용하기 때문에 이를 관계대명사절 또는 관계절이라고 부른다.

(28) **독일어의 관계대명사 변화체계(II)**

	남 성	여 성	중 성	복 수
1 격	welcher	welche	welches	welche
2 격	dessen	deren	dessen	deren
3 격	welchem	welcher	welchem	welchen
4 격	welchen	welche	welches	welche

4.3.2. 부정관계대명사

위와 같은 관계대명사를 정관계대명사라고 하는데 독일어에는 이밖에 부정관계대명사라는 현상이 있다. 이는 "~하는 사람"이나 "~하는 것"이라는 표현을 하기 위한 방법이다. 예를 들면 "하루 종일 일하는 사람"이라든가 "내가 필요한 것"이라는 말을 하고 싶을 때 독일 사람들은 부정관계대명사를 사용한다.

영문법에서는 특별히 부정관계대명사라는 범주를 설정하지 않는 듯한데, 이는 영어에 이런 구문이 잘 쓰이지 않기 때문이다. 이에 비해 독일어에서는 이런 표현이 자주 나타나기 때문에 따로 하나의 범주로 보는 것이다.

부정관계대명사는 의문사의 변화형을 그대로 쓰며 "~하는 사람"을 나타낼 때는 wer를 쓰고 "~하는 것"을 나타낼 때는 was를 쓴다((29) 참조).

(29) **부정관계대명사의 변화체계**

	사 람	사 물
1 격	wer	was
2 격	wessen	wessen
3 격	wem	-----
4 격	wen	was

a. Wer den ganzen Tag arbeitet, der ist abends müde.
b. Wer den ganzen Tag arbeitet, dem gebe ich 100 Euro.

c. Wem ich 100 Euro gebe, der muss den ganzen Tag arbeiten.
d. Was irdisch ist, das vergeht.
e. Was ich heute tun kann, das verschiebe ich nicht auf morgen.

(29)에서 보는 바와 같이 부정관계대명사는 뒤에 지시대명사를 동반하는 주문장(주절)이 따라 나온다. 이 때 관계대명사 및 지시대명사의 격은 그 절(문장)의 동사의 격지배 관계에 따라 결정되며 두 가지 대명사의 격이 같을 때는 주문장의 지시대명사를 생략할 수 있다.

예를 들면 (29a)의 관계절에서 동사 arbeiten이 주격명사를 요구하므로 부정관계대명사 wer는 1격이고, 주문장의 술어 ist müde도 주격명사를 요구하므로 지시대명사 der는 1격이 된다. 이 때 wer와 der가 격이 같으므로 후자를 생략할 수 있다. (29b)의 주문장에서 동사 gebe는 1격, 3격, 4격 명사를 요구하는데, 1격과 4격 명사는 이미 있으므로 지시대명사는 3격이 된다. 마찬가지로 (29c)의 관계절에서 동사 gebe는 1격, 3격, 4격 명사를 요구하는데 1격과 4격 명사는 이미 있으므로 관계대명사 wem은 3격이 된다.

부정관계대명사 was는 부정대명사를 선행사로 가질 수 있으며((30a, b) 참조) 앞의 문장 내용 전체를 가리킬 수도 있다((30c, d) 참조).

(30) a. Du hast etwas gemacht, was verboten ist.
b. Er schenkt ihr alles, was sie sich wünscht.
c. Er war sehr krank, was uns allen Leid tat.
d. Mein Freund kommt heute zu uns, was mich sehr freut.

(30c, d)와 같은 용법에서 부정관계대명사가 전치사와 결합해야 할 경우 "wo+(r)+전치사"의 형식을 취한다((31) 참조).

(31) a. Ich habe mit meinem Freund einen Spaziergang gemacht, wobei er mir über seine Eltern erzählt hat.
b. Er hat uns bei der Arbeit geholfen, worum wir ihn gebeten hatten.

연습문제

A 다음 두 문장을 관계절로 연결시키시오.

1. Das Buch ist sehr interessant. Es liegt auf dem Tisch.
2. Die Frau ist sehr nett. Ich habe sie gestern besucht.
3. Der Mann ist mein Freund. Ich habe mit ihm gesprochen.
4. Der Arzt ist berühmt. Ich schreibe ihm einen Brief.
5. Ich habe meinen Freund besucht. Seine Frau ist krank.
6. Kennen Sie Frau Bausch? Ihr Mann arbeitet in dieser Firma.
7. Die Leute wohnen hier. Wir sprechen von Ihnen.
8. Die Studenten haben sich gefreut. Der Professor hat ihnen Bücher geschenkt.
9. Hier ist die Kaiserstraße. Ich wohne seit einem Jahr in dieser Straße.

B 다음 빈칸에 알맞는 부정관계대명사를 넣으시오.

1. _____ mir hilft, dem bin ich dankbar.
2. _____ wir lieben, möchten wir nicht verlieren.
3. _____ den ganzen Tag arbeitet, ist abends müde.
4. Du hast etwas gemacht, _____ verboten ist.
5. Er war nicht zu Hause, _____ uns allen Leid tut.

4.4. 형용사의 비교

4.4.1. 비교급과 최상급의 형태

독일어 형용사의 비교급과 최상급은 영어에서와 같이 각각 -er, -st를 붙인다((32) 참조).

(32) a. klein - kleiner - kleinst
b. hell - heller - hellst
c. schön - schöner - schönst

(33)과 같이 형용사가 1음절(모음이 하나)인 경우 비교급과 최상급에서 보통 변모음한다.

(33) a. alt - älter - ältest
b. lang - länger - längst
c. jung - jünger - jüngst

영어의 경우 형용사가 2음절이 되면 형용사 앞에 more나 most를 붙여서 비교급과 최상급을 만드는데, 독일어에서는 형용사가 길어도 그냥 -er, -st만 붙인다((34) 참조). 다만, 독일어도 형용사 앞에 wenig의 비교급인 weniger를 붙여서 "보다 덜 ~하다"라는 뜻을 표현할 수는 있다((35) 참조).

(34) a. billig - billiger - billigst
b. interessant - interessanter - interessantest
c. freundlich - freundlicher - freundlichst

(35) a. wichtig - weniger wichtig
b. fleißig - weniger fleißig

몇 개의 형용사는 (36)과 같이 비교급과 최상급에서 불규칙적인 형태를 취한다. wenig의 비교급과 최상급은 보통 -er, -st를 붙여 만드는데, 상황에 따라 가끔 (36d)의 형태를 쓰기도 한다. (36e)의 groß는 최상급에서 -t만을 붙인 것이 특이한 점이다.

(36)	a. gut	-	besser	-	best
	b. viel	-	mehr	-	meist
	c. wenig	-	weniger	-	wenigst
	d. wenig	-	minder	-	mindest
	e. groß	-	größer	-	größt
	f. hoch	-	höher	-	höchst
	g. nah	-	näher	-	nächst

(36f, g)는 엄격히 말하면 불규칙이라고 볼 수 없다. 이들의 특이한 변화는 이 형용사들의 특별한 소리구조에서 온 것 같다. 즉 hoch라는 형용사는 뒤에 모음이 따라 올 경우 hoh-로 변하고, nah라는 형용사는 반대로 뒤에 자음이 따라오면 nach로 변한다((37) 참조).

(37) a. ein hoher Berg
b. Betrag in Höhe von 120 Euro
c. die Nachbarn
d. in der Nähe

(37)과 관련해서 한 가지 짚고 넘어갈 것은 문자상으로 보면 "c"자만 빠지고 들어가고 한 것처럼 보이지만 소리를 들어보면 사정이 다르다는 점이다. 즉 ch는 글자로는 두 자이지만 소리는 하나로 나기 때문에 이 소리 가운데 일부만 빼거나 넣을 수는 없는 일이며, 사실은 이 소리 전체가 빠져 나가거나 들어간 것이다.

4.4.2. 비교의 쓰임

4.4.2.1. 원급비교

원급비교는 (38)과 같이 so ~ wie의 형식을 이용해서 표현한다. 형용사 다음에 명사가 오면 형용사는 (38c, d)와 같이 어미변화를 한다. wie는 (38e)와 같이 부문장을 이끌 수 있다. 이 경우 다른 부문장과 마찬가지로 부문장 앞에 쉼표를 찍는다.

(38) a. Paul ist so alt wie Peter.
b. Paul ist nicht so nett wie Peter.
c. Berlin ist eine so wichtige Stadt wie Bonn.
d. Ich habe keine so teuere Schuhe wie du.
e. Die Fahrt dauert nicht so lange, wie du denkst.

4.4.2.2. 비교급의 용법

비교급은 (39)와 같이 "비교급 ~ als"의 형식으로 표현한다. (39b)는 weniger를 이용한 비교문장이다. (39c)는 형용사 뒤에 명사가 따라오는 경우로서 역시 형용사는 어미변화를 하고 있다. (39d)는 비교급 앞에 viel을 붙여 비교의 정도를 나타내는 것으로 "훨씬 더 좋다"는 뜻이다.

(39) a. Paul ist älter als Karl.
b. Bonn ist weniger wichtig als Berlin.
c. Ich habe ein billigeres Radio gekauft als du.
d. Karl ist viel besser als Marie.

특정한 비교 대상이 없이 비교급을 쓰는 수가 있는데 이 때는 "(정도가) 보통보다 더하다"는 뜻이다((40) 참조). (40)에서 (40b)의 여자가 (40a)의 여자보다 나이가 많으며 Berlin이 Rothenburg 보다 큰 도시로 이해되어야 한다.

(40) a. Sie ist eine ältere Frau. (상당히 나이를 먹은 부인)
b. Sie ist eine alte Frau. (늙은 부인)
c. Rothenburg ist eine größere Stadt. (상당히 큰 도시)
d. Berlin ist eine große Stadt. (대도시)

"~할수록 점점 더 ~하다"는 표현을 위해 독일어는 (41)과 같이 "je + 비교급, desto(um so) + 비교급" 구문을 이용한다. 이때 "je + 비교급" 절은 부문장(종속절)으로 보고 동사를 후치시킨다. 또 desto는 부사이기 때문에 주문장의 주어와 동사는 자리가 바뀐다. je는 jeder, jeweils 등에서 보는 것처럼 원래 "(할 때)마다"의 뜻이며 desto나 um so는 "그럴수록 더"라는 뜻을 가진 말이다((41c) 참조).

(41) a. Je länger eine Reise ist, desto teuerer ist sie.
(여행이 길수록 비용이 많이 든다.)
b. Je mehr ich arbeite, um so müder bin ich abends.
(일을 많이 할수록 저녁에 더 피곤하다.)
c. Die Zeit ist knapp, um so besser muss man sie nutzen.
(시간이 빠듯하니 그럴수록 시간을 잘 이용해야 한다.)

한 대상의 두 가지 성질을 비교할 때는 (42)와 같이 "mehr ~ als"나 "eher ~ als" 구문을 쓴다.

(42) a. Er ist mehr begabt als fleißig.
(부지런하다기 보다는 오히려 재능있는 사람이다.)
b. Er war eher traurig als ärgerlich.
(화가 나기 보다는 오히려 슬펐다.)

ander-, nichts, niemand 등도 als와 결합하여 특수한 의미를 표현할 수 있다((43) 참조).

(43) a. Heute ist das Wetter anders als gestern.
(오늘은 날씨가 어제와는 다르다.)
b. Ich habe andere Sorge, als du glaubst.
(네가 생각한 것과는 다른 걱정이 있다.)

c. Niemand ist in dem Haus als ein Kind.
(집안에는 아이 하나 밖에 없었다.)
d. Ich habe nichts gesehen als einen Bleistift.
(연필 하나 밖에 못 보았다.)

4.4.2.3. 최상급의 용법

독일어의 최상급은 (44)와 같이 두 가지 형식이 있다. 형용사가 명사 앞에서 명사를 꾸미는 경우 "부가적 용법"이라 하고 sein과 같은 연결사와 결합하여 술어의 역할을 할 때는 "술어적 용법"이라고 하는데, 최상급의 두 가지 형식은 형용사의 이 두 가지 용법과 밀접한 연관이 있다.

(44) **최상급의 두 가지 형식**

a. **부가적인 용법의 형용사: 정관사 + 최상급 + 형용사 어미**
b. **술어적인 용법의 형용사나 부사:** am + **형용사** + -sten(**어미**)
Ich habe den schönsten Dom der Welt gesehen.
Mein ältester Sohn studiert in Deutschland.
Marie singt am schönsten in der Klasse.

(45)에서 보는 것처럼 의미적으로 보아 부가적으로 쓸 수도 있고 술어적으로 쓸 수도 있는 형용사가 있다. 이 경우 물론 (46)과 같이 두 가지 최상급이 가능한데 독일 사람들은 보통 (46b)를 쓴다.

(45) a. Peter ist groß.
b. Peter ist ein großer Student.

(46) a. Peter ist am größten.
b. Peter ist der größte.

(44b)는 따라서 일반적으로 (47)과 같이 부가적으로 쓸 수 없는 형용사나 부사에 쓰인다.

(47) a. Die Tagen sind im Sommer am längsten.
b. Vor der Prüfung ist er am fleißigsten.
c. Im Winter ist es am kältesten.

연습문제

A 다음 두 문장을 비교구문으로 고쳐 쓰시오.

1. Hans ist 18 Jahre alt. Peter ist auch 18 Jahre alt.
2. Dieter ist 180 cm groß. Monika ist 170 cm groß.
3. Ich habe 20 Euro. Peter hat 38 Euro.
4. Peter ist 18 Jahre alt. Dieter ist 20 Jahre alt.
   Heinz ist 25 Jahre alt.
5. Vor der Prüfung ist er fleißig. Sonst ist er nicht so fleißig.

4.5. 수사(Zahlwort)

4.5.1. 기수(Grundzahlen)

독일어의 숫자는 (48)과 같으며 길더라도 한 단어로 붙여 쓴다. 독일어의 숫자는 그 어원이 영어와 같고 발음도 비슷하다. 특히 two - zwo(zwei), ten - zehn, twelve - zwölf, twenty - zwanzig에서 볼 수 있는 t - z의 음운대응은 흥미로운데, 숫자 이외에서도 이러한 음운대응은 쉽게 찾아 볼 수 있다.

(48) **독일어의 수**(Zahlen)

0 null	10 zehn	20 zwanzig
1 eins	11 elf	21 einundzwanzig
2 zwei	12 zwölf	22 zweiundzwanzig
3 drei	13 dreizehn	23 dreiundzwanzig
4 vier	14 vierzehn	24 vierundzwanzig
5 fünf	15 fünfzehn	25 fünfundzwanzig
6 sechs	16 sechzehn	46 sechsundvierzig
7 sieben	17 siebzehn	47 siebenundvierzig
8 acht	18 achtzehn	48 achtundvierzig
9 neun	19 neunzehn	49 neunundvierzig

30 dreißig	40 vierzig	50 fünfzig	60 sechzig
70 siebzig	80 achtzig	90 neunzig	

100 hundert	101 hunderteins	110 hundertzehn
200 zweihundert	240 zweihundertvierzig	
243 zweihundertdreiundvierzig		

1000 tausend	1101 tausendeinhunderteins

10단위를 말할 때 독일 사람들은 우리와 완전히 반대로 말한다. 즉 우리는 10단위를 먼저 말하고 1의 단위를 나중에 말하는데, 독일 사람들은 1의 단위를 먼저 말하고 10의 단위를 나중에 말하면서 20보다 클 때는 그 사이에 und를 넣는다.

10단위와 1의 단위의 순서에 있어서 영어는 우리말의 유형과 독일어의 유형이 섞여 있는 언어이다. (49)에서 보는 것처럼 영어는 10~19 사이에서는 독일어처럼 하고, 20이 넘으면 우리말 같이 한다.

(49)

	우 리 말	독 일 어	영 어
10	열(십)	zehn	ten
13	열셋(십삼)	dreizehn	thirteen
14	열넷(십사)	vierzehn	fourteen
19	열아홉(십구)	neunzehn	nineteen
20	스물(이십)	zwanzig	twenty
21	스물하나(이십일)	einundzwanzig	twenty one
23	스물셋(이십삼)	dreiundzwanzig	twenty three
34	서른넷(삼십사)	vierunddreißig	thirty four

"1"이라는 숫자는 홀로 쓰일 때는 eins라고 하고 뒤에 다른 숫자가 따라올 때는 ein이라고 한다. 연도는 (50a)와 같이 두 자리씩 끊어 읽되 영어와는 달리 가운데 hundert를 넣는다. "1989"라는 숫자를 말할 때도 독일 사람들은 흔히 (50a)와 같이 한다. 전화번호는 보통 (50c)와 같이 한 숫자씩 읽으며 가끔 두 자리씩 끊어 읽기도 한다.

(50) a. 1989년: neunzehnhundertneunundachtzig
b. 2011년: zweitausendelf
c. 56-9705: fünf sechs neun sieben null fünf

연도를 말할 때는 숫자만 쓰든지 아니면 im Jahre라는 말을 앞에 넣든지 하며 영어식으로 in 1954와 같이 쓰지는 않는다((51) 참조).

(51) a. Ich bin 1954 in Korea geboren.
b. Ich bin im Jahre 1954 in Korea geboren.

4.5.2. 시간과 돈(Zeit und Geld—das ist ja immer Problem)

독일 사람들은 시간을 물을 때 (52)의 표현을 쓴다. 미국 사람들은 "무슨 시간(what time)"이냐고 묻는데, 독일 사람들은 "얼마나 많은 시간(wie viel Uhr)"이냐고 시간을 양으로 묻는다. 이에 비해 우리는 시간을 "몇 시냐"는 수(Nummer)로 묻는다.

(52) a. Wie viel Uhr ist es?
     b. Wie spät ist es?

독일 사람들은 다음 (53)과 같이 시간을 말하는데 이것도 우리말과 비슷한 데가 많다. (53c)의 Viertel은 1/4이라는 뜻이며, 시간과 함께 쓰일 때는 한 시간의 1/4, 즉 15분을 뜻한다. (53d)에서 보는 것처럼 독일 사람들은 30분이라는 말을 할 때에 halb zwei(1시 30분), halb drei(2시 30분)와 같이 한 시간을 올려서 말하는 것이 특징인데, 처음 독일어를 배우는 사람에게는 이것이 아주 혼동스럽다. 그러나 독일 사람들이 30분이라는 표현을 할 때는 대부분 이렇게 말하기 때문에 이를 익혀 놓아야 한다. 12시가 넘어갈 때에는 (53h)와 같이 두 가지로 말할 수 있으며, 두번째 표현도 생각보다 많이 쓰는 편이다.

(53) a. 1:00 Uhr: Es ist eins
     Es ist ein Uhr.
     b. 1:10 Uhr: Es ist ein Uhr zehn.
     Es ist zehn nach eins.
     c. 1:15 Uhr: Es ist ein Uhr fünfzehn.
     Es ist Viertel nach eins.
     d. 1:30 Uhr: Es ist ein Uhr dreißig.
     Es ist halb zwei.
     e. 1:35 Uhr: Es ist ein Uhr fünfunddreißig.
     Es ist fünf nach halb zwei.

f. 1:45 Uhr: Es ist ein Uhr fünfundvierzig.
Es ist Viertel vor zwei.
g. 1:50 Uhr: Es ist ein Uhr fünfzig.
Es ist zehn vor zwei.
h. 14:20 Uhr: Es ist zwei Uhr zwanzig.
Es ist vierzehn Uhr zwanzig.

물건의 값을 물을 때 독일 사람들은 (54)와 같이 말하며 이에 대한 대답은 (55)와 같이 한다.

(54) a. Wie viel kostet es?
b. Wie viel macht das?

(55) a. 1,00 Euro: Es kostet ein Euro.
b. 1,10 Euro: Es kostet ein Euro zehn.
c. 2,25 Euro: Es kostet zwei Euro fünfundzwanzig.
d. 0,40 Euro: Es kostet vierzig Cent.

(55)에서 Euro는 유럽연합 통합화폐로서 유럽연합의 거의 모든 국가들이 이 화폐를 사용한다. 1 Euro는 100 Cent이며 Cent라는 말은 보통 (55d)와 같이 1 Euro 보다 적은 돈을 셀 때만 쓰고 [zent]로 발음한다.

4.5.3. 서수(Ordnungszahlen)와 분수(Bruchzahlen)

독일어의 서수는 19까지는 기수(Grundzahlen)에 -t를 붙이고 19가 넘어가면 -st를 붙인다((56) 참조). 영어에서와 마찬가지로 서수 앞에는 대개 정관사류가 오며 서수는 형용사 어미변화를 한다.

(56) **독일어의 서수**(Ordnungszahlen)

1. erst	10. zehnt	20. zwanzigst
2. zweit	11. elft	21. einundzwanzigst
3. dritt	12. zwölft	22. zweiundzwanzigst

4. viert	13. dreizehnt	23. dreiundzwanzigst
5. fünft	14. vierzehnt	24. vierundzwanzigst
6. sechst	15. fünfzehnt	60. sechzigst
7. siebt	16. sechzehnt	70. siebzigst
8. acht	17. siebzehnt	80. achtzigst
9. neunt	18. achtzehnt	90. neunzigst

(57) a. Ich habe drei Kinder.
Der erste Sohn studiert in Berlin.
b. Meine zweite Wohnung ist recht groß.
c. Wann sind Sie geboren?
Ich bin am zweiten Mai 1954 geboren.
d. Den wie vielten haben wir heute?
Heute haben wir den dritten August.
Heute ist der dritte August.

분수(Bruchzahlen)는 서수에 어미 -el을 붙여서 만든다. 분자에 해당하는 것은 그 앞에 숫자(기수)로 나타내 준다((58) 참조).

(58) 분수(Bruchzahlen)
1/3의 학생: ein drittel der Studenten
2/3의 학생: zwei drittel der Studenten
반년: ein halbes Jahr
1년반: eineinhalb Jahre / anderthalb Jahre/
ein und ein halbes Jahr
4와 2/3 시간: vier zweidrittel Stunden

4.5.4. ein-과 kein-의 어미변화

ein-은 부정관사로도 쓰이고 수사로도 쓰이는데 이 둘은 같은 현상이다. 말하자면 영어의 부정관사 a와 수사 one의 기능을 독일어에서는 ein-이 모두 하고 있는 것이다. 그런데 이 ein-이 주변 환경에 따라 여러 가지 어미변화를 한다.

앞에서 말한대로 뒤에 명사가 따라오지 않고 단순한 수사로 쓰일 때는 eins의 형태를 취할 수도 있고 ein으로 쓰일 수도 있다. 뒤에 명사가 따라 나오거나 생략되었을 경우 ein-은 (59)와 같이 세 가지 어미변화를 한다((60) 참조).

(59) a. **부정관사 변화: ein- + 명사일 때**
b. **정관사 변화: ein- 다음에 명사가 생략되었을 때**
c. **형용사 약변화: 정관사류 + ein- 일 때**

(60) a. Ein Mann wartet auf dich.
b. Ich kaufe ein Buch.
c. Einer der Reisenden ist aus Korea.
d. Eines von seinen Kindern war in dem Bus.
e. Hast du mit der einen Frau gesprochen,
die uns neulich besuchte?
f. Wer sind die Herren dort?
Der eine ist Herr Breuer, den anderen kenne ich nicht.

kein-은 그 의미로 보아 (59a, b)와 같은 환경에 올 수 있으며 이때 kein-의 어미변화도 ein-과 같다((61) 참조).

(61) a. Siehst du einen Ausweg?
Nein, ich sehe keinen.
b. Will jemand in die Stadt fahren?
Nein, keiner fährt heute in die Stadt.

연습문제

A 다음을 독일어로 읽어 보시오.

1. 4, 6, 1, 7, 9, 11, 12, 14, 17, 20, 21, 35, 98
2. 2시 5분, 3시 15분, 4시 30분, 5시 45분, 6시 55분
3. 1,00 Euro, 2,40 Euro, 3,09 Euro, 0,08 Euro, 0,74 Euro, 21,36 Euro
4. 1/3, 3/4, 반년, 1년반
5. das 1. Schuljahr, der 6. Monat, mein 32. Geburtstag

4.6. 몇 가지 부정대명사와 수량사

4.6.1. man

man은 영어의 부정대명사 one에 해당하는 말인데 그 쓰임이 이와는 비교가 안될 만큼 넓고 다양하다. man은 1격에서만 쓰이며, 3격이나 4격에서는 부정관사 ein-을 쓴다((62) 참조).

(62) a. Man hat ihn gestern im Kino gesehen.
b. Man spricht schon darüber.
c. Wenn einem nicht wohl ist, so muss man zu Hause bleiben.
d. Je älter man wird, desto rätselhafter wird einem das Leben.
e. Eine Stunde später saß man nebeneinander.

(62b, d)에서처럼 man은 일반적인 사람을 가리킬 수도 있지만 대화 상황에 따라서는 말하는 사람을 가리킬 수도 있고 그밖에 듣는 사람이나 제3자, 혹은 대화 상황의 모두를 가리킬 수도 있다. 예를 들면 (62a)의 man은 일반적인 사람이 아니라 제3자나 아니면 말하는 사람 자신을 가리킨다. (62c)의 man도 대화 상황에서 몸이 좋지 않은 사람을 가리키므로 말하는 사람을 가리킬 수도 있고, 상대방을 가리킬 수도 있고, 또 제3자를 가리킬 수도 있다. (62e)의 man은 "우리(wir)"나 "그들(sie)"을 가리킬 수 있다.

4.6.2. etwas, nichts

영어의 something, nothing에 해당하는 말이다. 이들 뒤에 형용사가 따라나와 꾸밀 수가 있는데, 이때 형용사는 대문자로 쓰며 이들 부정대명사를 중성명사로 보고 형용사 어미변화를 한다.

(63) a. Er wird dir etwas geben.

b. Ich habe nichts von ihm gehört.
c. Haben Sie etwas zum Essen?
d. Ich möchte etwas zum Trinken.
e. Im Westen gibt es nichts Neues
f. Er hat mir etwas Wichtiges erzählt.

etwas는 자주 명사나 형용사 앞에서 "조금, 약간"의 뜻으로 쓰인다((64) 참조).

(64) a. Hast du etwas Geld?
b. Ich brauche etwas Zeit.
c. Das ist etwas besser.
d. Ist das nicht etwas zu lang?

4.6.3. jemand, niemand

영어의 someone, no one에 해당하는 말이다. 보통 어미변화를 안 하지만 정관사 남성어미를 취하는 수도 있다((65) 참조).

(65) a. Will jemand von euch in die Stadt fahren?
Nein, niemand will in die Stadt fahren.
b. Hast du im Garten jemand(en) gesehen?
Nein, ich habe niemand(en) gesehen.

4.6.4. ein bisschen, ein paar, einig-, mehrer-

ein bisschen은 영어의 a little에 해당하는 말로 명사나 형용사 앞에서 적은 양을 가리킨다

(66) a. Möchten Sie Zucker in den Kaffee?
Ja, ein bisschen.

b. Hast du Angst? Ja, ein bisschen.
c. Hier ist ein bisschen kalt.

ein paar, einig-, mehrer-는 모두 우리말의 "몇"에 해당하며 정확히 몇 개를 가리키는지 말할 수 없지만 ein paar가 이 가운데 가장 작은 수를 나타내고 mehrer가 가장 많은 숫자를 나타내는 것 같다((67) 참조). Ein paar는 어미가 변화하지 않으며 나머지 둘은 정관사 변화를 한다.

(67) a. Meine Reise dauert nur ein paar Tage. (2~3일 정도)
b. Meine Reise dauert nur einige Tage. (3~5일 정도)
c. Meine Reise dauert mehrere Tage. (5~7일 정도)

연습문제

A 다음 물음에 대한 답을 man, jemand, niemand, etwas, nichts 등의 부정대명사를 써서 완성하시오.

1. Arbeiten Sie auch am Sonntag?
   Nein, ______________________.
2. Es regnet. Willst du dennoch ausgehen?
   Ja, _____ muss unbedingt zu der Sitzung gehen.
3. Ich bin ja krank. Soll ich trotzdem an dem Seminar teilnehmen?
   Nein, wenn ___----__ krank ist, muss _____ zunächst ausruhen.
4. Hast du jemand in dem Haus gesehen? Nein, __________________
   __________________.
5. Haben Sie nichts von ihm gehört? Nein, _____________________
   _________________.
6. Hast du dabei etwas Neues gefunden? Nein, _________________
   ___________________.

5

동사편(II)

5.1. 접속법

5.1.1. 독일어와 접속법

문장의 화법(Modus)을 우리는 보통 직설법, 명령법, 접속법(Konjunktiv)으로 나눈다. 접속법을 영어 문법에서는 가정법이라고 하는데 독일어 문법에서는 이를 가능법(Möglichkeitsform)이라고도 한다. 즉 직설법이 있는 사실을 그대로 기술한 것이라면, 접속법은 사실은 아닐 수도 있지만 가능한 일을 표현하기 위한 화법이다. Konjunktiv(접속법)이라는 용어는 라틴 문법에서 온 것인데 라틴문법에서는 이것이 접속문(종속절)에 쓰인 화법이라고 한다. 종속절의 내용은 대개 "I think that ~ / He said that~" 등의 영어 구문에서 처럼 사실 자체라기 보다 가능성을 이야기하기 때문이다. 영문법에서는 가정법을 "subjuctive mood"라고 하는데 이를 직역하면 종속법이다. 이는 종속절에 쓰는 화법이라는 뜻이며 독일어의 접속법과 같은 말이다.

앞에서도 몇 차례 말했듯이 같은 이름을 갖는 문법 현상이라고 하더라도 언어에 따라 그 쓰임의 폭이 크게 다를 수 있다. 영어와 독일어의 재귀대명사가 그 좋은 예인데 접속법도 같은 경우에 속한다. 영어의 경우 가정법은 문장 가운데서 별로 나타나지 않는데 반해 독일어의 접속법은 아주 자주, 그리고 폭넓게 쓰인다. 독일어의 재귀대명사를 영어의 재귀대명사 정도로 다루어서는 안 되듯이 독일어의 접속법도 영어의 가정법 정도로 다루어서는 안 된다.

5.1.2. 접속법의 형태

독일어의 접속법은 (1)과 같이 두 가지 형식이 있다. 이 둘의 차이는 시제의 차이가 아니며, 말하는 사람의 입장에서 본 진술내용의 사실성에 대한 정도의 차이라고 볼 수 있다. 즉 접속법 II식은 비현실적인 가정 등에 쓰는 것이며, 접속법 I식은 간접화법 등 사실성에 대한 판단을 유보하는 정도에서 쓰는 것이라고 볼 수 있다.

독일어 동사의 어미변화와 어간모음변화 표는 (2), (3)과 같으며 (1)~(3)에 따라 몇 가지 동사의 접속법형을 만들어 보면 (4), (5)와 같다.

(1) **접속법의 두 가지 형식**

a. **접속법 I식: 동사의 부정형 + 접속법 어미**

b. **접속법 II식: 동사의 과거형 + 접속법 어미**

(강변화 동사는 접속법 II식에서 어간 모음변화)

(2) **독일어 동사의 세 가지 어미 변화**

현재인칭변화	과거인칭변화	접속법인칭변화
ich --- e	ich ---	ich --- e
du --- st	du --- st	du --- est
er --- t	er ---	er --- e
wir --- en	wir --- en	wir --- en
ihr --- t	ihr --- t	ihr --- et
sie --- en	sie --- en	sie --- en

(3) **독일어 동사의 세 가지 어간모음변화**

<table>
<tr><td rowspan="2">현재
인칭
변화</td><td>접속법 II</td><td>a, o, u → ä, ö, ü</td></tr>
<tr><td>명령형</td><td>e → i
e: → ie</td></tr>
</table>

(4)에서 보는 것처럼 sein동사는 접속법 I식의 1인칭과 3인칭 단수에서 어미변화를 하지 않는 것이 특징이다. 접속법 I식에서는 어간모음의 변화가

일어나지 않기 때문에 (4)의 fahren동사와 nehmen동사는 현재인칭변화형과 그 형태가 아주 다르다.

(5)에서는 강변화 동사의 어간모음이 변모음되는 것을 관찰할 수 있다. (5)에서 약변화동사와 강변화 동사의 어미변화가 얼핏 다른 것처럼 보이는데 자세히 보면 그렇지 않다. 약변화 동사는 과거형에서 어미 -e를 수반하기 때문에 접속법의 어미 -e는 생략한 것이다.

(4) 접속법 I식

ich du er	komm-e komm-est komm-e	fahr-e fahr-est fahr-e	nehm-e nehm-est nehm-e	sei sei-est sei
wir ihr sie	komm-en komm-et komm-en	fahr-en fahr-et fahr-en	nehm-en nehm-et nehm-en	sei-en sei-et sei-en

(5) 접속법 II식

ich du er	sagte sagte-st sagte	führ-e führ-est führ-e	nähm-e nähm-est nähm-e	wär-e wär-est wär-e
wir ihr sie	sagte-n sagte-t sagte-n	führ-en führ-et führ-en	nähm-en nähm-et nähm-en	wär-en wär-et wär-en

5.1.3. 접속법의 용법

5.1.3.1. 접속법 I식의 용법

앞서 말한대로 접속법 I식은 진술내용의 사실성에 대해 말하는 사람의 입장을 유보하는 화법이다. 예를 들면 (6a, c)의 직설법은 말하는 사람이 부문장의 내용을 옳다고 받아들이고 있는 것이며, (6b, d)의 접속법 문장은 말하는 사람이 부문장의 내용을 옳다고 보장할 수는 없고 다른 사람의 말이나 글의 내용을 전달할 뿐이라는 뜻이다.

(6) a. Hans schrieb, dass er morgen kommt.
b. Hans schrieb, dass er morgen komme.
c. Ich habe gelesen, dass der Minister nach Berlin fährt.
d. Ich habe gelesen, dass der Minister nach Berlin fahre.

이런 의미에서 접속법 I식이 대표적으로 쓰이는 곳이 간접화법이다((7) 참조). 영어와는 달리 독일어의 간접화법은 부문장의 시제를 주문장의 시제와 맞출 필요 없이 직접화법의 문장을 접속법의 형태로만 바꾸어 주면 된다.

(7) a. Karl sagte, “Ich fahre nach Seoul.”
Karl sagte, dass er nach Seoul fahre.
b. Hans fragte Erika, “Hast du etwas Geld?”
Hans fragte Erika, ob sie etwas Geld habe.
c. Er fragte uns, “Wohin gehen Sie?”
Er fragte uns, wohin wir gehen.

(8)과 같이 상대방의 말을 믿기 어렵다는 뜻으로도 접속법 I식이 쓰인다.

(8) a. Paul ist nicht zum Unterricht gekommen,
weil er Kopfschmerzen habe. (**뭐 머리가 아파서 결석했다나.**)
b. Er will den Zug versäumt haben,
weil die Straßenbahn nicht fahrplanmäßig gefahren sei.
(**뭐 전차가 늦게 와서 기차를 놓혔다나.**)

일상생활에서 흔히 볼 수 있는 접속법 I식의 쓰임은 (9)와 같은 약 먹는 법이나 기계 등 상품의 사용법 설명이다.

(9) a. Man nehme einen kleinen Löffel Nescafe, gebe ihn in die Tasse,
gieße heißes Wasser nach und rühre gut um.
b. Von dieser Medizin nehme man täglich dreimal drei Tropfen.

(10)과 같이 기원문에도 접속법 I식을 쓰며, 그밖에도 문장 내용이 확실한 사실이 아닌 곳에서 접속법 I식을 쓸 수 있다.

(10) a. Lang lebe der König! (**국왕만세!**)
b. Gott segne den König! (**국왕께 신의 축복이 있기를!**)

5.1.3.2. 접속법 II식의 용법

접속법 II식은 (11)과 같은 비현실적인 가정에 쓰인다. 접속법 II식은 흔히 본동사의 접속법형을 쓰는 대신 (12)와 같이 werden동사의 접속법 II식에 본동사를 결합해서 쓰기도 한다.

(11) a. Wenn ich Geld hätte, ginge ich ins Theater.
b. Wenn ich Vöglein wäre, flöge ich zu dir.
(12) a. Wenn ich Geld hätte, würde ich ins Theater gehen.
b. Wenn ich Vöglein wäre, würde ich zu dir fliegen.

영어의 as if ~ 구문에 해당하는 (13)의 구문에서도 접속법 II식을 쓴다. (13a)를 (13b)와 같이 쓰기도 한다.

(13) a. Er gibt so viel Geld aus, als ob(als wenn) er ein Millionär wäre.
b. Er gibt so viel Geld aus, als wäre er ein Millionär.

그밖에 접속법 II식은 공손한 표현이나 추측 등을 나타내는 데에 폭넓게 쓰이는데((14) 참조), 특히 이런 쓰임의 접속법은 독일어에 많이 나타난다. 이러한 쓰임은 영어에서도 would, could, might 등의 조동사에서 찾아 볼 수 있다.

(14) a. Würden Sie mir bitte einen Zettel geben?
b. Könnten Sie ein bisschen langsamer sprechen?
c. Er könnte wohl in seinem Büro sein.
d. Das würde ich nicht tun.

독일어에서 접속법의 쓰임은 아주 폭넓고 섬세하다. 이것은 독일어의 조동사의 용법의 폭넓고 섬세한 것과 맥을 같이 하고 있는지도 모른다. 위에서 나열한 용법들은 그 대표적인 것이라고 할 수 있으며 실제로 독일어 접속법의 쓰임은 일일이 나열할 수 없을 정도로 많고 섬세하다.

5.1.3.3. 접속법의 시제

우리는 접속법 I식에서 동사의 부정형을 쓰고 접속법 II식에서 동사의 과거형을 썼는데, 그렇다면 접속법의 시제는 어떻게 표현할 것인가에 대한 의문이 생긴다.

접속법은 현재시제와 과거시제를 가질 수 있는데 현재시제는 해당 동사의 접속법형을 써서 나타내고 과거시제는 완료형의 접속법을 써서 나타낸다. 즉 과거형은 이미 접속법 II식을 위해 사용되고 있으므로 접속법의 과거시제를 나타낼 때는 또 하나의 과거시제 표현방법인 완료형을 이용하는 것이다. 접속법으로 과거완료를 표현할 방법은 없다.

(15) **접속법의 시제 표현**
- a. **현재시제: 동사의 접속법으로**
- b. **과거시제: 완료형의 접속법으로**

(16)
- a. Karl sagte, “Ich fahre nach Seoul.”
  Karl sagte, dass er nach Seoul fahre.
- b. Karl sagte, “Ich fuhr nach Seoul.”
  Karl sagte, dass er nach Seoul gefahren sei.
- c. Er schickt mir kein Geld. Ich kaufe das Buch nicht.
  Wenn er mir Geld schickte, so kaufte ich das Buch.
- d. Er schickte mir kein Geld. Ich kaufte das Buch nicht.
  Wenn er mir Geld geschickt hätte, so hätte ich das Buch gekauft.

연습문제

A 다음 문장의 동사를 접속법 I식으로 바꾸어 다시 쓰시오.

1. Peter kommt aus Deutschland.
2. Hans fährt nach Berlin.
3. Du nimmst ein Taxi.
4. Monika ist zur Uni gegangen.
5. Marie besuchte ihre Eltern.

B 다음 문장의 동사를 접속법 II식으로 바꾸어 다시 쓰시오.

1. Peter kauft ein Buch.
2. Hans geht abends spazieren.
3. Du triffst deinen Freund.
4. Monika hat ihre Eltern besucht.
5. Marie ging um 9 Uhr zur Uni.

C 다음 직접화법을 간접화법으로 바꾸시오.

1. Erika sagte, "Ich bin krank."
2. Hans sagte, "Ich fahre zu meinen Eltern."
3. Monika sagte, "Ich nahm ein Taxi."
4. Hans fragte Erika, "Hast du Marie gesehen?"
5. Dieter fragte Hans, "Wo hast du das Buch gekauft?"

D 다음 두 문장을 가정법 문장으로 연결하시오.

1. Heute regnet es. Er bleibt also zu Hause.
2. Ich habe kein Geld. Ich kann also das Buch nicht kaufen.
3. Das Wetter ist schlecht. Wir gehen also nicht spazieren.
4. Das Auto war teuer. Herr Meier hat es also nicht gekauft.
5. Marie kam gestern nicht zu uns. Wir gingen also nicht ins Kino.

5.2. 부정사 구문(zu-Infinitiv)

5.2.1. 독일어와 부정사 구문

부정사란 동사 앞에 zu를 붙여 문장 안에서 술어 이외의 다른 용도로 쓰는 것이다. 동사를 술어 이외의 다른 용도로 쓰는 경우는 부정사 말고도 분사가 있다. 부정사는 유럽 언어에 널리 쓰이고 있는 문법범주인데 언어에 따라 그 쓰이는 정도와 폭이 다르다. 프랑스어와 영어는 부정사가 잘 발달되어 있고 아주 다양하게 쓰이고 있는 반면에, 독일어에서는 부정사가 이들 언어에서만큼 많이 쓰이지 않는다. 따라서 독일어의 부정사를 영어의 부정사처럼 쓰려고 해서는 안된다. 예를 들면 (17)과 같은 영어 문장을 독일어에서는 부정사 구문으로 표현할 수 없다.

(17) a. I believe Mary to be honest.
b. It is difficult for me to get up so early.
c. John is easy to please.

(17a)에서 Mary가 표면적으로는 believe의 목적어로 되어 있지만 의미상으로는 be honest의 주어이다. 독일어는 이런 문장을 부정사 구문으로 표현할 수 없으며 (18a)와 같이 부문장으로만 나타낼 수 있다. (17b)는 영문법에서 말하는 "it ~ for ~ to" 구문인데 독일어에서는 이런 구문 역시 사용하지 않으며, 대신 (18b)와 같이 부문장으로 쓰든지 아니면 형용사의 의미에 따라 (18c)와 같이 3격 명사를 써서 나타낸다. (17c)도 독일어에서는 (18d)로 밖에 표현할 수 없다.

(18) a. Ich glaube, dass Marie ehrlich ist.
b. Es ist unmöglich, dass ich so früh aufstehe.
c. Es ist mir schwer, so früh aufzustehen.
d. Es ist leicht, Peter zu befriedigen.

영어의 부정사 구문을 독일어로 표현할 수 없는 예는 이밖에도 많다. 위에서 말했듯이 독일어를 쓰거나 말할 때 영어에서처럼 부정사 구문을 쓰려고 해서는 안된다. 독일어에서 부정사 구문의 쓰임은 아주 제한적이어서 독일어 문장을 읽어보면 실제로 부정사 구문이 영어에서 보다 훨씬 적게 나타남을 알 수 있다.

5.2.2. 부정사 구문의 형식과 어순

독일어의 부정사는 동사에 zu를 붙이는데 분리동사에서는 zu가 전철과 기본동사 사이에 온다((19) 참조).

(19) **부정사의 형태**

sagen	- zu sagen	kaufen	- zu kaufen
vergehen	- zu vergehen	bekommen	- zu bekommen
abfahren	- abzufahren	antragen	- anzutragen

부정사 구문이란 그 형식면에서 주어가 빠진 부문장이라고 볼 수 있으며 독문법에서는 이를 부정사 문장(Infinitivsatz)이라고 부르기도 한다. 부문장 어순의 원칙에 따라 독일어의 부정사 구문에서는 (20)과 같이 동사가 zu와 함께 맨 끝에 온다.

(20) a. am Morgen so früh aufzustehen
(**아침에 그렇게 빨리 일어나는 것**)
b. Morgen früh vom Bahnhof meinen Freund abzuholen
(**내일 일찍 정거장에서 친구를 데려오는 것**)

영어의 부정사 구문을 생각하고 있다가 독일어의 부정사 구문을 대하면 아주 낯설게 느껴지는데, 그 이유는 아마 어순이 다르기 때문일 것이다. 앞에서도 몇 차례 말한 것처럼 독일어의 어순은 영어의 어순과는 기본적으로 반대이며, 오히려 우리말의 어순과 비슷하다. 특히 동사가 맨 뒤로 가는 부문장의 어순은 우리말의 어순과 정확히 일치한다고 볼 수 있는데 이는 부정사 구문에서도 마찬가지이다. (20)의 예는 우리말과 독일어의 어순이 일치함을 잘 보여준다. 한편, 독일어와 영어의 부정사 구문의 어순을 비교하면 완전히 거꾸로 되어 있음을 알 수 있다((21) 참조).

(21) a. Am Morgen so früh aufzustehen
(1) (2) (3)
To get up so early in the morning
(3) (2) (1)

b. morgen früh vom Bahnhof meinen Freund abzuholen
(1) (2) (3) (4) (5)
to take my friend from station early tomorrow
(5) (4) (3) (2) (1)

c. in diesem Jahr nach seiner Heimat zurückzugehen
(1) (2) (3) (4)
to go back to his home country in this year
(4) (3) (2) (1)

5.2.3. 부정사 구문의 쓰임

독일어의 부정사는 영어의 부정사보다 쓰이는 양이나 폭이 훨씬 적지만 쓰이는 용도는 영어와 비슷하다. 독일어의 부정사는 먼저 특정한 동사의 목적어로 쓰인다. 예를 들면 (22)의 동사들은 영어의 try, want, promise, ask 등과 같이 부정사 구문을 목적어로 취하는 동사들이다. 부정사의 이 용법은 영어나 독일어나 양적으로도 별 차이가 없는 것 같다.

(22)에서 보는 것처럼 독일어 부정사 구문에는 부문장에서와 같이 앞에 쉼표(콤마)를 찍는다. 다만 부정사 구문이 동사 이외에 다른 요소를 가지고 있지 않을 때는 쉼표를 찍지 않는다((22f) 참조).

(22) a. Wir versuchen, bis morgen unsere Arbeit zu beenden.
b. Ich hoffe, in der nächsten Zeit nach Berlin zu reisen.
c. Er versprach mir, mich bei meiner Arbeit zu unterstützen.
d. Langsam begann er, die fremde Sprache zu verstehen.
e. Er hat mich gebeten, morgen früh zu ihm zu kommen.
f. Um 9 Uhr fängt sie an zu arbeiten.

부정사 구문이 직접 문장의 주어로 쓰이거나 소위 가주어 es를 이용해서 나타난다((23) 참조).

(23) a. Im Ausland zu studieren ist nicht leicht.
b. Es ist nicht leicht, im Ausland zu studieren.
c. Es macht Spaß, im Sommer in einem See zu schwimmen.
d. Es freut mich sehr, Sie wieder gesund zu sehen.

(24)와 같이 부정사는 명사나 부정대명사를 꾸밀 수 있다.

(24) a. Sein Wunsch, in Deutschland zu bleiben, wurde erfüllt.
b. Wir gaben die Hoffnung auf, in diesem Jahr zurückzugehen.
c. Hier ist viel(wenig, genug, etwas, nichts) zu tun.
d. Wo finden wir etwas zu trinken?
e. Ich habe keine Lust zu arbeiten.

독일어에서도 "~하기 위해서"라는 목적을 나타내는 부정사 구문을 쓸 수 있는데 이때는 맨 앞에 um이라는 전치사를 함께 쓴다((25) 참조). (25c)는 영어의 소위 "too~to"용법에 해당한다.

(25) a. Ich kam nach Berlin, um Medizin zu studieren.
b. Herr Schmidt geht in die Stadt, um ein Buch zu kaufen.
c. Es ist zu heiß, um in der Sonne zu liegen.

조동사편에서도 말한 것처럼 영어에서와는 달리 독일어에서는 조동사도 부정사 구문을 만들 수 있다((26) 참조).

(26) a. Die Hoffnung, dich bald treffen zu können, wird erfüllt.
b. Es ist traurig, so früh abfahren zu müssen.

사역동사 lassen이나 지각동사 hören, sehen, fühlen 등은 zu없는 부정사를 쓴다((27) 참조).

(27) a. Ich lasse den Gast eintreten.
b. Er sieht den Vogel fliegen.

전치사 ohne, statt는 부정사 구문을 취할 수 있다((28) 참조).

(28) a. Er ging aus, ohne ein Wort zu sagen.
b. Er nahm das Geld, ohne zu fragen.
c. Statt zu arbeiten, ging er mit Peter aus.
d. Es ist schneller zu telefonieren, statt zu schreiben.

haben 동사와 함께 부정사가 쓰이면 당위를 나타내는데 이는 영어의 "have to" 용법과 같다((29) 참조).

(29) a. Der Mann hat diese Arbeit zu machen.
(그 남자는 이 일을 해야 한다)
b. Kinder haben zu schweigen, wenn Erwachsene sprechen.
(어른들이 말할 때 아이들은 조용히 해야 한다.)

부정사는 또 sein과 결합하여 "~(해야)할 것이다"의 뜻으로 쓰이는데 이는 영어의 "be to"용법에 해당한다((30) 참조). 이 구문은 의미적으로 수동(Passiv)의 뜻을 나타낸다.

(30) a. Das Material ist genau zu prüfen.
(그 자료는 면밀히 검토되어야 한다.)
b. Das Buch ist im nächsten Semester zu lesen.
(그 책은 다음 학기에 읽을 것이다)
c. Der Vorschlag ist zu begrüßen.
(그 제안은 환영할 만하다.)

그밖에 몇 가지 중요한 부정사 구문을 보면 (31)과 같다. (31)의 구문들은 각각 영어의 "need to" 구문, "seem to" 구문, "used to" 구문에 해당한다.

(31) a. Ich brauche heute nicht zu arbeiten.
(나는 오늘 일할 필요가 없다.)
b. Er braucht heute nur eine Stunde zu arbeiten.
(그는 오늘 한 시간만 일하면 된다.)
c. Er scheint aus Italien zu kommen.
(그는 이태리에서 온 것처럼 보인다.)
d. Er pflegt bis in die Nacht zu arbeiten.
(그는 밤늦게까지 일하곤 한다.)

과거의 사실을 부정사로 표현할 때는 완료부정사를 쓴다((32) 참조).

(32) a. Er scheint gestern lange gearbeitet zu haben.
b. Er leugnet, die Tat begangen zu haben.
c. Sie versichert uns, gestern zu Hause geblieben zu sein.

5.2.4. 독일어의 동명사

부정사 구문과 밀접하게 연관이 있는 것으로 영어에는 동명사(gerund)라는 문법범주가 있다. 영어의 동명사는 어미 -ing를 취해서 형태적으로는 현재분사와 같으며, 쓰이는 용도가 약간 다르기는 하지만 기능적으로는 부정사의 명사적 용법과 같다.

독일어에서는 영어와 같이 형태적으로 구별되는 동명사의 범주는 없다. 영어의 동명사를 써야 할 곳에서 독일어는 대개 부정사 구문을 쓴다. 이 경우 부정사 구문에 다른 문장 요소가 따라오지 않으면 전치사 zu를 생략하는 수가 있는데, 이것이 영어의 동명사와 비슷하다. 이때 동사는 대문자로 쓰며 중성명사로 본다((33a~c) 참조). 한편, (33d~e)와 같이 독일어에서는 동사를 명사화하는 어미 -ung도 영어의 동명사 어미 -ing의 기능을 할 수 있으나 그 쓰임이 극히 제한적이다.

(33) a. Ich soll das Rauchen aufgeben.
b. Vergeben ist leichter als Vergessen.
c. Aufhören der Diskussion (토론의 종결)
d. zweite Todesankündigung (두번째 죽음에 대한 예고)
e. Aussendung der zwölf Apostel (12 제자의 파견)

연습문제

A 다음 낱말을 이용해서 부정사 구문이 들어 있는 문장을 만드시오.

1. Peter, versuchen, beenden, seine Arbeit, bis morgen
2. Ich, hoffen, fahren, nach Berlin, morgen
3. schwer, studieren, im Ausland, es, ist
4. Ich, dir, versprechen, vom Bahnhof, abholen, deinen Bruder
5. Hans, gehen, Philosophie, studieren, nach, Deutschland, dort

5.3. 분사(Partizip)

5.3.1. 분사구문의 형태와 분사구문

분사란 원래 동사를 형용사로 만드는 기능을 하며 동사의 형용사화라고 할 수 있다. 즉 동사는 그 자체로는 명사를 꾸밀 수가 없기 때문에 명사를 꾸밀 수 있도록 그 형태를 변화시키는 것이 바로 분사라고 할 수 있다. 가령 우리말의 "울다"라는 동사가 명사를 꾸미기 위해서는 "우는 아이"와 같이 형태가 바뀌는 것과 비슷한 이치이다.

분사는 시제에 따라 현재분사, 과거분사, 미래분사의 세 가지로 나눌 수 있다. 현재분사는 어떤 일이 현재 진행되고 있음을 나타내고, 과거분사는 어떤 일이 과거에 일어났음을 나타내고, 미래분사는 어떤 일이 앞으로 일어날 것임을 나타낸다. 영어는 미래분사라는 범주가 없는데 비해 독일어는 이 세 가지 분사를 모두 가지고 있다.

독일어 분사의 형태와 예는 (34)와 같다. 여기서 분사는 일종의 형용사이므로 명사를 꾸밀 때는 형용사 어미변화를 해야 한다.

(34) **독일어 분사의 형태**
현재분사: 동사의 부정형 + d (예외 없음)
과거분사: ge + 어간 + t (강변화 동사는 불규칙변화)
미래분사: zu + 현재분사형

a. ein schlafendes Kind(잠자는 아이)
b. ein zerbrochenes Fenster(깨진 창문)
c. ein zu verkaufendes Haus(팔 집)

의미적으로 보아 현재분사에서는 뒤따르는 명사가 그 동사의 주어인데 반해, 과거분사와 미래분사에서는 뒤따르는 명사가 그 동사의 목적어이다. 예를 들면 (34a)에서 명사 Kind는 의미상으로 보아 동사 schlafen의 주어이고 (34b)에서 Fenster는 zerbrochen의 의미상의 목적어이다.

(34)의 예문들은 각각 (35)와 같은 문장에서 파생된 분사구문이라고 볼

수 있는데, (35)에서 우리는 위의 의미관계를 분명히 볼 수 있다. (35c)는 sein ~zu+Infinitiv 구문으로 앞에서 말한 바와 같이 수동의 의미가 있다.

(35) a. Ein Kind schläft.
b. Ein Fenster ist zerbrochen.
c. Ein Haus ist zu verkaufen.

(34)와 같이 분사자체에 다른 문장요소가 딸리지 않는 경우 영어와 독일어의 분사구문은 구조적으로 별 차이가 없다((34), (36) 참조).

(36) a. a sleeping child
b. a broken window

그러나 분사자체에 다른 문장 요소가 딸린 경우는 사정이 다르다. 영어에서는 이 경우 (37)에서 보는 바와 같이 분사구문이 명사 뒤에 오는데 독일어의 분사구문은 이때도 (38)과 같이 명사 앞에 온다. (38)에서도 물론 분사는 형용사 어미변화를 한다.

(37) a. the child sleeping in the room
b. the window broken by Peter yesterday

(38) a. das in dem Zimmer schlafende Kind
b. das gestern von Peter zerbrochene Fenster
c. das im nächsten Semester bei Prof. Song zu lesende Buch

(37)과 (38)의 구조가 완전히 다르기 때문에 영어에 익숙해 있는 사람들에게는 (38)이 아주 낯설게 느껴진다. (38)과 같은 분사구문을 "관식구(冠飾句)"라고 부르는 사람이 있는데 이는 일본에서 흘러 들어온 용어로 보인다. "관"이라는 말은 "머리, 모자"라는 뜻이며 "관식"이라는 말은 앞(머리)에서 꾸민다는 뜻이다.

5.3.2. 독일어와 우리말의 관형구

(37)과 (38)에서 보는 구조의 차이는 영어와 독일어의 어순의 차이를 단적으로 보여주는 예이다. 앞에서도 몇 차례 말했듯이 영어와 독일어의 어순은 기본적으로 반대이며, 독일어의 어순은 오히려 우리말에 가깝다. (38)의 분사구문만을 따로 떼어 내면 (39)에서 보는 것처럼 동사가 뒤로 빠져 있어 부문장의 어순과 같으며 이는 우리말의 어순 그대로이다.

(39) a. in dem Zimmer schlafende
b. gestern von Peter zerbrochene
c. im nächsten Semester bei Prof. Song zu lesende

한편, 우리말에서 명사를 꾸미는 말이 모두 명사 앞에 온다는 점을 염두에 두고 관찰하면, 우리는 (38)의 전체적인 구조가 곧 우리말의 구조와 같다는 것을 알 수 있다((40) 참조). 한 가지 차이가 있다면 독일어에서는 한정사인 관사가 항상 맨 앞에 오는데 반해, 우리말은 (41)과 같이 "이, 그, 저" 등의 한정사가 명사 바로 앞에 올 수도 있다는 점이다.

(40) a. das in dem Zimmer schlafende Kind
그 방안에서 잠자는 아이
b. das gestern von Peter zerbrochene Fenster
그 어제 페터에 의해 깨진 창문
c. das im nächsten Semester bei Prof. Song zu lesende Buch
그 다음 학기에 송교수 시간에 읽을 책

(41) a. 방안에서 잠자는 그 아이
b. 어제 페터에 의해 깨진 그 창문
c. 다음 학기에 송 교수 시간에 읽을 그 책

(40)~(41)에서처럼 명사 앞에서 꾸미는 말들을 우리말 문법에서는 "관형구"라고 하는데, 이에 해당하는 독일어의 분사구들도 관형구라고 불러도 좋겠다. "관형구"는 위에서 말한 일본식 용어 "관식구"라는 말과 똑같은

말이다. 다만 용어 선택이 문제인데, 우리말과 독일어의 비슷한 점을 일찍부터 파악하고 우리의 문법책들이 "관식구"라는 말대신에 "관형구"라는 용어를 썼더라면 우리나라 사람들에게 위와 같은 독일어의 현상들이 훨씬 쉽게 받아 들여졌을 것이라는 생각이 든다.

위와 같은 문장 요소가 딸린 관형구는 독일어의 경우 문어에서는 자주 나타나지만 일상 언어에서는 잘 나타나지 않고, 대신 관계대명사를 쓰던가 아니면 두 개의 문장으로 나누어서 쓴다. 어떻든 독일어의 관형구는 우리말의 관형구 현상과 아주 비슷하다는 것을 생각하면서 가르치고 배우면 좋을 것 같다.

독일어의 관형구에 비해 우리말의 관형구는 의미적인 제약을 거의 받지 않는다. 즉 (34)~(35)에서 본 대로 독일어 관형구의 명사와 동사 사이에는 일정한 의미적 제약이 따르는데 반해 우리말의 관형구에서는 뒤따르는 명사가 의미적으로 동사의 주어나 목적어, 그밖에 다른 요소가 될 수 있다((42) 참조)

(42) a. 영희를 좋아하는 남학생(주어-동사 관계)
b. 영희가 좋아하는 남학생(동사-목적어 관계)
c. 다음 학기에 발표할 사람(주어-동사 관계)
d. 다음 학기에 읽을 책(동사-목적어 관계)
e. 내가 갈 도시(동사-부사 관계)

(42a, b)는 독일어의 현재분사 구문에 해당하고 (42c, d)는 미래분사 구문에 해당한다. 독일어에서는 의미적으로 보아 (42a, d)와 같은 구조만 가능한데 비해 우리말에는 이런 제약이 없다. 우리말과 독일어의 이러한 차이는 관계대명사 구문과 밀접한 연관이 있는 것 같다. 즉 유럽 언어식의 관계대명사 구문을 가지고 있지 않는 우리말은 관형구문이 잘 발달해 있고, 거꾸로 관계대명사 구문이 잘 발달되어 있는 독일어는 관형구에 제약이 많이 따르는 것이다. 앞에서도 말한 것처럼 독일어의 일상 언어에서는 복잡한 관형구를 쓰는 대신 관계절을 즐겨 쓰며, 특히 의미적으로 관형구가 불가능한 (42b, c, e)와 같은 구문은 관계절로 표현한다.

5.3.3. 분사의 용법

형용사는 술어적으로 쓰일 수도 있고 부가적으로 쓰일 수도 있으며, 형용사에 따라 그 쓰임이 어느 한 쪽에만 제한될 수도 있다. 형용사의 일종인 분사도 마찬가지이다. 영어의 분사는 이 두 가지 용법에 제한없이 쓰인다. 즉 영어의 분사는 부가적으로 쓰일 수도 있고 술어적으로 쓰일 수도 있는데, 현재분사가 술어적으로 쓰인 것이 바로 현재진행형이고 과거분사가 술어적으로 쓰인 것이 곧 수동형이다.

독일어의 경우 과거분사는 부가적으로나 술어적으로나 제한없이 쓸 수 있다. 과거분사가 술어적으로 쓰인 것이 곧 수동문이다. 반면에 (43)과 같이 완전히 형용사가 되어 버린 경우를 제외하고는 독일어의 현재분사와 미래분사는 술어적으로 쓰이지 않는다.

독일어에는 현재진행형이라는 범주가 없으며 (44a, b)는 틀린 문장이다. 독일어에서 현재진행의 뜻을 나타내고 싶을 때는 (44c, d)와 같이 바로 현재형을 쓴다. 현재진행형이 없는데다가 관계절이 잘 발달되어 있기 때문에 독일어에서는 현재분사의 쓰임이 극히 제한적이며 일상언어에서는 거의 나타나지 않는다.

(43) a. Der Mann ist wütend.
     b. Die Frau ist reizend.

(44) a. *Das Kind ist schlafend.
     b. *Der Mann ist reisend.
     c. Das Kind schläft.
     d. Der Mann macht eine Reise.

독일어의 분사는 형용사처럼 어미변화를 하며 뒤따르는 명사를 생략하고 명사화할 수도 있다((45) 참조).

(45) a. Der reisende Mann steigt in Bonn um.
     b. Der Reisende steigt in Bonn um.

c. Unter den Geretteten waren zwei Verletzte.

(46)의 과거분사들은 보통 이미 명사화한 것들인데 어미변화는 형용사 변화를 따른다. (46d)의 Beamter는 특히 과거분사라기보다 오히려 일반명사에 가깝기 때문에 여성에서 여성명사어미 -in을 붙인다.

(46) a. Der Bekannte, ein Bekannter, die Bekannte (아는 사람)
b. Der Verwandte, ein Verwandter, die Verwandte (친척)
c. Der Verlobte, ein Verlobter, die Verlobte (약혼자)
d. Der Beamte, ein Beamter, die Beamtin (관리, 공무원)

분사는 또 동시상황을 나타낼 수 있다((47) 참조).

(47) a. Das Kind kam weinend von der Schule heim.
(아이가 울면서 학교에서 돌아왔다.)
b. Wir trafen den Kranken schlafend an.
(우리는 환자를 자고 있는 상태에서 만났다.)
c. Sie ging gekränkt nach Hause.
(그녀는 속이 상해 가지고 집에 갔다.)
d. Laut um Hilfe schreiend, rannte die Frau durch die Straße.
(큰 소리로 도움을 청하며 그녀는 거리를 달렸다.)
e. Von einem Giftpfeil getroffen, stürzte der Vogel zur Erde.
(독화살을 맞아 새가 땅에 떨어졌다.)

움직임을 나타내는 동사의 과거분사가 kommen 동사와 결합하여 역시 동시상황을 나타낼 수가 있다((48) 참조). 우리의 언어감각으로는 이때 현재분사가 와야 할 것 같은데 독일어는 그렇게 쓰지 않는다. 또 (49)와 같이 gehen 동사가 과거분사 verloren과 결합하여 "분실되다"라는 뜻을 나타내는데 이 경우 verloren을 분리전철로 볼 수도 있겠다.

(48) a. Dort kommt Peter gelaufen.
b. Ein Vogel kam geflogen.

(49) a. Meine Tasche ist mir verloren gegangen.
b. Der Knopf an deinem Mantel ging verloren.

5.4. 격지배와 격의 특별한 쓰임

5.4.1. 동사의 격지배

언어의 기본 단위는 문장이고 문장을 이루는 두 가지 기본 요소는 명사와 동사라고 할 수 있다. 한편, 한 문장 안에 어떤 명사들이 들어와야 할지는 동사에 의해 결정된다. 예를 들면 regnen이라는 동사는 비인칭 주어를 요구하며 목적어는 요구하지 않는다. 따라서 (50a)는 좋은 문장이지만 (50b, c)는 틀린 문장이다.

(50) a. Es regnet den ganzen Tag.
b. *Der Mann regnet sehr stark.
c. *Es regnet mich.

이와 같이 동사나 그밖에 전치사, 형용사 등이 나름대로 고유한 명사 및 격을 요구하는 것을 전통적으로 (격)지배라고 한다. 현대 언어학에서는 이를 하위범주화라고 부르는데 이는 동사가 문장을 만들기 위해 어떤 명사를 요구하느냐에 따라 동사를 하위부류로 나눈다는 뜻이다.

어떤 목적어를 필요로 하느냐에 따라 독일어의 동사는 (51)과 같이 몇 가지로 나눌 수 있다. (52)는 이에 대한 예문들이다

(51) **격지배에 따른 독일어 동사의 분류**

a. 동사(자동사)
b. 동사 + 2격명사
c. 동사 + 3격명사
d. 동사 + 4격명사

e. 동사 + 재귀대명사
f. 동사 + 전치사 목적어
g. 동사 + 3격명사 + 4격 명사
h. 동사 + 4격명사 + 전치사 목적어
i. 동사 + 재귀대명사 + 4격명사
j. 동사 + 재귀대명사 + 전치사 목적어

(52) a. Der Mann arbeitet.
b. Der Mann bedarf des Trostes.
c. Der Mann hilft dem Kind.
d. Der Mann liebt die Frau.
e. Der Mann freut sich.
f. Der Mann wartet auf seine Frau.
g. Der Mann gibt mir ein Buch.
h. Der Mann bittet mich um Geld.
i. Der Mann bestellt sich ein Glas Bier.
j. Der Mann erinnert sich an die Frau.

(51b)의 소위 2격지배 동사는 많지 않으며, 특히 현대 독일어에서는 2격 대신 4격을 쓰거나 전치사 목적어를 쓰는 경향이 있다. 이에 대한 몇 가지 예를 더 보면 (53)과 같다.

(53) a. Der Mann entbehrt der Hilfe.
b. Der Mann wurde des Diebstahls angeklagt.
c. Der Minister wurde seines Amtes enthoben.

(51c)의 3격지배 동사는 수가 많다. 우선 의미적으로 3격을 요구하는 동사도 많고((54a) 참조), 그밖에 독일어에는 우리 언어감각으로는 맞지 않지만 특별히 3격을 요구하는 동사가 많기 때문이다((54b~d) 참조).

(54) a. Der Mann antwortet dem Fremden.
b. Der Hund ist seinem Herrn entlaufen.
c. Ich bin deinem Rat gefolgt.
d. Rauchen schadet deiner Gesundheit.

3격지배 전치사를 전철로 가진 동사는 3격지배 동사이다((55) 참조).

(55) a. Wir hörten dem Konzert zu.
b. Der Hund lief seinem Herrn nach.
c. Ich werde dir immer beistehen.

(51e, i, j)에서 우리는 재귀대명사 구문을 별개의 하위범주로 설정했는데 이는 재귀대명사가 특별히 자주 쓰이는 독일어의 특징을 반영한 것이다. (51f)에서는 또 전치사 목적어라는 개념이 도입되었는데 이 역시 영어에 비해 전치사를 동반하는 목적어가 많이 쓰이는 독일어의 특징을 반영한 것이다.

5.4.2. 형용사의 격지배

형용사가 목적어를 취하는 것이 우리에게는 낯설게 느껴진다. 그 이유는 아마 영어에 이런 현상이 거의 없기 때문일 것이다. 영어의 경우 tall, long 등 길이를 나타내는 말에서 형용사가 명사를 목적어로 취할 수 있고 그밖에 형용사가 명사를 취할 때는 형식적인 전치사를 동반한다((56) 참조).

(56) a. He is 170 cm tall.
b. It is 3 inches long.
c. He is conscious of his mistake.

이에 비해 독일어의 형용사는 (57)~(59)에서 보는 바와 같이 다양한 목적어를 취하는 것이 특징이다. 이때 문장의 어순은 동사만 제외하면 우리말과 같다.

(57) 2격지배 형용사

sicher, bedürftig, gewiss, bewußt, kundig, überdrüßig, mächtig, verdächtig, fähig, müde, satt, voll 등

a. Sie war dieser Tat nicht fähig.
b. Er ist seiner Erfolge sicher.
c. Der Mann war des Diebstahls verdächtig.

(58) 3격지배 형용사

ähnlich, gnädig, dankbar, gehorsam, gleich, fremd, lästig, schädlich, nützlich, peinlich, angenehm 등

a. Dieser Mann ist mir bekannt.
b. Ich bin meinem Vater dankbar.
c. Er ist seinem Vater ähnlich.
d. Das ist mir peinlich.

(59) 4격지배 형용사

alt, breit, dick, entfernt, hoch, lang, schwer, weit 등

a. Die Straße ist einen Kilometer lang.
b. Das Kind ist zwei Jahre und einen Monat alt.
c. Das ist keinen Cent wert.

5.4.3. 격의 특별한 쓰임

독일어의 네 가지 격은 의미적으로 보통 주격, 소유격, 여격, 목적격으로 쓰인다. 그러나 이러한 격의 본래의 의미기능과는 별로 상관없이 특정한 격을 써야 할 경우가 많은 것이 독일어의 특징이다. 그 가운데 가장 대표적인 것이 전치사라고 할 수 있다. 즉 독일어의 전치사는 2격, 3격, 4격, 3·4격 등의 명사를 요구하는데 이 전치사들은 의미적으로 "~의, ~에서, ~을/를" 등 본래의 격의미와는 관계가 없는 것이다. 이밖에도 독일어에는 격들이 본래의 의미와는 상관없이 특별하게 쓰이는 경우가 많다.

5.4.3.1. 2격의 특별한 쓰임

시간이나 장소를 가리키는 명사는 보통 그에 해당하는 전치사를 동반하는데 전치사 없이 그냥 명사의 2격을 이용해서 부사적으로 쓰이는 수가 있다((60) 참조). (60d)에서 Nacht는 여성명사이기 때문에 원래 2격에 -s를 붙이지 않는 것인데 시간을 나타내는 남성명사들의 영향을 받아 그냥 이들처럼 -s를 붙여서 쓴다.

(60) a. Eines Morgens besuchte mich mein Freund.
b. Sie sehen linker Hand ein Hotel.
c. Sonntags stehe ich um 7 Uhr auf.
d. Nachts war die Luft sehr kühl.

추상명사를 2격으로 쓰면 형용사의 기능을 갖는다. 이 구문은 von이라는 전치사와 함께 3격으로 쓰기도 한다((61) 참조). 이 구문은 영어의 "of + 추상명사" 구문에 해당한다.

(61) a. Ich bin (von) deiner Meinung.
b. Er ist voller Freude.
c. Das ist ja (von) großer Bedeutung.

(62)도 독일어에서 자주 쓰이는 2격의 특수한 용법이다. 이들은 각각 문장 가운데서 m.W.와 m.E.로 줄여서 쓰기도 한다.

(62) a. meines Wissens (**내가 알기로는**)
b. meines Erachtens (**내가 평가하기로는; 내생각에는**)

명사의 2격을 한정사(관사류)대신 쓰기도 한다. 이때 2격 명사는 관사 자리에 오며 원래 관사는 물론 생략된다((63) 참조).

(63) a. das Haus meines Vaters → meines Vaters Haus
b. das Dach des Hauses → des Hauses Dach

5.4.3.2. 3격의 특별한 쓰임

독일어의 3격은 (64)와 같이 영어에서는 볼 수 없는 특별한 쓰임이 있는데 3격의 이 쓰임은 우리말 조사 "~에게"와 아주 비슷하다. 우리말에서는 이때 흔히 "열어 주다, 써 주다"에서와 같이 "~주다"라는 보조동사를 동반한다.

(64) a. Er hat mir die Tür geöffnet.
(그는 나에게 문을 열어 주었다.)
b. Er hat mir einen Brief an die Uni geschrieben.
(그는 나를 위해 대학에 편지를 써 주었다.)
c. Hans ist mir ein guter Freund.
(한스는 나에게 좋은 친구이다.)
d. Du arbeitest mir zu langsam.
(너는 내가 볼 때 너무 느리다.)
e. Das ist mir ummöglich.
(그것은 나에게 불가능하다.)
f. Er hat mir das Leben schwer gemacht.
g. Ich werde der Dame die Koffer tragen.

3격은 또 신체의 일부를 가리킬 때 쓰이는데 이것도 독일어의 특이한 용법이다((65) 참조). (65)의 용법도 결국 (64)와 연관이 있는 것 같은데, 이것도 역시 우리말의 조사 "~에게"의 쓰임과 느낌이 비슷하다.

(65) a. Der Kopf schmerzt mir(= mein Kopf).
b. Er schlägt mir ins Gesicht(= mein Gesicht).
c. Ich wasche mir die Hände(= meine Hände).

우리의 언어 감각으로는 (65)의 표현들을 (66)과 같이 써도 될 것 같은데 독일 사람들은 (67)과 같이 특별한 경우를 제외하고는 그렇게 쓰지 않는다.

(66) a. ? Mein Kopf schmerzt.
b. ? Er schlägt in mein Gesicht.
c. ? Ich wasche meine Hände.

(67) a. Ich wasche meine Hände in Schuld.
b. Ich putze meine Schuhe, nicht deine.

5.4.3.3. 4격의 특별한 쓰임

자동사는 4격목적어를 취하지 않는 것이 보통이지만 장소의 이동을 나타내는 자동사가 방향이나 이동장소를 나타내는 명사를 4격 목적어로 취할 수가 있다((68) 참조).

(68) a. Er kommt die Treppe herunter.
b. Er sieht Barbara die Straße heraufkommen.

시간을 나타내는 말이 4격으로 쓰이면서 부사적인 기능을 할 수 있다. 특히 문서나 편지에서 날짜를 쓸 때 (69c)와 같이 4격을 쓴다.

(69) a. Es regnet den ganzen Tag.
b. Nächsten Sonnatg besuche ich meinen Onkel.
c. Bonn, den 5. Mai 1990

인사말에서 보통 4격을 쓰는데, 이는 (70)과 같이 줄인 문장으로 볼 수 있다.

(70) a. (Ich wünsche Ihnen) Guten Tag!
b. (Ich wünsche Ihnen) Gute Nacht!

5.5. 독일어의 기본문형

위에서 우리는 동사나 형용사가 그 성격에 따라 일정한 수와 격의 명사를 요구한다고 했는데 이점에서 동사나 형용사는 결국 그 문장의 전체적인 구조 혹은 형식을 결정한다고 볼 수 있다. 술어의 이러한 성질을 아주 단순화시켜서 다섯 가지로 나누어 놓은 것이 바로 영어 문법에서 말하는 문장 5형식이다.

영어의 문장 5형식은 영어의 문장 유형을 아주 단순화시켜 놓은 것이기 때문에 모든 영어문장을 제대로 기술하기 위해서는 그 수가 훨씬 늘어나서 적어도 20~30형식 정도가 되어야 할 것이다. 이러한 약점에도 불구하고 문장 5형식은 영어교육에 기여하고 있는 것이 사실이며, 만일 문형의 수를 늘려 20형식이나 30형식을 가르친다면 이는 오히려 효과가 떨어질 것이다.

독일어 문법에서는 문장 5형식을 가르치지 않는다. 여기에는 여러 가지 원인이 있겠지만 아마 독일어의 특성으로 보아 이 5형식이 독일어에 잘 맞지 않기 때문일 것이다. 그렇다고 독일어에 고유한 문형이 없는 것은 물론 아니고 전문적인 독일어 문법책에서는 독일어의 문형을 수십 가지씩 설정하고 있는 것을 볼 수 있다. 독일어의 문형을 이렇게 수십 가지로 설정하는 경우, 이는 독일어의 현상을 정확히 기술하는 데는 도움이 될지 모르지만 독일어를 가르치고 배우는 데는 별 의미가 없을 것이다.

독일어 교육을 위한 문장 유형은 따라서 독일어의 특징을 잘 반영하되 그 수가 지나치게 많지 않는 선에서 적당히 절충이 되어야 할 것이다. 이 점을 염두에 두고 또 앞장의 격지배에 따른 동사의 분류 등을 참고해서 우리는 독일어의 기본문형을 (71)과 같이 10가지 형식으로 나누어 본다. 이에 대한 예문은 (72)와 같다.

(71) **독일어 문장 10 형식**

제 1 형식: 주어 + 동사
제 2 형식: 주어 + 연결사 + 보충어(명사, 형용사, 부사)
제 3 형식: 주어 + 동사 + 명사 목적어(2·3·4격)
제 4 형식: 주어 + 동사 + 재귀대명사

제 5 형식: 주어 + 동사 + 전치사 목적어
제 6 형식: 주어 + 동사 + 명사 목적어 + 명사 목적어
제 7 형식: 주어 + 동사 + 명사 목적어 + 전치사 목적어
제 8 형식: 주어 + 동사 + 재귀대명사 + 명사 목적어
제 9 형식: 주어 + 동사 + 재귀대명사 + 전치사 목적어
제 10 형식: 주어 + 연결사 + 명사 목적어 + 형용사

(72) 제 1 형식 예문:

a. Der Mann arbeitet.
b. Das Kind schläft.

제 2 형식 예문:

a. Ich bin aus Korea.
b. Er ist nett.
c. Er ist mein Lehrer.

제 3 형식 예문:

a. Der Mann bedarf des Trostes.
b. Der Mann hilft dem Kind.
c. Der Mann liebt die Frau.

제 4 형식 예문:

a. Der Mann freut sich.
b. Ich wasche mich.

제 5 형식 예문:

a. Der Mann wartet auf seine Frau.
b. Wir verzichten auf den Ausflug.

제 6 형식 예문:

a. Der Mann gibt mir ein Buch.
b. Man nennt ihn einen Lügner.
c. Ich wasche dem Kind die Hände.
d. Man enthob ihn seines Amtes.

제 7 형식 예문:

a. Der Mann bittet mich um Geld.
b. Sie fragt mich nach dem Weg.
c. Ich danke Ihnen für den Brief.

제 8 형식 예문:

a. Ich suche mir eine Wohnung.

b. Ich kann mir kein Auto leisten.

c. Er bestellt seiner Frau ein Glas Bier.

제 9 형식 예문:

a. Der Mann erinnert sich an die Frau.

b. Die Frau kümmert sich um den Haushalt.

c. Ich freue mich sehr auf die Reise.

제 10 형식 예문:

a. Wir sind dir dankbar.

b. Er ist seinem Vater ähnlich.

c. Sie ist des Diebstahls verdächtig.

d. Er ist auf dich eifersüchtig.

e. Wir sind von seiner Unschuld überzeugt.

위에서 말한 대로 독일어의 모든 문형을 (71)에 제시한 10개의 형식으로 기술할 수는 없다. 또 사람마다 관점이 다르기 때문에 얼마든지 (71)과 다른 기본문형을 설정할 수도 있을 것이다. (71)에서 우리는 영문법의 소위 제 5 형식 문장을 별도의 문형으로 설정하지 않았는데 그 이유는 이런 유형의 문장이 다른 문형에 비해 상대적으로 비중이 낮다고 생각되기 때문이다.

연습문제

A 다음 낱말들을 가지고 격지배에 유의해서 문장을 만드시오.

1. der Mann, freuen, der Ausflug.
2. die Frau, helfen, das Kind
3. der Herr, warten, seine Frau.
4. der Hund, entlaufen, der Herr
5. ich, bitten, mein Vater, Geld
6. Peter, bestellen, ein Glas, Bier
7. die Dame, erinnern, der Unfall
8. das Kind, diese Tat, nicht, fähig
9. ich, meine Eltern, dankbar
10. der Mann, der Diebstahl, verdächtig

5.6. 독일어의 어순

우리는 보통 외국어 능력을 말하기, 듣기, 읽기, 쓰기의 4 가지 기능으로 나눈다. 이 가운데 말하기와 쓰기를 능동적 기능이라 하고 듣기와 읽기를 수동적 기능이라 한다. 수동적인 기능을 위해서는 외국어의 어순에 특별히 신경을 쓸 필요가 없다. 그러나 간단한 문장 하나라도 외국어로 말하거나 쓰고자 할 때는 어순에 대한 지식이 필수적이다.

총론편에서도 말한 것처럼 인간의 언어에는 어순이 자유로운 언어가 있고 어순이 자유스럽지 못한 언어가 있는데 이는 그 명사의 문법적 기능(격) 표시 방법과 밀접한 연관이 있다. 즉 명사구에 조사나 어미로 격이 표시되는 언어는 어순이 비교적 자유스러운데 비해 명사에 특별한 격표시 방법을 갖지 않는 언어는 어순으로 격을 나타내야 하기 때문에 어순이 자유스럽지 못하다. 중국어와 영어는 어순이 자유롭지 못한 대표적인 언어이고 우리말과 독일어는 어순이 자유로운 언어에 속한다.

한 언어의 어순이 자유롭다고 해서 낱말을 마음대로 늘어놓아도 된다는 뜻은 물론 아니다. 독일어의 어순도 영어의 어순보다는 훨씬 자유로운 편이지만 여기에는 어순의 기본 원리가 있고 일정한 제약이 따른다. 예를 들면 (73a~d)는 좋은 독일어 문장인데 비해 (73e~f)는 틀린 문장이다.

(73) a. Peter schenkt dem Bruder zu Weihnachten ein Buch.
b. Zu Weihnachten schenkt Peter dem Bruder ein Buch.
c. Dem Bruder schenkt Peter zu Weihnachten ein Buch.
d. Peter schenkt zu Weihnachten dem Bruder ein Buch.
e. *Dem Bruder schenkt zu Weihnachten ein Buch Peter.
f. *Dem Bruder schenkt ein Buch zu Weihnachten Peter.

비교적 자유로운 독일어의 어순에 정확히 어떤 제약이 있는지는 따로 깊이 전문적인 연구를 해야 할 부분이다. 이 책은 그런 특수한 전문적인 지식을 추구하는 것은 아니기 때문에, 독일어의 어순에 대해 기본적인 원리와 그밖에 몇 가지 중요한 사항만을 다루기로 하겠다.

5.6.1. 독일어 어순

앞에서도 몇 차례 말한 것처럼 독일어의 어순에는 (74)와 같은 세 가지 기본 원리가 있다.

(74) a. **정동사(= 인칭 변화 동사)는 두 번째 자리에 온다.**
b. **정동사와 의미적으로 가까운 요소일수록 뒤로 간다.**
c. **정동사를 제외하면 기본적으로 우리말 어순과 같다.**

(74a)의 원리는 영어와 같이 정동사가 두 번째 자리에 오기는 하지만 주어가 꼭 문장 맨 앞에 오지는 않는다는 뜻이다. 다른 문장 요소가 문장 맨 앞에 왔을 때는 주어가 동사 뒤로 가고 동사는 두 번째 자리를 지키게 된다. (73b, c)가 그 한 예인데, 실제로 독일어 문장을 읽다 보면 주어가 문장의 맨 앞에 오지 않는 것은 자연스러운 일이며, 이는 우리 언어 감각과 아주 비슷한 데가 있다((75) 참조).

(75) a. Unterwegs trafen sie auf einen Mann.
b. Noch einmal ging Jesus weg und betete.
c. Eines Tages kamen einige Leute aus Jerusalem.
d. Inzwischen hatte auch König Herodes von Jesus gehört.

문장 맨 앞에 오는 요소가 부문장(종속절)이 될 수도 있다. 이때는 부문장을 하나의 문장 요소로 보고 주어가 동사 뒤로 가는데, 주문장과 부문장의 경계에는 항상 콤마를 찍는다((76) 참조). 특히 독일어는 wenn으로 이끌리는 부문장이 오면 (76c)와 같이 주문장에 dann이나 so을 곁들여 쓰는 일이 많다.

(76) a. Als Jesus aus dem Boot stieg, sah er viele Menschen.
b. Während Jesus noch sprach, kamen Boten aus dem Haus.
c. Wenn du beten willst, dann geh in dein Zimmer.

(74b)의 원리는 영어의 어순과 독일어의 어순의 차이를 단적으로 잘 보

여주는 원리이며, 동시에 독일어와 우리말 어순의 공통점을 잘 나타내 주는 원리이다. 우선 (77)~(78)의 예문에서 이와 관련된 세 언어의 어순상의 특징을 잘 볼 수 있다. 즉 부사의 어순이 영어와 독일어가 완전히 반대이며, 우리말과 독일어는 같다. 부사와 목적어의 어순도 역시 독일어와 영어는 반대이고, 우리말과 독일어는 같다.

(77) a. I go to school at 8 o'clock today.
b. Ich gehe heute um 8 Uhr in die Schule.
c. **나는 오늘 8시에 학교에 간다**.

(78) a. I visit Marie today.
b. Ich besuche heute Marie.
c. **나는 오늘 영희를 방문한다**.

독일어 문법을 배우다 보면 우리는 흔히 문법적으로 의미있는 요소들이 문장 끝으로 가버리는 것을 보는데 이 현상은 모두 (74b)의 원리와 연관이 있다. (79)에서 볼 수 있는 여러 가지 독일어 현상들이 여기에 해당한다.

(79) a. Peter fährt morgen ab. (**분리동사 구문**)
b. Peter will morgen abfahren. (**조동사 구문**)
c. Peter ist heute abgefahren. (**완료구문**)
d. Das Fenster wurde von Peter zerbrochen. (**수동태 구문**)
e. Peter ist seinem Vater ähnlich. (**격지배 형용사 구문**)

(74)와 같은 원리를 모르고 우리는 보통 막연히 독일어의 어순이 영어와 비슷하리라고 생각하면서 (79)를 독일어의 특이한 현상으로 보아 넘겨 버리는 수가 많다. 그러나 위의 예들은 이것이 아주 잘못된 선입견이라는 것을 잘 보여준다.

(74c)의 원리는 (74b)에 대한 보충 설명인데 우리나라 사람들에게는 중요한 정보이다. 위의 예문에서 이미 이 사실은 잘 드러났지만 몇 가지 예를 더 들어보면 (80)과 같다. (80e~h)는 앞에서 이야기한 바 있는 관형구들이다. 이밖에도 위와 같은 어순상의 원리를 염두에 두고 독일어 문장을 읽다 보

면 고개를 끄덕이는 일이 많을 것이다.

(80) a. Peter wurde heute in der Schule von Marie ohrgefeigt.
b. **철수는 오늘 학교에서 영희에게 따귀를 맞았다.**
c. Er konnte ihnen nur mit der Hand Zeichen geben.
d. **그는 그들에게 다만 손으로 신호를 줄 수 있었다.**
e. das in dem Zimmer schlafende Kind
f. **그 방안에서 잠자는 아이**
g. das gestern um 9 Uhr von Peter zerbrochene Fenster
h. **그 어제 9 시에 철수에 의해 깨진 창문**

5.6.2. 목적어와 부사의 어순

위의 어순상의 원칙들은 영어, 독일어, 우리말 어순의 특징과 유사점 및 차이점을 잘 나타내 주고 있다. 그러나 이 언어들의 어순을 조금 더 자세히 관찰하면 우리는 위의 두 번째 원칙에 약간 문제가 있다는 것을 알 수 있다. 즉 이 원칙은 대개 동사 요소와 부사들 사이에서는 별 문제 없이 적용되는데 여기에 목적어가 개입하면 복잡한 양상이 벌어진다.

여기에서 물론 기본적으로 전제되어야 할 것은 독일어의 어순은 우리말처럼 자유스럽고 영어는 고정어순이라는 점이다. 목적어와 부사 사이의 어순이 다른 두개의 문장을 놓고 독일 사람에게 어느 것이 좋은 문장이냐고 물으면 많은 경우 둘 다 상관없다는 반응을 보이고 대화 상황에 따라 달리 선택해야 한다고 대답한다. 특히 목적어와 부사의 순서를 바꿀 수 없다는 반응은 거의 없으며 독일어의 이러한 현상은 우리말과 아주 비슷하고 영어와는 대조적이다.

세 언어 사이의 이러한 기본적인 유사점과 차이점에도 불구하고 우리는 목적어와 부사 사이의 기본어순이 부사의 종류에 따라 약간씩 차이가 있다는 점에 유의해야 한다.

먼저 독일어의 시간과 장소 부사는 우리말과 마찬가지로 보통 목적어 앞에 온다.

(81) a. Ich habe heute Marie getroffen.
b. I met Mary today.
c. 나는 오늘 철수를 만났다.

(82) a. Er hat zwei Jahre Sprachwissenschaft studiert.
b. He has studied linguistics for two years.
c. 철수는 2년 동안 언어학을 공부했다.

(83) a. Er hat in der Stadt einen Freund getroffen.
b. He met Mary in the city.
c. 나는 학교에서 영희를 만났다.

도구부사의 경우 독일어와 영어가 어순이 비슷하고 우리말은 다르다.

(84) a. Sie schneidet das Brot mit dem Messer.
b. He cut the bread with the knife.
c. 철수는 칼로 빵을 잘랐다.

우리나라 사람들이 아주 틀리기 쉬운 것은 독일어의 양태(Art und Weise)의 순서이다. 즉 이 어순은 우리말과 독일어가 일치하지 않는 대표적인 예이다. 한편, 양태부사의 어순에서는 오히려 영어와 우리말이 일치하기 때문에 우리나라의 독일어 학습자들은 이 어순에서 실수할 가능성이 아주 많다.

(85) a. Er spricht gut/perfekt Deutsch.
b. Er fährt schnell Auto.
c. Er spielt schnell/gut/schön Klavier.
d. Er schließt leise die Tür.
e. Er macht vorsichtig die Tür auf.
f. Ich trinke gern Kaffee.

(86) a. 철수는 영어를 잘/완벽하게 한다.
b. 철수는 차를 빨리 몰았다.
c. 영희는 피아노를 잘/빨리 친다.
d. 철수는 문을 가만히 닫았다.

(87) a. She speaks English well.
b. He drives the car slowly.
c. She plays the piano well.
d. He closed the door carefully.

5.6.3. 부정소 nicht의 위치

부정소 nicht의 위치는 총론의 부정문편에서 간단히 설명하였다. 독일어의 부정문은 부정소 nicht만 붙이면 되는데 그 위치는 (88)과 같은 원칙을 따른다.

(88) a. **부정소** nicht**는 목적어 다음에 온다. 다만 전치사 목적어는 예외이다.**
b. **연결사 구조에서는 보충어 앞에 온다.**
c. **부사구가 있으면 부사구 앞에 온다. 다만 시간부사는 예외이다.**

(88a)는 (89)와 같이 문장이 부사구 없이 자동사나 목적어로 끝나는 경우를 말하고, (88b)는 (90)과 같은 구문을 말한다.

(89) a. Hans traf Erna nicht.
b. Hans gab Erna das Buch nicht.
c. Hans schlief nicht.
d. Ich bitte meine Eltern nicht um Geld.

(90) a. Hans war nicht der Mörder.
b. Hans ist nicht aus Berlin.
c. Hans ist nicht tolerant.

(88c)는 문장에 부사구가 오는 경우인데, 시간 부사는 부정소 nicht 앞에 오고 그 밖의 부사구들은 부정소 뒤에 온다((91) 참조).

(91) a. Hans läuft nicht schnell.
b. Ich gehe nicht in die Schule.

c. Marie wohnt nicht in Bonn.
d. Ich schreibe nicht mit dem Kugelschreiber.
e. Ich arbeite heute nicht.

우리는 앞장에서 독일어 어순의 일반 원리를 설정했는데 자세히 관찰하면 nicht의 위치도 위의 원리에 포함시킬 수 있을 것 같다. 즉 우리는 부사나 전치사 목적어, 연결사의 보충어 등은 동사와 의미적으로 밀접하게 연결되어 있기 때문에 위 (74b)의 원리에 따라 부정소가 이들보다 앞에 위치한다고 볼 수 있다.

5.6.4. 그 밖의 문제들

독일어의 어순에서 가장 두드러진 것은 역시 부문장의 어순이다. 즉 부문장에서는 정동사가 문장 끝으로 가는 것이 특징인데, 이 경우 문장 전체의 어순은 우리말과 같다((92) 참조).

(92) a. Ich glaube, dass er ihnen mit der Hand Zeichen gab.
b. Wenn du morgen zu mir kommst,……

부정사 구문의 어순도 이와 관련해서 설명할 수 있다. 즉 부정사 구문이란 주어가 없는 부문장이라고 할 수 있기 때문에 그 어순도 부문장의 어순을 따르고 있으며, 이는 곧 우리말 어순과 같다((93) 참조).

(93) a. Ich versuche, morgen mit Marie darüber zu sprechen.
b. Es ist nicht leicht, morgen so früh aufzustehen.

명사와 대명사가 나란히 와야 할 경우 독일어에서는 원칙적으로 대명사가 앞에 온다((94) 참조). 이때 대명사란 재귀대명사까지를 포함한다. 자주 쓸 일은 없지만 3격과 4격이 함께 대명사로 올 때는 (94b)와 같이 4격이 앞선다.

(94) a. Ich gebe es dem Mann.
b. Ich gebe es ihm.
c. Da erzählten ihnen die Augenzeugen, wie der Besessene geheilt worden war.
d. Alle staunten darüber, was ihnen die Hirten erzählten.
e. Zu jener Zeit zog sich Jesus auf einen Berg zurück.
f. Wenn dich einer auf die Backe schlägt, dann halte ihm auch die andere hin.
g. Als sich wieder einmal viele Leute um Jesus drängten, fuhr er auf die andere Seite des Sees.
h. Nun wandte sich Jesus an die versammelten Leute.

(94g)에서 우리는 부문장에서 주어가 상당히 뒤로 물러나 있음을 볼 수 있는데 이는 우리말의 감각에도 맞는 현상이다. 독일어에서는 이런 일이 자주 일어나며 심지어 주어가 문장 끝으로 가는 경우도 있다((95) 참조).

(95) a. Damals lebte in Jerusalem ein Mann namens Simeon.
b. Deswegen verbreitete sich unter den Christen das Gerücht, dass dieser Junger nicht sterben werde.
c. Nun lebten in Jerusalem fromme Leute aus aller Welt.
d. Am nächsten Tag kamen in Jerusalem die führenden Juden.
e. An diesem Tag begann für die Gemeinde in Jerusalem eine harte Verfolgung.

연습문제

A 어순에 유의하여 다음 낱말들을 가지고 문장이나 절을 만드시오.

1. Peter, zumachen, das Fenster, in 10 Minuten
2. Hans, fahren, um 12:00 Uhr, nach Berlin, morgen
3. wenn, du, abfahren, von Heidelberg, morgen, wollen
4. Marie, geben, mit der Hand, Zeichen, ihnen
5. Ich, das Buch, kaufen, nicht
6. Peter, in Berlin, nicht, wohnen

6

접속사와 부사

6.1. 접속사

6.1.1. 등위 접속사

접속사는 두 가지 언어표현을 연결하는 말로 등위 접속사와 종속 접속사가 있다. 등위 접속사란 두 표현을 대등한 관계로 연결하는 접속사이며, 독일어의 등위 접속사에는 (1)과 같은 것들이 있다.

(1) **독일어의 주요 등위 접속사**

a. und: **그리고**
Mein Vater arbeitet im Garten, und meine Mutter kocht in der Küche.
b. aber: **그러나**
Robert geht zur Universität, aber Hans bleibt zu Hause.
c. oder: **혹은**
Sie lesen Zeitungen, oder arbeiten zusammen.
d. denn: **왜냐하면**
Hans geht früh zu Bett, denn er ist müde.
e. nicht A, sondern B: **A가 아니고 B이다.**
Er arbeitet nicht, sondern er geht spazieren.
f. sowohl A als auch B: **A는 물론이고 B도**
Er spricht sowohl Englisch als auch Deutsch.
g. nicht nur A sondern auch B: **A뿐만 아니라 B도**
Nicht nur seine Frau sondern auch sein Sohn sind verletzt.

h. entweder A oder B: A 아니면 B
Entweder seine Frau oder sein Sohn muss kommen.
i. weder A noch B: A도 아니고 B도 아니다.
Ich spreche weder Deutsch noch Englisch.
j. zwar A aber B: A이긴 하지만 B이다
Zwar hat er lange in Deutschland gelebt, aber er ist nicht liberal.

위 (1f~j)에서 sowohl, nicht nur, entweder, weder, zwar는 원래 부사이기 때문에 만일 이들이 문장 맨 앞으로 나가게 되면 독일어 어순의 원칙에 따라 (1j)와 같이 주어와 동사는 자리가 바뀌어야 한다.

6.1.2. 종속 접속사

종속접속사는 하나의 문장을 다른 문장의 종속문(부문장)으로 만든다. 종속문이란 하나의 문장이 다른 문장의 한 요소가 되어 있는 것을 말한다. 예를 들면 (2a)에서 dass로 이끌리는 부문장은 전체 문장의 목적어 역할을 하고 (2b)에서 weil이하는 이유를 나타내는 부사의 역할을 한다. 독일어 부문장은 동사가 맨 뒤로 가는 것이 특징이며 주문장과 종속문의 경계에는 항상 콤마를 찍는다.

(2) a. Ich glaube, dass Marie heute nicht kommt.
b. Weil ich heute sehr viel arbeitete, bin ich müde.

몇 가지 중요한 종속 접속사를 보면 (3)과 같다.

(3) 독일어의 주요 종속 접속사
a. dass: 영어의 접속사 that에 해당한다.
Es ist schade, dass sie schon gehen wollen.
b. wenn: 조건이나 "~할 때"를 나타낸다. 영어의 접속사 if나 when에 해당한다. 접속사 wenn은 생략할 수 있으며, 이때는 동사가 맨 앞에 온다.
Ich verstehe nur wenig, wenn er schnell spricht.
Wenn das Wetter gut ist, so gehen wir spazieren.

Kommt er morgen zu uns, so werden wir zusammen Herrn Meier besuchen.

c. als: "~했을 때"의 뜻으로 쓰인다. 영어의 when에 해당되는데, 과거의 일회적 사건에서만 쓴다.

Als wir in Berlin ankamen, war es bereits 8 Uhr.

d. damit: "~하기 위해, ~하도록"의 뜻으로 쓰인다.

Mein Vater hat mir Geld geschickt, damit ich mir einen Anzug kaufen kann.

e. bis:"~할 때까지"의 뜻으로 쓰인다.

Ich werde warten, bis du mit der Arbeit fertig bist.

f. während:"~하는 동안에, ~하는 반면에"의 뜻으로 쓰인다.

Ich lernte Italienisch, während ich in Italien war.

Während Richard sehr nervös ist, ist sein Bruder ein sehr ruhiger Mensch.

g. obwohl, obschon, obgleich, wenn auch:"~에도 불구하고"

Obwohl er sehr müde ist, hilft er mir bei der Arbeit.

h. bevor:"~하기 전에"의 뜻이다. 영어의 before에 해당한다.

Bevor man in Deutschland studieren kann, muss man Deutsch lernen.

i. nachdem:"~한 후에"의 뜻이다. 영어의 after에 해당한다.

Nachdem er Deutsch gelernt hatte, begann er sein Studium.

j. seitdem:"~할 때부터"의 뜻으로 영어의 since에 해당한다.

Seitdem er in Deutschland war, lernte er Deutsch schneller.

이밖에도 (4)와 같이 의문사가 간접 의문문에서 종속 접속사의 역할을 할 수 있다.

(4) a. Ich weiß nicht, wer er ist.

b. Er hat mich gefragt, wo er Arbeit bekommen kann.

c. Es ist noch unklar, wie die Firma entscheidet.

d. Es ist nicht sicher, ob er hier arbeiten kann.

6.2. 부사에 대하여

독일어에도 다른 언어와 마찬가지로 여러 가지의 부사가 있다((5)참조).

(5) a. Sehen Sie dort das neue Hotel? (장소)
b. Er hat gestern Marie besucht. (시간)
c. Wir trinken gern Bier. (양상)
d. Deshalb konnte er nicht zu uns kommen.(이유)

부사와 관련해서 독일어 문법에서 한 가지 눈에 띄는 점은 다음 예문 (6)의 schnell이나 laut를 부사로 보지 않고 형용사로 본다는 것이다. 영어 문법에서는 (7)의 quickly나 loudly를 부사로 본다.

(6) a. Er fährt schnell.
b. Sie spricht laut.

(7) a. He drives quickly.
b. She speaks loudly.

위 두 언어의 문법에서 기능적으로 같은 말들을 다른 품사로 보는 이유는 품사를 분류하는 기준을 다르게 적용했기 때문이다. 전통적으로 품사를 분류하는데는 의미, 형태, 기능의 세 가지 기준이 사용되고 있다. 그러나 인간의 언어가 서로 다르기 때문에 이 세 가지 분류 기준은 언어에 따라 달리 적용될 수밖에 없다.

영어에서는 형태적으로 보아 분명히 형용사와 구별되기 때문에 (7)의 두 낱말을 부사로 분류한 것이다. 반면에 독일어에서는 (6)의 schnell 과 laut가 기능적으로는 동사를 꾸미고 있지만 형태적으로는 형용사와 차이가 없기 때문에 이들을 형용사로 보는 것이다.

독일어의 몇 가지 부사형 어미를 보면 (8)과 같다.

(8) **독일어의 부사형 어미**
a. -e: gerne, lange, alleine

b. -lich: neulich, sicherlich, freilich, hoffentlich
c. -s, -ens: abends, nachts, rechts, übrigens, erstens
d. -weise: teilweise, möglicherweise, ausnahmsweise
e. -en: hinten, oben, unten, vorn

독일어의 부사를 주의 깊게 관찰해 보면 영어와는 달리 독일어가 우리말에 아주 가깝다는 느낌을 받게 되는데 여기에는 두 가지 이유가 있는 것 같다. 첫째, 독일어는 우리말과 마찬가지로 말하는 사람의 입장이나 의지 또는 추측 등을 나타내는 부사가 잘 발달되어 있다는 것이다. 이런 종류의 부사를 (5c)에서처럼 양상부사(Modaladverbien)라고 하는데 몇 가지 예를 더 들어보면 (9)와 같다.

(9) a. Ich kann leider nicht mitfahren.
b. Hoffentlich sehen wir uns bald wieder.
c. Du hast wohl deinen Verstand verloren.
d. Peter wird möglicherweise kommen.

(9a, b)의 부사들은 우리 언어 감각에 친숙한 표현들인데 영어에서 이런 표현을 찾으려면 어렵다. 이와 관련해서 한 가지 재미있는 것은 부사 sehr의 쓰임이다. (10)에서 보는 대로 이 표현은 우리말의 "매우"라는 표현과 쓰임이 아주 비슷하다. 즉 영어의 very는 뒤에 반드시 다른 부사나 형용사가 따라와야 하지만 우리말이나 독일어에서는 그렇지 않다. 이밖에도 독일어에는 우리의 언어 감각에 맞는 부사 표현들이 영어에 비해 아주 많은 것 같다.

(10) a. Ich danke dir sehr.
b. Thank you very much.
c. 매우 감사합니다.

영어와는 달리 독일어의 부사들이 우리말에 가깝게 느껴지는 다른 한 가지 이유는 독일어에 전치사와 결합된 대명사가 잘 발달되어 있기 때문일 것이다. 즉 독일어에는 지시어 da-나 지시대명사 der와 전치사가 결합해서 문장 사이의 연결을 아주 섬세하게 하고 있는데, 그 쓰임이 바로 우리말의 "그러면, 그래서, 그 사이에, 그 동안" 등에서 보는 "그-"의 결합 형태와 비슷하다. 이에 대한 몇 가지 예를 보면 (11)과 같다.

(11) darunter(그 중에), trotzdem = dennoch(그럼에도 불구하고),
dabei(그러면서), stattdessen(그 대신에), außerdem(그밖에)
deshalb = daher = deswegen = darum(그래서),
währenddessen = inzwischen = indessen(그 사이에)
dagegen(그와 반대로), danach(그 후에)

(9)나 (11)에서 보는 표현들이 물론 영어에 전혀 없는 것은 아니지만 독일어나 우리말만큼 잘 발달되어 있지는 않다. 반면 우리말과 독일어는 이 점에서 비슷한 데가 많기 때문에 우리가 독일어의 부사를 대할 때 친숙한 표현 방법이라는 느낌을 받을 때가 많다.

연습문제

A 다음 빈칸에 알맞는 접속사나 부사를 넣으시오.

1. Ich kann _____ Deutsch noch Englisch.
2. Er war zwar drei Jahre in Deutschland,
   _____ er hat das Heidelberger Schloss nicht gesehen.
3. Es tut mir Leid, _____ sie nicht zu uns kommen kann.
4. Ich muss mit der Arbeit fertig sein, ______ er zurückkommt.
5. Das Wetter ist schlecht. Er will _____ an die See fahren.
6. Ich habe mit meinem Vater gesprochen.
   Und meine Mutter hat _____ das Abendessen fertiggemacht.
7. Wir haben zu Mittag zusammen gegessen.
   ______ haben wir in dem Park einen Spaziergang gemacht.

부 록

독일어 문장분석의 실제
연습문제 해답
독일어 불규칙동사 변화표

부록 1

독일어 문장분석의 실제

신약성경 누가복음 1장 1절~25절

본문 : Lukas schreibt an Theophilus

(1) Schon viele haben versucht, die Ereignisse darzustellen, die Gott unter uns geschehen ließ (2) und die wir durch die Berichte der Augenzeugen kennen, die von Anfang an alles miterlebten und den Auftrag erhielten, die Gute Nachricht weiterzugeben.

번역 : 누가가 테오필루스에게 편지를 쓰다

이미 많은 사람들이 하나님께서 우리 가운데서 일어나게 하시고, 그 일들을 처음부터 함께 경험하고 이 좋은 소식을 계속 전하도록 위임받은 증인들의 보고를 통해서 우리가 알게 된 일들을 기술하려고 시도했습니다.

1절 소제목

schreiben 쓰다 전치사 *an*은 우편물을 받는 사람이나 기관 앞에 쓴다. 영어의 *to*에 해당하는데 독일어의 *an*은 우편물에서만 방향을 나타낸다.

1절

schon 이미 *versuchen* 시도하다(영: *try*) *Ereignis(n -ses -sse)* 사건, 일어난 일 *darstellen* 기술하다, 서술하다(영: *describe*) *unter* 가운데, 중에 *geschehen* 일어나다, 발생하다. *lassen - ließ- gelassen* ~하게 하다(영: *let*)

*schon*은 우리말의 "이미"라는 말과 쓰임이 아주 비슷하다. 영어의 *already*와는 달리 *schon*은 명사 등 여러 가지 품사 앞에 올 수 있다.

viele 다음에는 *Leute*(사람들)가 생략되어 있다. 이는 복수 1격이므로 *viele*는 관사류 변화의 복수 1격어미 *-e*를 취한다. *viel-*, *wenig-*는 뒤에 셀 수 없는 명사가 오면 어미변화를 하지 않는다; *z.B. viel Wasser, viel Zeit*

*haben versucht*는 현재완료형이다. *versuchen*는 장소나 상태의 변화를 나타내는 말이 아니므로 완료조동사 *haben, sein* 가운데 *haben*을 취한다. 독일어의 현재완료형은 과거시제를 나타내므로 이 문장의 실질적인 시제는 과거이다. *versuchen*은 비분리동사이기 때문에 과거분사에서 전철 *ge-*를 넣지 않는다. 복합동사의 과거분사는 기본동사의 과거분사에 전철을 붙혀 만든다.

*versuchen*은 영어의 *try*와 같이 부정사 구문을 취한다. 뒤따라오는 *die Ereignisse darzustellen*이 바로 이에 해당하는 부정사 구문이다. 독일어의 부정사 구문은 어순이 영어와 반대이다. *darstellen*(기술하다, 서술하다)은 분리동사이기 때문에 부정사를 만들 때 *zu* 가 전철과 기본동사 사이에 놓인다.

제2행의 *die*는 *Ereignisse*에 걸리는 복수 4격 관계대명사이다. 관계절의 주어는 *Gott*이다. 관계절의 동사 *ließ*는 *lassen*(~하게 하다)의 과거형이며, 종속절(부문장) 어순의 원칙에 따라 맨 끝에 가 있다.

2절

durch 통해서(*through*) *Bericht*(*m -s -e*) 보고 *Augenzeugen* = *Auge*(눈) + *Zeuge*(증인)(*m -n -n*) 산 증인 *kennen* 알다 *Anfang*(*m -s* ¨ *e*) 시작 *von Anfang an* 처음부터 *miterleben* = *mit*(함께) + *erleben*(경험하다) *Auftrag*(*m -s* ¨ *e*) 위임, 위탁 *erhalten - erhielt - erhalten* 받다 *Nachricht*(*f -en*) 소식, 정보 *Gute Nachricht* 복음, 좋은 소식 *weitergeben* = *weiter* + *geben* 전하다

2절 제1행의 *die*는 다시 앞의 *Ereignisse*에 걸리는 복수 4격 관계대명사이다. *der Augenzeugen*은 복수 2격으로 *Bericht*를 꾸민다. 이와 같이 2격은 대개 뒤에서 명사를 꾸미도록 되어 있다. *kennen*은 관계절의 동사로서 역시 맨 뒤에 가 있다.

제2행의 *die*는 *Augenzeugen*에 걸리는 복수 1격 관계대명사이다. *alles*는

모든 것을 통칭하므로 중성 4격 어미를 취한다. *alle*라고 할 때는 보통 "모든 사람들"을 뜻한다.

*Auftrag*은 뒤에 부정사 구문을 취해 "~하라는 위탁, 위임, 지시"를 뜻한다. *erhalten*은 "*er-* + *halten*"의 비분리동사이며, 복합동사는 과거·과거분사형에서 기본동사의 변화를 따른다. *weiterzugeben*은 분리동사이므로 부정사 구문에서 *zu* 가 전철과 기본동사 사이에 온다.

본문

(3) Darum habe auch ich mich dazu entschlossen, alles bis hin zu den ersten Anfängen sorgfältig zu erforschen und es für dich, verehrter Theophilus, in guter Ordnung niederzuschreiben.

번역

그래서 저도 처음 시작에 이르기까지 모든 것을 면밀히 조사하여 존경하는 테오필루스씨 당신을 위하여 차례대로 써 보려고 결심했습니다.

3절

darum 그래서 *warum* 왜 *entschließen* = *ent-* + *schließen* 결정하다 *schließen* - *schloss*- *geschlossen* *bis* 까지 *erst* 처음(영: *first*) *sorgfältig* 주의깊게, 면밀히 *erforschen* 조사하다 *verehrt* 존경하는(영: *respected*) *Ordnung*(*f* -*en*) 순서(영: *order*) *nieder*- *schreiben* = *nieder* + *schreiben* 기록하다

문장 맨 앞에 *darum*이라는 부사가 와서 주어는 동사 뒤로 갔다. 독일어는 이렇게 주어 이외에 다른 문장요소가 먼저 나오는 일이 많다. *habe* … *entschlossen*은 완료형이다. 독일어 어순의 일반 원칙에 따라 정동사(인칭변화동사)인 *haben*은 두번째 자리를 지키고 이와 가장 가까운 과거분사는 맨 뒤로 간다. *entschließen*은 복합동사이기 때문에 과거·과거분사형에서 기본동사 *schließen*의 변화를 따르며 동시에 비분리동사이기 때문에

과거분사에서 전철 *ge-*를 붙이지 않는다.

*entschließen*은 별 의미 없는 재귀대명사를 취하고 전치사 *zu*를 취하는 동사로 "동사 + 재귀대명사 + 전치사 목적어"의 문장 구조를 갖는다. *dazu*의 *da*는 뒤따르는 부정사 구문을 받는 대명사 표현이다. *zu erforschen*과 *niederzuschreiben*이 바로 이 *da-*에 걸리는 부정사 구문이다. 부정사 구문의 어순은 영어와 반대이며, 우리말과는 비슷하다.

"*da* + 전치사"의 구조에서 *da*는 흔히 뒤따르는 부정사 구문이나 부문장(종속절)을 받는 대명사의 역할을 한다. 부문장과 부정사 구문 앞에는 대개 콤마를 찍는다.

*verehrter Theophilus*는 호칭이며 *-er*은 남성 1격어미이다. 편지의 맨 앞에 보통 이런 식으로 시작한다. 상대방의 성에 따라 물론 형용사의 어미가 달라진다; *z.B. Lieber Herr Robert, Liebe Maria*

본문

(4) Ich tue das, damit du die Zuverläßigkeit der Lehre erkennst, in der man dich unterweisen hat.

번역

제가 이일을 한 이유는 다른 사람들이 당신에게 가르쳐 준 말들의 신빙성을 당신이 깨닫도록 하기 위한 것입니다.

4절

tun 하다(영: *do*) *damit* ~하기 위해, ~하도록 *Zuverläßigkeit* (*f-en*) 신빙성 *Lehre*(*f -n*) 가르침 *erkennen* 인식하다 *unterweisen* 가르치다 *jn in etw unterweisen* 누구에게(*jm*) 무엇을(*etw*)가르치다

*damit*는 종속접속사이며 따라서 동사가 맨 뒤로 간다. *in der* 는 *Lehre*에 걸리는 관계대명사로서 역시 종속절의 어순을 유지하고 있다. *man*은 독일어에 특유한 부정대명사이다. 여기서는 "다른 사람들"이라고 번역하면 좋

을 것 같다. *unterwiesen hat*는 완료형이다. *unterweisen*은 비분리동사로 과거분사에서 전철 *ge-*를 쓰지 않으며 과거·과거분사형에서는 역시 기본동사 *weisen*의 변화형을 따른다.

본문 : Die Geburt des Täufers wird angekündigt.

(5) Zu der Zeit, als König Herodes über das jüdische Land herrschte, lebte ein Priester namens Zacharias, der zur Priestergruppe Abija gehörte. Auch seine Frau stammte aus einer Priesterfamilie; sie hieß Elisabet.

번역 : 세례자의 탄생이 예언되다

헤롯이 유대 나라를 다스리고 있을 때 사가랴라고 하는 압비아 제사장단에 속하는 사람이 살고 있었다. 그의 아내도 또한 제사장 가문 출신이었다; 그녀는 엘리자베트라고 불렀다.

소제목

Geburt(f -n) 탄생 *Täufer(m - s -)* 세례자 *ankündigen = an + kündigen* 예고하다

*des Täufers*는 2격으로 앞의 명사 *die Geburt*를 꾸민다. *wird ··· angekündigt*는 수동형이다. *ankündigen*은 분리동사이기 때문에 과거분사에서 전철 *ge-*가 분리전철과 기본동사 사이에 온다.

5절

Zeit(f -en) 시간 *als* ~할 때(종속접속사) *König(m -es -e)* 왕 *jüdisch* 유대의 *Land(n -es " er)* 나라 *über A herrschen* A를 지배하다 *leben* 살다 *Priester(m -s -)* 제사장 *namens* ~라고 부르는 *Priestergruppe = Priester + Gruppe(f -n)* 제사장단 *zu A gehören* A에 속하다(belong to) *aus A stammen* A의 출신이다, A에서 유래하다 *heißen - hieß- geheißen* ~라고 부르다

제1행의 *zu*는 시간을 나타내는 전치사이다. *zu*는 어원적으로 영어의 *to* 와 같지만 쓰임은 이와 다르다. 즉 *zu*는 방향, 장소, 시간, 목적 등 간다. *herrschte, lebte*는 과거형이므로 3인칭 단수에서 어미를 취하다양한 뜻으로 쓰인다. *als*는 종속접속사이기 때문에 동사가 맨 뒤로 지 않는다.

"*zu* ... *herrschte*"까지가 시간을 나타내는 부사이므로 주절의 동사 *lebte*와 주어 *Priester*의 자리가 바뀌었다. *namens*는 원래 *Name* (*m -ens -en*)의 2격형인데 부사화한 것이다. *stammte, hieß* 역시 과거형이므로 3인칭 단수에서 어미를 취하지 않았다.

본문

(6) Beide führten ein Leben, das Gott gefiel, und richteten sich in allem nach den Geboten und Anweisungen des Herrn.

번역

두 사람은 하나님의 마음에 드는 삶을 살았고 모든 일에서 하나님의 계율과 지침을 따랐다.

6절

beide 둘 다(영: *both*) *führen* 이끌다(영: *lead*) *ein Leben führen* 삶을 살다 *jm gefallen* 누구에게(*jm*) 마음에 들다 *gefallen - gefiel - gefallen* *richten* 세우다, 정돈하다 *sich nach etw richten* 무엇에 따르다 *Gebot*(*n -es -e*) 계율 *Anweisung*(*f -en*) 지시, 지침 *Herr*(*m -n -en*) 주인, 하나님

*beide*는 복수 1격 어미 *-e*를 취하고 있다. 2행의 *das*는 *Leben*에 걸리는 중성 1격 관계대명사이다. *Gott*는 *gefallen*의 3격 목적어인데 *Gott*는 유일한 존재이므로 관사를 붙이지 않는다. *richteten*이하는 등위절로서 그 주어는 *beide*이다. *sich*는 독일어에서 흔히 볼 수 있는 형식적인 재귀대명사이다. *allem*은 모든 일을 통칭하는 말로써 중성 3격어미를 취하고 있다. *des Herrn*은 2격으로 앞의 명사를 꾸민다. *in allem*과 *nach* 이하의 어순이 우리말의 감각에 맞다.

본문

(7) Sie waren aber kinderlos, denn Elisabet konnte keine Kinder bekommen, und beide waren schon sehr alt.

번역

그러나 그들은 아이가 없었다. 왜냐하면 엘리자베트가 아이를 가질 수 없었고, 또 둘은 이미 나이가 들었기 때문이다.

7절

sein - war - gewesen kinderlos = kinder(영: *children*) + *los*(영: *less*) 아기가 없는 *denn* 왜냐하면(등위접속사) *können - konnte - gekonnt* 할 수 있다(영: *can*) *bekommen* 얻다, 받다

*waren*은 *sein* 동사의 과거형이며 복수형 어미를 취했다. *aber*는 접속사인데 영어와는 달리 이렇게 문장 가운데 오는 일이 많다. 이는 우리말의 감각과 비슷하다. *denn*은 등위접속사이므로 어순에 변화가 없다. *keine*는 영어의 *no*에 해당하는데 복수형을 취할 수 있는 점이 특이하다. *bekommen*은 형태적으로 영어의 *become*과 비슷한데 의미는 전혀 다르다.

본문

(8) Einmal war Zacharias wieder zum Priester- dienst im Tempel in Jerusalem, weil die Priester- gruppe, zu der er gehörte, gerade an der Reihe war.

번역

한번은 사가랴가 다시 제사장 직무를 위하여 예루살렘에 있는 성전에 갔다. 그가 속해 있는 제사장단이 마침 차례가 되었기 때문이다.

8절

einmal 한번은 *wieder* 다시 *zum* = *zu* + *dem* *Priesterdienst* = *Priester* + *Dienst*(*m* -*es* -*e*) 제사장 직무 *Tempel*(*n* -*s* -) 성전 *weil* 왜냐하면(종속 접속사) *gerade* 마침 *Reihe*(*f* -*n*) 줄 *an der Reihe sein* 순서(차례)가 되다

*einmal*이 부사이므로 주어가 동사 뒤로 갔다. *zum*은 " ~하기 위해서" 라는 목적을 나타낸다. *war* … *im Tempel*은 "성전에 갔다"는 뜻이다. 독일어에서는 종종 *sein* 동사가 *kommen*이나 *gehen*의 뜻을 나타낼 수가 있다. *in Jerusalem*은 *Tempel*을 꾸미는 부사구이다. 3행의 *zu der* 관계대명사이다. *gerade*는 우리말의 "마침"과 쓰임이 아주 비슷하다. *weil*이하 종속절의 주어는 *Priestergruppe*이고 술어는 *an der Reihe war*이다.

본문

(9) Es war üblich, die einzelnen Dienste durch das Los zu verteilen. An einem bestimmten Tag fiel Zacharias die Aufgabe zu, das Räucheropfer darzu- bringen. So ging er in das Innere des Tempels, (10) während die Volksmenge draußen betete.

번역

각각의 직무를 제비를 뽑아 나누는 것이 보통이었다. 어느 정해진 날에 사가랴에게 훈제를 바치는 일이 떨어졌다. 그래서 그는 군중이 밖에서 기도하고 있는 동안 성전 안으로 들어갔다.

9~10절

üblich 통상적인 *einzeln* 각각의(each) *Los*(*n* -*es* -*e*) 제비 *verteilen* 나누다 *bestimmt* 특정한, 정해진 *zufallen* = *zu* + *fallen* 떨어지다 *fallen* - *fiel* - *gefallen* *Aufgabe* (*f* -*n*) 과제, 할일 *Räucheropfer*(*n* -*s* -) 훈제물 *darbringen* 바치다 *gehen* 가다(go) *gehen* - *ging* - *gegangen* *Innere* 안쪽 (중성명사로 형용사 변화) *während* 동안에(접속사) *Volksmenge*

= *Volk* + *Menge*(*f* -*n*) 무리 군중 *draußen* 밖에서 *beten* 기도하다

제1행의 *es*는 뒤따르는 부정사 구문을 받는 소위 가주어이다. 부정사 구문의 어순은 역시 영어와는 반대이고 우리말과는 비슷하게 되어 있다. 제2행의 *an*은 날짜 앞에 쓰이는 전치사이며, 영어의 *on*에 해당한다; *z.B. am Sonntag, am Weihnachten. an* ⋯ *Tag*이 부사구이며, 따라서 주어는 뒤로 물러난다. *fiel* ⋯ *zu*는 분리동사이고 분리전철이 문장 끝으로 갔다. 이 문장의 주어는 *Aufgabe*이며 *Zacharias*는 3격 목적어이다. 한편, 이 문장에서 3격 목적어가 주어를 앞서고 있는데 이는 독일어에서 흔히 볼 수 있는 현상이며, 우리말의 감각에도 잘 맞는 것 같다. *darzubringen*은 앞의 *Aufgabe*를 꾸미는 부정사 구문이며, 분리동사이기 때문에 *zu*가 전철과 기본동사 사이에 왔다.

so(그래서)는 부사이며, 따라서 주어가 동사 뒤로 갔다. *Innere*는 원래 형용사인데 명사화한 것이다. *des Tempels*는 2격으로 앞의 명사 *Innere*를 꾸미고 있다. *während* 는 종속접속사로 쓰였으며 문장의 동사가 따라서 뒤로 간다.

본문

(11) Da sah Zacharias plötzlich einen Engel des Herrn; er stand an der rechten Seite des Altars, auf dem der Weihrauch verbrannt wurde.

번역

그때 사가랴는 갑자기 하나님의 천사를 보았다; 그 천사는 분향이 타고 있는 제단의 오른쪽에 서 있었다.

11절

da 그때 *sehen* 보다 *sehen* - *sah* - *gesehen* *plötzlich* 갑자기 *Engel*(*m* -*s* -) 천사 *stehen* 서 있다(*stand*) *stehen* - *stand* - *gestanden* *recht* 오른쪽의 *Seite*(*f* -*n*) 쪽, 면(*side*) *Altar* (*n* -*s* “ *e*) 제단 *Weihrauch* = *Weih*

+ *Rauch(m -es)* 분향 *verbrandt werden* 수동문 *werden - wurde - geworden*

*da*는 아주 다양하게 쓰이는 말이다. 즉 이는 부사적으로 "거기"라는 장소도 나타내고 "그때"라는 시간을 나타내기도 한다. 또 *da*가 종속접속사로 쓰이면 "~하기 때문에"라는 이유를 나타낸다. 본문에서 *da*는 시간 부사이다. 여기서도 역시 부사가 문장 맨 앞에 왔기 때문에 주어가 뒤로 물러나 있는데 지금까지 보는 것처럼 독일어는 주어 이외의 요소가 문장 앞에 오는 일이 많으며 이때 주어는 뒤로 물러난다. *des Herrn*과 *des Altars*는 각각 앞의 명사를 꾸미는 2격 명사이다. *auf dem*은 *Altar*를 꾸미는 관계대명사이다. *verbrannt wurde*는 수동형이다. *verbrennen*은 비분리동사이므로 과거분사에 *ge-*가 붙지 않는다. 이 문장은 부문장이기 때문에 동사 *wurde*는 맨 끝으로 간다.

본문

(12) Zacharias erschrak und bekam große Angst. Aber der Engel sagte zu ihm: "Du brauchst dich nicht zu fürchten, Zacharias! Gott hat deine Bitte erhört. Deine Frau Elisabet wird einen Sohn bekommen, den sollst du Johannes nennen."

번역

사가랴는 깜짝 놀랐으며 겁이 났다. 그러나 천사는 그에게 말했다: «사가랴야, 두려워할 필요없다. 하나님께서 너의 간청을 들으셨다. 네 아내 엘리자베트가 아이를 낳으리니 그를 요한이라 불러라.»

12절

erschrecken 놀라다 *erschrecken - erschrak - erschrocken bekommen* 얻다, 받다 *bekommen - bekam - bekommen Angst (f " e)* 공포 *groß* 큰

*erschrak*와 *bekam*은 과거형인데 부정형과는 달리 끝에 자음을 하나만 쓴 이유는 앞의 모음이 길기 때문이다. 독일어에서 *ck*는 *kk*와 같다.

13절

sagen 말하다 *ihm*(남성 3격 인칭대명사) *brauchen + zu Infinitiv* ~할 필요가 있다 *sich fürchten* 두려워하다 *Bitte*(*f -n*) 간청, 요청 *erhören* 듣다 *werden* 미래 조동사 *Sohn*(*m -s* " *e*) 아들 *den*(남성 4격 지시대명사) *sollen* 해야 한다(조동사) *nennen* 부르다

*brauchen*이 부정소 *nicht*를 동반하면 "~할 필요가 없다"는 뜻이다. *fürchten*은 형식적인 재귀대명사를 취하는 동사이다. *hat* … *erhört* 는 완료형이며, *erhören*은 비분리동사이다. *wird*는 수동문의 조동사로도 쓰이는데 본문에서는 미래조동사로 쓰였다. *den*은 지시대명사로 *Sohn*을 가리킨다. 이 문장도 목적어 *den*이 앞에 왔으므로 주어가 뒤로 물러나 있다.

본문

(14) Dann wirst du voll Freude und Jubel sein, und viele werden sich mit dir über seine Geburt freuen.

번역

그러면 너는 기쁨과 환호가 가득할 것이고 많은 사람들이 너와 함께 그 아이의 탄생을 기뻐할 것이다.

14절

dann 그러면 *voll* 가득 찬(영: *full*) *Freude*(*f -n*) 기쁨 *Jubel*(*m -s*) 환호 *sich über etw freuen* 무엇에 대해 기뻐하다. *wirst*는 미래조동사이다.

*voll Freude*는 원래 *voller Freude*로 2격형이다. 추상명사의 2격은 형용사적으로 쓰이는데, 이는 영어에서 *of* + 추상명사의 쓰임과 같다. *viele*는 복수

1격으로 뒤에 *Leute*가 생략되었다. *werden*은 다시 미래조동사이며, *freuen*은 재귀대명사와 전치사 목적어를 요구하는 동사이다.

본문

(15) Denn er ist vom Herrn zu großen Taten berufen. Er wird weder Wein noch Bier trinken. Schon im Mutterleib wird der Geist Gottes ihn erfüllen, (16) er wird viele aus dem Volk Israel zum Herrn, ihrem Gott, zurückführen.

번역

왜냐하면 그는 하나님으로부터 큰 일을 위해 부름을 받았기 때문이다. 그는 포도주도 마시지 않을 것이며, 맥주도 마시지 않을 것이다. 이미 어머니 몸 속에서 그는 하나님의 영으로 가득 찰 것이며, 그는 이스라엘 백성 가운데 많은 사람을 주 곧 그들의 하나님께 돌아오게 할 것이다.

15절

denn 왜냐하면(등위접속사) *Tat(f -en)* 행위, 일 *vom = von dem* ~에 의해서 *berufen = be + rufen* 부르다 *rufen - rief - gerufen* *weder A noch B* A도 아니고 B도 아니다 *Wein(m -s -e)* 포도주 *Bier(n -s -e)* 맥주 *trinken* 마시다 *Mutterleib = Mutter + Leib(m -es -er)* 어머니 몸 속 *Geist(m -es -er)* 정신 *Geist Gottes* 하나님의 영 *erfüllen* 채우다

*ist … berufen*은 수동 구문이다. *vom*은 수동문에 행동주를 나타내며 영어의 *by*에 해당한다. *zu*는 목적을 나타내는 전치사이다. 뒤에 오는 *wird*는 미래조동사이다. *Gottes*는 2격으로 다른 2격 명사들처럼 앞서는 명사 *Geist*를 꾸민다. *Gott*는 유일한 존재이기 때문에 관사를 쓰지 않았다.

16절

aus 중에서 *zum = zu dem* *zurückführen = zurück + führen* 다시 데려오다 *zurück = zu + rück* (뒤, 등)

*viele*는 복수 4격으로 다음에 *Leute*가 생략되었다. *zum*은 방향을 나타낸다. *Herrn*과 *ihrem Gott*는 동격이다. *wird*는 미래조동사이다.

본문

(17) Er wird dem Herrn als Bote vorausgehen, im gleichen Geist und mit der gleichen Kraft wie der Prophet Elija. Er wird das Herz der Eltern den Kindern zuwenden. Alle Ungehorsamen wird er auf den rechten Weg zurückbringen und so dem Herrn ein Volk zuführen, das auf sein Kommen vorbereitet ist.

번역

그는 선지자 엘리야와 똑같은 힘과 영으로 주님을 앞서 파견자로 갈 것이다. 그는 부모의 마음을 자식들에게 돌리게 할 것이다. 모든 불순종한 자들을 그는 올바른 길로 돌아오게 할 것이며, 그의 오심을 예비하고 있는 백성들을 하나님께 돌아오게 할 것이다.

17절

als ~로서(자격) *Bote(m -n -n)* 심부름꾼 *jm vorausgehen* 누구를 앞서 가다. *gleich* 똑같은 *Kraft(f " e)* 힘 *wie* 처럼, 같이 *Prophet(m -en -en)* 예언자, 선지자 *Herz(m -ens -en)* 마음(영: *heart*) *Eltern(pl)* 부모(영: *parents*) *zuwenden = zu + wenden* 향하게 하다 *ungehorsam = un + gehorsam* 불순종한 *Weg(m -s -e)* 길 *zurückbringen* 되돌리다 *auf etw vorbereitet sein* 무엇에 대해 준비되다

제4행의 *Eltern*은 항상 복수로 쓰이며 *der Eltern*은 복수 2격으로 *Herz*를 꾸민다. *den Kindern*은 복수 3격으로 강변화 명사의 복수 3격 어미 -*n*이 붙었다. 5행의 *Ungehorsamen*은 형용사가 명사화한 것으로 "불순종한 사람들"을 뜻한다. 관사류인 *alle*가 복수 4격 정관사 어미를 취하고 있기 때문에 *Ungehorsamen*은 형용사 약변화 어미를 취하고 있다. 6행의 *dem Herrn*은 3격 목적어이고 *ein Volk* 4격 목적어이다. 7행의 *das*는 중성 1격 관계대명사로

*Volk*를 꾸민다. *vorbereitet ist*는 수동형이다. *vorbereiten*은 원래 재귀대명사와 전치사 *auf*를 동반하는 타동사이다. *kommen*은 동사를 명사화한 것으로 일종의 동명사라 할 수 있는데 이런 명사는 모두 중성으로 본다.

본문

(18) Zacharias sagte zu dem Engel: "Woran soll ich erkennen, dass du Recht hast? Ich bin doch ein alter Mann, meine Frau ist auch nicht mehr jung."

번역

사가랴는 그 천사에게 말했다: "무엇을 보고 제가 당신의 말이 옳다는 것을 알겠습니까? 저는 이미 늙었고 제 아내도 이제 젊지 않는데요."

18절

woran = *was*(의문사) + *an*(전치사) *erkennen* 인식하다 *dass*(접속사;영: *that*) *Recht haben* 옳다 *nicht mehr* 더 이상 ~하지 않다 (*no more*) *jung* 젊은

전치사와 의문사가 결합할 때 의문사가 사물을 나타내면 *wo* + (*r*)+ 전치사로 쓴다; *z.B. womit, woran, wovon, worauf.*

Erkennen 동사는 전치사 *an*을 동반하여 "~을 보고 알다"라는 뜻을 나타낸다. *dass*이하는 부문장으로 *erkennen*의 목적어이다. *Recht haben*은 사람을 주어로 취하여 "누가 옳다"라는 뜻으로 쓰인다. 어떤 사실이 옳다는 것을 나타낼 때는 "*Das ist richtig*" 라고 말한다.

본문

(19) Der Engel antwortete: Ich bin Gabriel, einer von denen, die vor Gottes Thron stehen. Gott hat mich gesandt, um mit dir zu sprechen und dir diese gute Nachricht zu bringen.

번역

천사가 대답했다: 나는 하나님의 보좌 앞에 서 있는 천사들 가운데 하나인 가브리엘이다. 하나님께서 너와 이야기하고 너에게 이 좋은 소식은 전하시기 위해서 나는 보내신 것이다.

19절

antworten 대답하다 *Thron(m -es -e)* 왕좌 *senden* 보내다 *senden - sandte - gesandt* *sprechen* 말하다 *einer von denen*(영: *one of them*)

*einer*는 뒤따르는 명사가 생략되였기 때문에 정관사 어미(남성 1격)를 취하고 있다. *denen*은 지시대명사 복수 3격형이다. *die*는 복수 1격 관계대명사이며 *denen*을 꾸민다. *vor Gottes Thron*은 원래 *vor dem Thron Gottes*와 같은데 명사 앞의 관사를 생략하고 2격을 명사 앞에 놓은 예이다.

*hat … gesandt*는 완료형이다. 뒤따르는 *um … zu Infinitiv*는 "~하기 위해"라는 뜻의 부정사 구문이다. *zu sprechen*과 *zu bringen*은 모두 *um*에 걸린 부정사 구문이다.

본문

(20) Was ich gesagt habe, wird zur gegebenen Zeit eintreffen. Aber weil du mir nicht geglaubt hast, wirst du nicht mehr sprechen können, bis es soweit ist.

번역

내가 말한 것은 주어진 시간에 이루어질 것이다. 그러나 네가 나를 믿지 않았으므로 너는 이런 일이 있을 때까지 말을 못할 것이다.

20절

was ~하는 것(부정관계대명사) *zur = zu + der* *geben - gab - gegeben* *eintreffen* 적중하다 *weil* 때문에(종속접속사) *glauben* 믿다 *bis* ~까지

(종속접속사) *soweit* 그 만큼(영: *so far*)

*was*는 부정관계대명사로 "~하는 것"이라는 뜻이다. 이는 영어의 부정관계대명사 *what*과 쓰임이 비슷하다. 부정관계대명사절도 부문장이기 때문에 부문장의 어순을 따른다. *wird*는 미래 조동사이며 그 주어는 *was* 이하의 관계대명사절이다. *zur*는 시간을 나타내는 전치사이다. 부문장은 항상 콤마로 경계를 표시한다.

weil 이하는 부문장이며 *glauben*은 3격지배 동사이다. *weil* 이하 부문장이 원인을 나타내는 부사절이므로 주문장의 주어는 동사 뒤로 간다. *wirst*는 미래조동사이며 한 문장에 조동사 *können*이 함께 쓰이고 있는 것이 독일어 조동사의 쓰임을 잘 보여주고 있다. *bis* 이하도 부문장이며 *es*는 상황을 나타내는 비인칭 대명사이다. 독일어는 이렇게 상황을 나타내는 비인징 주어가 자주 쓰인다.

본문

(21) Währenddessen wartete die Volksmenge auf Zacharias und wunderte sich, dass er so lange im Tempel blieb.

번역

그 동안 군중들은 사가랴를 기다리고 있었는데 그가 그렇게 오랫동안 성전에 머물러 있는 것을 보고 의아해 했다.

21절

währenddessen 그 동안(부사) *warten auf* 기다리다 *Volksmenge* = *Volk* + *Menge*(*f* -*n*) 군중 *sich wundern* 의아해 하다 *bleiben* - *blieb* - *geblieben* 머물다

*währenddessen*은 부사이며 우리말의 감각에 잘 맞는 표현이다. *warten*은 전치사 *auf*를 동반하고 *wundern*은 재귀대명사를 요구하는 동사이다. *wunderte sich, dass*··· 는 "*dass*···에 대해 의아해 하다"는 뜻으로 우리 언

어 감각으로는 어딘가에 "~에 대하여"라는 전치사가 있어야 할 것 같은데 독일어에서는 바로 부문장을 써 버리는 것이 특징이다; *z.B. Ich freue mich, dass Sie zu uns kommen.*

본문

(22) Als er herauskam, konnte er nicht mehr reden. Da merkten sie, dass er im Tempel eine Erscheinung gehabt hatte. Er konnte ihnen nur mit der Hand Zeichen geben, aber kein Wort herausbringen.

번역

밖으로 나왔을 때 그는 말을 하지 못했다. 그때 그들은 그가 성전 안에서 환상을 보았음을 깨달았다. 그는 그들에게 단지 손으로만 신호를 줄 수 있었고 말은 한 마디도 못했다.

22절

als ~할 때(종속접속사) *herauskommen* = *heraus*(밖으로) + *kommen* *reden* 이야기하다 *merken* 알아채다 *Erscheinung*(*f -en*) 환상 *erscheinen* 나타나다 *nur* 단지(영: *only*) *Zeichen*(*n -s -*) 기호 *Wort*(*n -es " er*) 낱말 *herausbringen* = *heraus*(밖으로) + *bringen*(가져오다)

als 이하가 부문장이므로 주문장의 주어는 동사 뒤로 갔다. *da*는 시간부사(그때), 장소부사(거기), 종속접속사(왜냐하면)로 쓰일 수 있는데 여기서는 시간부사로 쓰였다. *gehabt hatte*는 과거완료형이다. 주문장의 동사 *merkten*이 과거형이므로 그 보다 앞선 시제를 나타내기 위해 과거완료형을 쓴 것이다. 제3행 문장의 어순은 우리말의 어순과 일치한다.

본문

(23) Als seine Dienstwoche im Tempel beendet war, ging Zacharias nach Hause. (24) Bald darauf wurde seine Frau Elisabet schwanger und zog sich fünf Monate lang völlig zurück.

번역

성전에서의 근무주간이 끝났을 때 사가랴는 집으로 돌아 왔다. 곧 이어서 그의 아내 엘리자베트는 임신하게 되었고 5개월 동안 그녀는 물러나 지냈다.

23~24절

als ~할 때(종속접속사) *Dienstwoche* = *Dienst*(직무) + *Woche*(주간) *beenden* 끝내다 *gehen - ging - gegangen* 가다 *bald* 곧 *darauf* = *da* + *auf* 이어서 *bald darauf* 곧 이어서 *werden - wurde - geworden* 되다 (영: *become*) *schwanger* 임신한 *zurückziehen* = *zurück*(뒤로) + *ziehen*(끌다) *sich zurückziehen* 물러나다 *ziehen - zog - gezogen* *Monat*(*m -es -e*) 달(영: *month*) *fünf Monate lang* 5개월 동안 *völlig* 완전히

als 이하는 부문장이고 *beendet war*는 수동형이다. 문장 앞에 부사절이 왔으므로 주문장의 주어는 동사 뒤로 간다. *darauf*는 *danach*와 비슷한 뜻이다. *werden*은 미래 조동사, 수동태 조동사로 쓰이며 본동사로 쓰일 때는 "되다"라는 뜻이다. *zurückziehen*은 분리동사이며 독일어 어순의 원리에 따라 전철이 뒤로 갔다.

본문

(25) Sie sagte: Gott hat meinen Kummer gesehen und die Schande der Kinderlosigkeit von mir genommen.

번역

그녀는 말했다: 하나님께서 나의 근심을 보시고 무자식의 수치를 나에게

서 덜어 주셨다.

25절

Kummer(*m -s*) 걱정 *Schande*(*f -n*) 수치 *Kinderlosigkeit* = *Kinder*(*children*) + *los*(*less*) + *ig*(형용사형 어미) + *keit*(명사형 어미) 자식 없음 *von* ~로부터(*from*) *nehmen - nahm - genommen* 가져가다, 취하다(영: *take*)

*hat … gesehen*은 완료형이다. *der Kinderlosigkeit*는 2격으로 앞의 명사를 꾸민다. *genommen*은 앞의 *hat*와 함께 완료형을 만든다.

부록 2

연습문제 해답

해답 : 준비편

A. 1. -e 2. -t 3. -en 4. -st 5. -t
B. 1. Es 2. sie 3. ich(wir) 4. er 5. wir
C. 1. Sind sind 2. Hast habe 3. ist ist 4. haben habe
5. ist bin
D. 1. Peter arbeitet nicht viel. 2. Marie liebt den Lehrer nicht.
3. Ich bin nicht aus Korea. 4. Richard ist nicht alt.
5. Herr Breuer kauft heute kein Brot.
6. Frau Schmidt hat kein Kind.
E. 1. Lernen Sie Deutsch? 2. Ist Herr Breuer alt?
2. Kommt herr Meier heute nicht? 4. Woher kommst du?
5. Wer lernt fleißig.

해답 : 1.1장

A. 1. -er 2. -ie 3. -as 4. -er 5. -ie 6. -as 7. -as 8. -er 9. -er
10. -ie 11. -as 12. -ie 13. -ie 14. -ie 15. -ie 16. -er

B. 1. Männer 2. Kinder 3. Lehrerinnen 4. Hefte 5. Bleistifte
6. Fenster 7. Fragen 8. Karten 9. Frauen 10. Lehrer
11. Bücher 12. Füller 13. Türen 14. Wände 15. Kreiden
16. Hunde

해답 : 1.2장

1. -er 2. -em -as 3. -ie -en 4. -e 5. -x -x
6. -x -er -ie 7. -e -em -en

해답 : 1.3장

A.

1.	2.	3.
der Hund	das Zimmer	die Schule
des Hundes	des Zimmers	der Schule
dem Hunde	dem Zimmer	der Schule
den Hund	das Zimmer	die Schule
--------------	-----------------	--------------

die Hunde	die Zimmer	die Schulen
der Hunde	der Zimmer	der Schulen
den Hunden	den Zimmern	den Schulen
die Hunde	die Zimmer	die Schulen

4. der Mensch	5. das Land	6. die Karte
des Menschen	des Landes	der Karte
dem Menschen	dem Lande	der Karte
den Menschen	das Land	die Karte
------------------	-------------	---------------
die Menschen	die Länder	die Karten
der Menschen	der Länder	der Karten
den Menschen	den Ländern	den Karten
die Menschen	die Länder	die Karten

B. 1. Student 2. Mannes 3. Kindern 4. Frau 5. Menschen

해답 : 1.4장

A. 1. -x -e 2. -er 3. -er 4. -es 5. -en 6. -e 7. -x
B. 1. Seine 2. Ihr 3. meinen 4. Dein 5. Unsere

해답 : 1.5장

1. -es 2. -e 3. -es 4. -es 5. -e
6. -e 7. -es 8. -en 9. -en 10. -en

해답 : 1.6장

A. 1. sie 2. ihn 3. ihm 4. Er 5. Sie 6. es 7. ihm
B. 1. Den 2. die 3. dem 4. Die 5. Der 6. Das 7. dem

해답 : 1.7장

1. Wer 2. Wem 3. Wen 4. Was 5. Welche
6. Was für 7. Wo 8. Wohin 9. Woher 10. Wann

해답 : 2장

A. 1. -em 2. -em 3. -er 4. -er 5. -er 6. -em
B. 1. -en 2. -ie 3. -en 4. -e
C. 1. -em 2. -en 3. -as 4. -em 5. -ie 6. -e 7. -e
D. 1. -es 2. -es 3. -er 4. -er
E. 1. Ja, er spricht mit ihm.

2. Ja, sie schreibt damit.
3. Ja, es liegt darauf.
4. Ja, er sitzt vor ihr.
5. Ja, sie denkt an ihn.
6. Ja, ich freue mich darauf.

F. 1. Womit fährt Peter?
2. Mit wem fährt Marie?
3. Worüber spricht Manfred?
4. Für wen arbeitet Hans?
5. Woran denkt Paul?

해답 : 3.2장

1. wohne 2. fragt 3. Fährst 4. hilft 5. liest 6. hält
7. nimmt 8. wird 9. möchte

해답 : 3.3장

1. Der Zug fährt um 10 : 25 Uhr von Berlin ab.
2. Herr Breuer kommt pünktlich in Frankfurt an.
3. Frau Meier geht heute Abend mit ihrem Mann aus.
4. Das Kind zerbricht das Glas.
5. Der Arzt erlaubt mir die Reise nicht.
6. Herr Neu steigt in Heidelberg aus.
7. Der Unterricht beginnt heute um 9 : 00 Uhr.

해답 : 3.4장

1. Frage den Lehrer!
   Fragt den Lehrer!
   Fragen Sie den Lehrer!
2. Komme nicht zu spät!
   Kommt nicht zu spät!
   Kommen Sie nicht zu spät!
3. Arbeite immer fleißig!
   Arbeitet immer fleißig!
   Arbeiten Sie immer fleißig!
4. Steige schnell ein!
   Steigt schnell ein!
   Steigen Sie schnell ein!
5. Sprich nicht so laut!
   Sprecht nicht so laut!

Sprechen Sie nicht so laut!

6. Lies das Buch zweimal!
   Lest das Buch zweimal!
   Lesen Sie das Buch zweimal!
7. Gib der Frau die Uhr!
   Gebt der Frau die Uhr!
   Geben Sie der Frau die Uhr!
8. Mache das Fenster in 10 Minuten zu!
   Macht das Fenster in 10 Minuten zu!
   Machen Sie das Fenster in 10 Minuten zu!

해답 : 3.5장

A. 1. Er kann heute kommen.
   2. Paul muss nach Hause gehen.
   3. Kannst du gegen 7 Uhr bei Peter sein?
   4. Wir wollen unsere Freunde bald wiedersehen.
   5. Ich möchte jetzt die Geschenke einkaufen.

B. 1. Peter will Professor werden.
   2. Ich soll das Fenster aufmachen.
   3. Du darfst das Buch lesen.
   4. Ich kann morgen Marie besuchen.
   5. In Heidelberg könnt ihr das Schloss ansehen.

해답 : 3.6장

1. Frau Schmidt wohnte in Berlin.
2. Hans studierte in Heidelberg.
3. Du kauftest die Fahrkarte.
4. Herr Schmidt besuchte einen Freund.
5. Ich hatte keine Zeit dazu.
6. Der Kaufmann stieg in Frankfurt aus.
7. Du wolltest Auto fahren.

해답 : 3.7장

1. Peter hat ein Buch gekauft.
2. Wir sind mit dem Auto gefahren.
3. Mein Bruder hat in Berlin studiert.
4. Es hat den ganzen Tag geregnet.
5. Das Kind ist um 10 Uhr eingeschlafen.

6. Frau Kim hat mir einen Brief geschrieben.
7. Ich habe Deutsch gekonnt.
8. Hans hat Deutsch lernen müssen.
9. Inge hat an die See fahren wollen.
10. Ich habe mir ein Glas Bier bringen lassen.

해답 : 3.8장

1. Ein Buch wird von Inge gekauft.
2. Ein Brief wird von dem Kind gebracht.
3. Ein Buch wird mir von Hans gegeben.
4. Der Dieb ist von der Frau gesehen worden.
5. Der Bleistift kann von dir gebracht werden.
6. Es wird samstags nicht gearbeitet.
7. Heute wird bis 12 Uhr getanzt.
8. Es ist mir von Dieter nicht geantwortet worden.
9. Hier darf nicht geraucht werden.

해답 : 4.1장

A. 1. mir 2. uns 3. mir 4. dich 5. euch 6. mir 7. sich
B. 1. mich um 2. dich an 3. mich mit 4. sich an 5. sich vor

해답 : 4.2장

1. Es regnet heute.
2. Ja, es klopft an die Tür.
3. Es gefällt mir gut in Korea.
4. Ja, es hungert mich.
5. Es geht mir gut.

해답 : 4.3장

A. 1. Das Buch, das auf dem Tisch liegt, ist sehr interessant.
2. Die Frau, die ich gestern besucht habe, ist sehr nett.
3. Der Mann, mit dem ich gesprochen habe, ist mein Freund.
4. Der Arzt, dem ich einen Brief schreibe, ist berühmt.
5. Ich habe meinen Freund besucht, dessen Frau krank ist.
6. Kennen Sie Frau Bausch, deren Mann in dieser Firma arbeitet?
7. Die Leute, von denen wir sprechen, wohnen hier.
8. Die Studenten, denen der Professor Bücher geschenkt hat, haben sich gefreut.

9. Hier ist die Kaiserstraße, wo ich seit einem Jahr wohne.

B. 1. Wer 2. Wen(Was) 3. Wer 4. was 5. was

해답 : 4.4장

1. Hans ist so alt wie Peter.
2. Dieter ist größer als Monika.
3. Peter hat mehr Geld als ich.
4. Heinz ist der älteste.
5. Er ist vor der Prüfung am fleißigsten.

해답 : 4.5장

1. 4 : vier 6 : sechs 1 : eins 7 : sieben
   9 : neun 11 : elf 12 : zwölf 14 : vierzehn
   17 : siebzehn 20 : zwanzig 21 : einundzwanzig
   35 : fünfunddreißg 98 : achtundneunzig
2. 2시 5분 : zwei Uhr fünf(fünf nach zwei)
   3시 15분 : drei Uhr fünfzehn(viertel nach drei)
   4시 30분 : vier Uhr dreißig(halb fünf)
   5시 45분 : fünf Uhr fünfundvierzig(viertel vor sechs)
   6시 55분 : fünf Uhr fünfundfünfzig(fünf vor sieben)
3. 1,00 Euro : ein Euro 2,40 Euro : zwei Euro vierzig
   3,09 Euro : drei Euro neun 0,08 Euro : acht Cent
   0,74 Euro : vierundsiebzig Cent
   21,36 Euro : einundzwanzig Euro sechsunddreißig
4. 1/3 : ein Drittel 3/4 : drei Viertel 반년 : ein halbes Jahr
   1년반 : eineinhalb Jahre/anderthalb Jahre/ein und ein halbes Jahr
5. das 1. Schuljahr : das erste Schuljahr
   der 6. Monat : der sechste Monat
   mein 32. Geburtstag : mein zweiunddreißgster Geburtstag

해답 : 4.6장

1. man arbeitet am Sonntag nicht.
2. man
3. man man
4. ich habe niemand gesehen
5. ich habe nichts gehört.
6. ich habe nichts Neues gefunden.

해답 : 5.1장

A. 1. Peter komme aus Deutschland.
2. Hans fahre nach Berlin.
3. Du nehmest ein Taxi.
4. Monika sei zur Uni gegangen.
5. Marie habe ihre Eltern besucht.

B. 1. Peter kaufte ein Buch.
2. Hans ginge abends spazieren.
3. Du träfest deinen Freund.
4. Monika hätte ihre Eltern besucht.
5. Marie wäre um 9 Uhr zur Uni gegangen.

C. 1. Erika sagte, dass sie krank sei.
2. Hans sagte, dass er zu seinen Eltern fahre.
3. Monika sagte, dass sie ein Taxi genommen habe.
4. Hans fragte Erika, ob sie Marie gesehen habe.
5. Dieter fragte Hans, wo er das Buch gekauft habe.

D. 1. Wenn es heute nicht regnete, bliebe er nicht zu Hause.
2. Wenn ich Geld hätte, könnte ich das Buch kaufen.
3. Wenn das Wetter nicht schlecht wäre, gingen wir spazieren.
4. Wenn das Auto billig gewesen wäre, hätte Herr Meier es gekauft.
5. Wenn Marie gestern zu uns gekommen wäre, wären wir ins Kino gegangen.

해답 : 5.2장

1. Peter versucht, seine Arbeit bis morgen zu beenden.
2. Ich hoffe, morgen nach Berlin zu fahren.
3. Es ist schwer, im Ausland zu studieren.
4. Ich verspreche dir, vom Bahnhof deinen Bruder abzuholen.
5. Hans geht nach Deutschland, um dort Philosophie zu studieren.

해답 : 5.3장

1. Der reisende Mann
2. Die geschlossene Tür
3. Das zu verkaufende Haus
4. Der schwer verletzte Herr

5. Das gestern von Peter zerbrochene Fenster
6. Das im nächsten Semester bei Prof. Schmidt zu lesende Buch

해답 : 5.4. / 5.5장

1. Der Mann freut sich auf den Ausflug.
2. Die Frau hilft dem Kind.
3. Der Herr wartet auf seine Frau.
4. Der Hund entlauft dem Herrn.
5. Ich bitte meinen Vater um Geld.
6. Peter bestellt sich ein Glas Bier.
7. Die Dame erinnert sich an den Unfall.
8. Das Kind ist dieser Tat nicht fahig.
9. Ich bin meinen Eltern dankbar.
10. Der Mann ist des Diebstahls verdächtig.

해답 : 5.6장

1. Peter macht das Fenster in 10 Minuten zu.
2. Hans fährt morgen um 12 : 00 Uhr nach Berlin.
3. Wenn du morgen von Heidelberg abfahren willst,
4. Marie gibt ihnen mit der Hand Zeichen.
5. Ich kaufe das Buch nicht.
6. Peter wohnt nicht in Berlin.

해답 : 6장

1. weder
2. aber
3. dass
4. bis(bevor)
5. dennoch(trotzdem)
6. indessen(inzwischen)
7. Danach

부록 3

독일어 불규칙동사 변화표

부정형	과거형	과거분사
backen(굽다)	buk	gebacken
befehlen(명령하다)	befahl	befohlen
beginnen(시작하다)	begann	begonnen
beißen(물다)	biss	gebissen
bergen(구조하다)	barg	geborgen
biegen(구부러지다)	bog	gebogen
bieten(요청하다)	bot	geboten
binden(매다, 묶다)	band	gebunden
bitten(부탁하다)	bat	gebeten
blasen(불다)	blies	geblasen
bleiben(머무르다)	blieb	geblieben
braten(굽다)	briet	gebraten
brechen(깨다)	brach	gebrochen
brennen(타다)	brannte	gebrannt
bringen(가져오다)	brachte	gebracht
denken(생각하다)	dachte	gedacht
dürfen(~해도 좋다)	durfte	gedurft
empfehlen(추천하다)	empfahl	empfohlen
essen(먹다)	aß	gegessen
fahren(타고가다)	fuhr	gefahren
fallen(떨어지다)	fiel	gefallen
fangen(잡다)	fing	gefangen
fechten(싸우다)	focht	gefochten
finden(찾아내다)	fand	gefunden
fliegen(날다)	flog	geflogen
fliehen(달아나다)	floh	geflohen
fließen(흘러가다)	floss	geflossen
fressen(먹다)	fraß	gefressen
frieren(춥다)	fror	gefroren
gebären(낳다)	gebar	geboren
geben(주다)	gab	gegeben
gehen(걷다)	ging	gegangen
gelingen(잘되다)	gelang	gelungen
gelten(가치가 있다)	galt	gegolten
genießen(누리다)	genoss	genossen
geschehen(일어나다)	geschah	geschehen
gewinnen(이기다)	gewann	gewonnen
gießen(따르다)	goss	gegossen

부정형	과거형	과거분사
gleichen(닮다)	glich	geglichen
gleiten(미끄러지다)	glitt	geglitten
graben(파다, 캐다)	grub	gegraben
greifen(잡다)	griff	gegriffen
haben(가지다)	hatte	gehabt
halten(붙잡다)	hielt	gehalten
heben(올리다)	hob	gehoben
heißen(부르다)	hieß	geheißen
helfen(돕다)	half	geholfen
kennen(알고 있다)	kannte	gekannt
klingen(울리다)	klang	geklungen
kommen(오다)	kam	gekommen
können(할 수 있다)	konnte	gekonnt
kriechen(기다)	kroch	gekrochen
laden(쌓다)	lud	geladen
lassen(허용하다)	ließ	gelassen
laufen(달리다)	lief	gelaufen
leiden(견디다)	litt	gelitten
leihen(빌려주다)	lieh	geliehen
lesen(읽다)	las	gelesen
liegen(누워있다)	lag	gelegen
lügen(거짓말하다)	log	gelogen
mahlen(갈다, 빻다)	mahlte	gemahlen
meiden(피하다)	mied	gemieden
messen(재다, 측정하다)	maß	gemessen
mögen(일지 모른다)	mochte	gemocht
müssen(해야 한다)	musste	gemusst
nehmen(받다, 쥐다)	nahm	genommen
nennen(이름짓다)	nannte	genannt
pfeifen(휘파람 불다)	pfiff	gepfiffen
preisen(칭찬하다)	pries	gepriesen
raten(충고하다)	riet	geraten
reiben(문지르다)	rieb	gerieben
reißen(찢다)	riss	gerissen
reiten(말을 타다)	ritt	geritten
rennen(달리다)	rannte	gerannt
riechen(냄새나다)	roch	gerochen
ringen(격투하다)	rang	gerungen
rinnen(흐르다, 새다)	rann	geronnen
rufen(부르다)	rief	gerufen
scheiden(가르다)	schied	geschieden
scheinen(빛나다)	schien	geschienen
schelten(꾸짖다)	schalt	gescholten
schieben(밀다)	schob	geschoben
schießen(쏘다)	schoss	geschossen

부정형	과거형	과거분사
schlafen(자다)	schlief	geschlafen
schlagen(치다, 두들기다)	schlug	geschlagen
schleichen(살금살금 걷다)	schlich	geschlichen
schließen(잠그다)	schloss	geschlossen
schlingen(휘감다)	schlang	geschlungen
schmeißen(내던지다)	schmiss	geschmissen
schmelzen(녹다)	schmolz	geschmolzen
schneiden(자르다)	schnitt	geschnitten
schreiben(쓰다)	schrieb	geschrieben
schreien(외치다)	schrie	geschrien
schreiten(걷다)	schritt	geschritten
schweigen(침묵하다)	schwieg	geschwiegen
schwellen(부풀다)	schwoll	geschwollen
schwimmen(수영하다)	schwamm	geschwommen
schwinden(줄어들다)	schwand	geschwunden
schwingen(휘두르다)	schwang	geschwungen
schwören(맹세하다)	schwor	geschworen
sehen(보다)	sah	gesehen
sein(이다)	war	gewesen
singen(노래하다)	sang	gesungen
sinken(가라앉다)	sank	gesunken
sinnen(심사숙고하다)	sann	gesonnen
sitzen(앉아있다)	saß	gesessen
spinnen(돌다)	spann	gesponnen
sprechen(말하다)	sprach	gesprochen
springen(뛰어오르다)	sprang	gesprungen
stechen(찌르다)	stach	gestochen
stehen(서다)	stand	gestanden
stehlen(훔치다)	stahl	gestohlen
steigen(올라가다)	stieg	gestiegen
sterben(죽다)	starb	gestorben
stinken(악취를 풍기다)	stank	gestunken
stoßen(찌르다)	stieß	gestoßen
streichen(쓰다듬다)	strich	gestrichen
streiten(싸우다)	stritt	gestritten
tragen(나르다)	trug	getragen
treffen(만나다)	traf	getroffen
treiben(행하다)	trieb	getrieben
treten(밟다, 내딛다)	trat	getreten
trinken(마시다)	trank	getrunken
trügen(속이다)	trog	getrogen
tun(하다)	tat	getan
vergessen(잊다)	vergaß	vergessen
verlieren(잃다)	verlor	verloren
wachsen(성장하다)	wuchs	gewachsen

부정형	과거형	과거분사
waschen(빨다, 씻다)	wusch	gewaschen
weichen(물러나다)	wich	gewichen
weisen(가리키다)	wies	gewiesen
werben(광고하다)	warb	geworben
werden(되다)	wurde	geworden
werfen(던지다)	warf	geworfen
wissen(알다)	wusste	gewusst
zeihen(나무라다)	zieh	geziehen
ziehen(끌다)	zog	gezogen
zwingen(강요하다)	zwang	gezwungen

저자
송경안

저자 송경안 교수는 1954년 전남 고흥에서 태어나 광주고등학교와(1973) 전남대학 독어교육과를(1977) 졸업하고 1979년에 서울대학 독문과에서 석사학위를 받았다. 1981년 서울대학교 언어학과 박사과정을 수료하였고 1986년에 독일 Bochum 대학 언어학과에서 박사학위를 받았다. 독일학술교류처(DAAD)와 국제 로타리클럽 장학금을 받아 독일에 유학한 바 있고, 독일 Humboldt 재단의 지원을 받아 Bochum 대학과 Köln 대학에서 연구하기도 하였다. 현재 전남대학교에서 독일어를 가르치고 있다.
연락처: 062-530-3176, kasong@chonnam.ac.kr

독일어의 새로운 이해

초판 1쇄 발행 _ 2011년 8월 30일
초판 3쇄 발행 _ 2015년 6월 30일

저　　자 • 송 경 안
발 행 인 • 정 현 걸
발　　행 • 신 아 사
인　　쇄 • 예지인쇄
출판등록 • 1956년 1월 5일 (제9-52호)
주　　소 • 서울특별시 은평구 녹번동 28-36번지 2F
전　　화 • 02)382-6411 · 팩스 02)382-6401
홈페이지 • www.shinasa.co.kr
E-MAIL • shinasa@chol.com

ISBN 978-89-8396-740-4(93750)

정가 *13,000*원